De profesión:
educador(a)
social

PAPELES DE PEDAGOGÍA

Últimos títulos publicados

34. R. Flecha - *Compartiendo palabras*
35. M. D. Renau - *¿Otra psicología en la escuela?*
36. M. Romans y G. Viladot - *La educación de las personas adultas*
37. X. Bonal - *Sociología de la educación*
38. C. Lomas - *Cómo enseñar a hacer cosas con palabras I*
39. C. Lomas - *Cómo enseñar a hacer cosas con palabras II*
40. M.-A. Soler - *Didáctica multisensorial de las ciencias*
41. J. M. Duart - *La organización ética de la escuela y la transmisión de valores*
42. D. Cassany - *Construir la escritura*
43. F. Pedró e I. Puig - *Las reformas educativas*
44. M. Güell y J. Muñoz - *Desconócete a ti mismo*
45. J. Ferrés - *Educar en una cultura del espectáculo*
46. F. Bárcena y J.-C. Mèlich - *La educación como acontecimiento ético*
47. M. J. Cava y G. Musitu - *La potenciación de la autoestima en la escuela*
48. M. Romans y otros - *De profesión: educador(a) social*
49. M. Ll. Fabra y M. Domènech - *Hablar y escuchar*
50. F. Gil y otros - *La enseñanza de los derechos humanos*
51. P. Ortega y R. Mínguez - *La educación moral del ciudadano de hoy*
52. J. Escámez y R. Gil - *La educación en la responsabilidad*
53. C. Lomas (comp.) - *El aprendizaje de la comunicación en las aulas*
54. A. J. Colom - *La (de)construcción del conocimiento pedagógico*
55. J. Rué - *Qué enseñar y por qué*
56. J. Gómez - *De la enseñanza al aprendizaje de las matemáticas*
57. M. J. Cava y G. Musitu - *La convivencia en la escuela*
58. M. Pró - *Aprender con imágenes*
59. C. Poch y O. Herrero - *La muerte y el duelo en el contexto educativo*
60. J. M. Puig Rovira - *Prácticas morales*
61. J. M. Esteve - *La tercera revolución educativa*
62. E. Barberà - *La educación en la red*

Mercè Romans,
Antoni Petrus y Jaume Trilla

De profesión: educador(a) social

PAIDÓS
Barcelona • Buenos Aires • México

Cubierta de Ferran Cartes y Montse Plass

ISBN: 84-493-0938-7
Depósito legal: B-5.306/2004

Impreso en A & M Gràfic, S.L.
08136 Sta. Perpètua de Mogoda (Barcelona)

Impreso en España - Printed in Spain

SUMARIO

SEGUNDA PARTE
NUEVOS ÁMBITOS EN EDUCACIÓN SOCIAL

TERCERA PARTE

FORMACIÓN CONTINUA DE LOS PROFESIONALES EN EDUCACIÓN SOCIAL

PRÓLOGO

La decisión de ofrecer este libro responde a un sinnúmero de variables de cariz personal, profesional y académico que se han ido tejiendo a lo largo de estos últimos años.

Experiencias vividas en sectores del ámbito que tratamos, el contacto directo con los profesionales en este campo, el estudio e investigación en el mismo y la demanda de herramientas de estudio y reflexión para los que diariamente afrontan la dinámica social, han sido los aspectos fundamentales que validan en sus autores los pensamientos y reflexiones que en él se reflejan.

La idea parte a raíz de la tesis doctoral de Mercè Romans dirigida por el doctor A. Petrus, que, orientada hacia la formación continua de los educadores y educadoras sociales, intenta aportar a dichos profesionales algo más que la admiración y el respeto por su trabajo. Un estudio de este tipo, aunque se presume de intenso y concienzudo trabajo, no deja de tener sus lagunas, pues ni una lo sabe todo ni pueden abarcarse con igual intensidad todos los aspectos que podrían considerarse interesantes.

A partir de estos planteamientos, busqué la colaboración de los doctores y catedráticos Antoni Petrus y Jaume Trilla, reconocidos expertos en el tema, a fin de que ellos pudieran aportar, a través de su experiencia y conocimientos, los conceptos básicos e imprescindibles, a partir de los cuales poder situar y entender mejor la profesión de educador y educadora social.

De ahí pues que este libro se componga de tres partes: en la primera de ellas se exponen aspectos conceptuales de la educación social. En la segunda se ponen de manifiesto los problemas emergentes y en la tercera se plantea la formación continua de dichos profesionales a partir de los perfiles y competencias de este ámbito y de las problemáticas que deben atender.

Así pues, la configuración de la obra es la siguiente:

Jaume Trilla, autor de la primera parte, nos presenta el universo de la educación social. Gracias a su exposición podemos entender, con mayor claridad, las intersecciones que se dan en los ámbitos que suelen incluirse en la educación social, desde los aspectos más conceptuales hasta las repercusiones prácticas de dichas parcelas.

Antoni Petrus pasa a exponer en la segunda parte los nuevos ámbitos en educación social. Sin olvidar de dónde venimos, es decir, haciendo referencia a los aspectos tradicionales de la educación social, orienta nuestra lectura hacia las problemáticas emergentes de este nuevo contexto social, ofreciéndonos al mismo tiempo estrategias de prevención y planteamientos innovadores.

Por último, Mercè Romans trata en la tercera parte el tema de la formación continua de los profesionales en educación social. A través de sus apartados, se aborda la dificultad en la definición del perfil profesional de los educadores y educadoras sociales, así como sus funciones para pasar a ofrecer herramientas de trabajo individual y colectivo para optimizar su práctica educativa.

A través de este libro hemos tenido, una vez más, la ocasión de ponernos en contacto con vosotros, tanto con los que diariamente ejercéis como profesionales de la educación social como con los que tenéis la intención de dedicaros a este campo. Esto supone para ambos una implicación que se traduce en el estudio del entresijo teoría-práctica o de la reflexión-acción-reflexión a la que hemos querido contribuir. No cabe duda de que ello comporta un compromiso en el que estamos todos inmersos.

Deseamos, pues, que este libro sea un punto de referencia útil para la profesionalización de vuestro trabajo y un estímulo para la investigación y reflexión en este ámbito de actividad, en la que también estamos involucrados.

MERCÈ ROMANS

PRIMERA PARTE

EL UNIVERSO DE LA EDUCACIÓN SOCIAL

Jaume Trilla

INTRODUCCIÓN

Este capítulo trata sobre el universo de lo que llamamos educación social. Es decir, sobre las realidades, las prácticas, las acciones a las que nos queremos referir cuando utilizamos aquella expresión. Lo estructuraremos en tres apartados. En el primero intentamos elucidar diversas formas de señalizar los límites de este universo. Después penetramos en su interior para hacer dos cosas: localizar las intersecciones entre los tres ámbitos que se suelen incluir en la educación social (educación especializada, educación de personas adultas y animación sociocultural); y comentar las razones de poner juntos estos ámbitos bajo un mismo rótulo. En el tercer y último apartado, retomando la misma metáfora que utilizamos en el primero, pero pasando de un registro muy conceptual a otro más narrativo y distendido, reflexionamos sobre las coincidencias entre aquellos tres ámbitos.[1]

1. El primer apartado procede de un artículo publicado originalmente en catalán: «L'aire de família de la pedagogia social», en *Temps d'Educació*, n° 15, 1r semestre, 1996, págs. 39-58. El segundo utiliza materiales también publicados en catalán bajo el título de «Animació sociocultural i educació social», en Fullana, J. (comp.), *Els àmbits de treball de l'educador social*, Málaga, Aljibe, 1999, págs. 129-138. El tercer apartado es, hasta ahora, inédito.

1
EL «AIRE DE FAMILIA» DE LA PEDAGOGÍA SOCIAL

1.1. ¿De qué se habla cuando se habla de pedagogía social?

La reflexión que sigue sobre el concepto de pedagogía social (y, por supuesto, el de educación social) parte de una metáfora («aire de familia») que utiliza Wittgenstein en sus *Investigaciones filosóficas*. El filósofo vienés lo explica así:

> Considera, por ejemplo, los procesos que llamamos «juegos». Me refiero a juegos de tablero, juegos de cartas, juegos de pelota, juegos de lucha, etcétera. ¿Qué hay de común a todos ellos? —No digas: *Tiene que* haber algo común a ellos o no los llamaríamos «juegos», sino *mira* si hay algo común a *todos* ellos—. Pues, si los miras, no verás por cierto algo que sea común a todos, sino que verás semejanzas, parentescos y por cierto toda una serie de ellos. Como se ha dicho: ¡no pienses, sino mira! (...).
>
> Y el resultado de este examen reza así: vemos una complicada red de parecidos que se superponen y entrecruzan. Parecidos a gran escala y de detalle.
>
> No puedo caracterizar mejor esos parecidos que con la expresión «parecidos de familia»; pues es así como se superponen y entrecruzan los diversos parecidos que se dan entre los miembros de una familia: estatura, facciones, color de los ojos, andares, temperamento, etcétera, etcétera.[2]

2. Wittgenstein, L., *Investigaciones filosóficas,* Barcelona, Crítica, 1988, págs. 87-88.

Nuestro propósito es detectar cuál podría ser el «aire de familia» de la pedagogía social. No trataremos, por tanto, de llegar a una definición de la misma —y mucho menos a una definición esencialista—, sino que intentaremos describir el *uso* de la expresión en nuestro contexto: de qué se habla cuando se habla de «pedagogía social»; a qué se dedican las personas que dicen dedicarse a la «pedagogía social»; de qué tratan los libros que así se etiquetan; qué cosas estudian los estudiantes de asignaturas o carreras llamadas «pedagogía social» o «educación social»... Es decir, el problema que vamos a plantearnos no es tanto el de ¿qué es la pedagogía social? sino ¿a qué llamamos —a qué se está llamando actualmente— pedagogía social?: ¿cuáles son los referentes de este significante?, ¿qué semblanzas, parentescos, proximidades, redes de relaciones... existen entre ellos?... ¿cuál es el «aire de familia» de todos estos referentes?

Aun cuando hemos dicho que nuestra intención no es la de llegar a una definición esencialista que establezca unívocamente qué de común tiene todo aquello que llamamos «pedagogía social», partiremos de tres caracterizaciones que sí son esencialistas. Después las combinaremos y relacionaremos de diferentes formas para ver si alguna de tales combinaciones nos ofrece un dibujo aproximado del «aire de familia» que buscamos. Pero antes de todo esto debemos introducir algunas nociones previas.

1.2. El objeto de la pedagogía social

La pedagogía social es una disciplina pedagógica o, si se prefiere, una de las ciencias de la educación. Esto quiere decir que lo que llamamos pedagogía social pertenece al orden del conocimiento, del discurso. La pedagogía social es, pues, un conjunto de saberes (sean teóricos, técnicos, experienciales... descriptivos o normativos..., pero saberes en cualquier caso) que tratan sobre un objeto determinado. Este objeto (objeto *material,* en este caso) es lo que llamamos *educación social.* La *educación social* pertenece, por tanto, al orden de las prácticas, procesos, fenómenos...; es decir, al orden de la «realidad educativa». (Todo esto no es otra cosa que la simple aplicación a nuestro tema de la consabida distinción entre los conceptos de «pedagogía» y «educación»: una pura trivialidad que, no obstante, era conveniente estipular de nuevo para evitar ya de entrada malentendidos.)

En la expresión *educación social*, el adjetivo está indicando que estamos ante un tipo o una clase de educación, que estamos ante una parcela del «universo de la educación». Localizar y delimitar esta parcela que acoge a todos los fenómenos que etiquetamos como *educación social* nos acotaría el objeto de la pedagogía social, con lo cual tendríamos resuelto el problema del concepto de la misma.

Así pues, lo que nos proponemos es identificar cuál es esta parcela del universo educativo que constituiría el objeto propio de la pedagogía social. Parece claro que este objeto (material) propio no puede ser el universo entero de la educación, pues si así fuera les sobraría el adjetivo «social» a las dos expresiones que manejamos: cualquier educación sería «educación social» y la pedagogía social subsumiría a toda la pedagogía y a todas la Ciencias de la Educación.[3]

1.3. Tres acepciones esencialistas de pedagogía social

Para identificar y delimitar el sector del «universo educativo»[4] que constituiría el objeto de la pedagogía social empezaremos por presentar sucesivamente tres criterios de restricción dentro de tal universo. Se trata de tres crite-

3. Hay que decir que también hay quien ha entendido la pedagogía social (y, correspondientemente, la educación social) de este modo. Es decir, englobando o subsumiendo a la pedagogía (y a la educación) consideradas en su globalidad. El profesor Quintana ha explicado esta concepción, junto con las otras que aparecerán después, en su trabajo sobre «Los antecedentes históricos de la educación social», en Petrus, A. (comp.), *Pedagogía social*, Barcelona, Ariel, 1997, págs. 67-91.

4. Entendemos por «universo educativo» el conjunto total de hechos y efectos educativos —formativos y/o instructivos— y, por extensión, al conjunto de instituciones, medios, ámbitos, situaciones, relaciones, procesos, agentes y factores que los generan. Véase el capítulo «El universo de la educación, el sistema educativo y la educación informal», en Trilla, J., *Otras educaciones*, Barcelona, Anthropos, 1993, págs. 12-21.

rios —implícitos o explícitos— en sendos conceptos distintos de pedagogía social que actualmente están en uso. Existen otros conceptos, pero los que presentaremos a continuación son, creemos, los que resultan más claros y los que tienen un uso actualmente más extendido. Se trata, además, de conceptos esencialistas puesto que cada uno de ellos intenta definir cuál sería el núcleo común o la característica que ha de compartir todo aquello que forma parte de la parcela objeto de la pedagogía social.

—ACEPCIÓN A. La restricción de la dimensión de la personalidad: pedagogía social y desarrollo de la sociabilidad

En este primer caso, el adjetivo «social» se referiría a un objetivo de la educación: el desarrollo de la dimensión *social* de la personalidad. La pedagogía social sería entonces la disciplina que tiene por objeto la educación *social* del individuo (el desarrollo de la sociabilidad, etcétera), tomando esta expresión una función designativa semejante o paralela a la que tienen expresiones como «educación intelectual», «educación moral», «educación estética», «educación física», etcétera.

Es decir, se partiría de los supuestos siguientes: 1) que la personalidad humana tiene diversas facetas o dimensiones (intelectual, social, física, afectiva...); 2) que cada una de ellas puede ser objeto de atención educativa específica (educación social); y 3) que sobre este objeto pueden construirse ciencias o disciplinas particulares (pedagogía social). La pedagogía social, así entendida, tendría por objeto el estudio de aquellas acciones que producen efectos educativos en la dimensión social de la personalidad. La restricción que supone el adjetivo radicaría, pues, en el nivel de los objetivos o, si se prefiere, en el de los efectos.

Según Quintana, éste es «el modo clásico, entre nosotros, de entender la pedagogía social, que así queda concebida como una de tantas pedagogías especiales (cuales son la pedagogía de la formación moral, la pedagogía de la formación intelectual o didáctica, la pedagogía de la educación estética, la pedagogía sexual, etcétera) surgidas den-

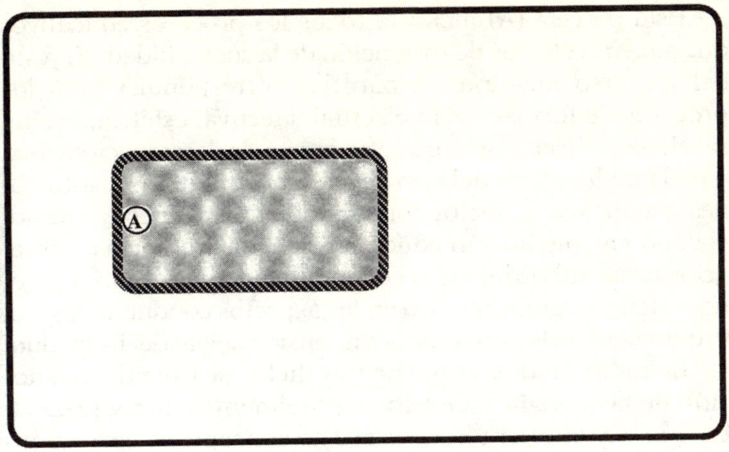

Gráfico 1. *Acepción A*

tro de la pedagogía general. En este sentido, la pedagogía social es *la ciencia de la educación social,* teniendo por objeto conseguir la "madurez social" del individuo».[5]

Este concepto de pedagogía social parte de un criterio psicológico de demarcación, ya que de carácter psicológico es la operación de establecer aquellas dimensiones de la personalidad. La dificultad que plantea es la de marcar —en términos psicológicos— las fronteras entre todas estas dimensiones (intelectual, moral, afectiva, social...). Pero en el supuesto de que tal dificultad estuviera bien resuelta o pudiera resolverse por la psicología, este concepto de pedagogía social sería un concepto preciso, unívoco y claro. En el universo de la educación podríamos tener bien acotada la parcela que constituiría el objeto de tal disciplina pedagógica.

5. Quintana, J. M., *Pedagogía Social.* Dykinson, 1984, pág. 19. Un ejemplo, de entre los diversos que podrían aducirse para ilustrar esta forma de concebir la pedagogía social o el objeto de la misma (la «educación social»), es la definición que de la última propuso A. Maillo: «Entendemos por educación social el aspecto de la educación integral del ser humano que tiende a preparar al niño, al adolescente, al joven o al adulto para una convivencia con sus semejantes que elimine o reduzca al mínimo las fricciones y los conflictos, capacitándole para la comprensión de los demás, el diálogo constructivo y la paz social». (Maillo, A., *Educación social y cívica,* Madrid, Escuela Española, 1971, pág. 12.)

Esta parcela (A) incluiría todos los procesos educativos que generan efectos de formación de la sociabilidad. El resto del universo incluiría las parcelas correspondientes a los procesos de formación intelectual, afectiva, estética, etcétera. Nótese, sin embargo que esta forma de demarcación poco o nada podría decir del tipo de agentes, ámbitos o instituciones que incluye el sector correspondiente a la pedagogía social: no hay institución educativa que, de una forma u otra, prioritaria, subordinada o colateralmente, no se dirija o genere algún efecto educativo en los aspectos conductuales, actitudinales o valorativos de la dimensión social del individuo.

De todos modos, como hemos dicho, se trata de una noción de pedagogía social conceptualmente clara y precisa. Lo que hay que ver ahora es si este concepto se corresponde efectivamente con el uso real y actual de la expresión que nos ocupa.

En este sentido, hay que empezar por admitir que verdaderamente el uso tiende a polarizar el objeto de la pedagogía social hacia procesos que se dirigen al desarrollo de la sociabilidad de los individuos: le interesa más esta dimensión que la intelectual, la estética, etcétera. Sin embargo, también es cierto que existen determinados ámbitos educativos que generan efectos, incluso importantes, en la dimensión social del individuo que no suelen formar parte de las realidades referidas generalmente por la expresión que nos ocupa; por ejemplo, ciertas acciones escolares. Desde luego, no hay que decir que muchos de los tratadistas de la pedagogía social incluyen en sus sistemáticas a la institución escolar como un ámbito más de tal disciplina, pero lo cierto es que, en la realidad, el trabajo de elaboración de conocimiento y de actuación sobre la escuela se polariza en otros ámbitos disciplinares de la pedagogía y en otros profesionales de la educación. Por tanto, habrá que decir que, en la división real del trabajo pedagógico (teórico y práctico), la pedagogía social suele ocuparse de aquellas acciones dirigidas al desarrollo de la sociabilidad, admitiendo sin embargo que este objeto tampoco parece ser exclusivamente suyo.[6]

6. Algunos ejemplos concretos para refrendar lo que estamos diciendo. No creemos que nadie pueda poner en duda que, pongamos por caso, dos pedagogos como Cousinet y Makarenko hicieron aportaciones remarcables en

Y, por otro lado, igualmente habrá que admitir que una reducción *exclusiva* a la sociabilidad tampoco cuadra con los cometidos reales de lo que llamamos pedagogía social. ¿Cómo podría sostenerse que instituciones que el lenguaje pedagógico al uso identifica normalmente como «de educación social» (o por las que se interesa privilegiadamente la pedagogía social: instituciones específicas para niños o jóvenes inadaptados, etcétera) excluyan el trabajo educativo sobre aspectos intelectuales y culturales, estéticos, etcétera?

En definitiva, parece que el uso de la expresión pedagogía social, por un lado, remite *no sólo* a intervenciones educativas sobre la dimensión social de la personalidad y, por otro lado, tampoco todas las intervenciones educativas de este tipo suelen ser contempladas bajo los auspicios de aquella disciplina pedagógica. Podríamos decir que el desarrollo de la sociabilidad es un rasgo muy identificador del «aire de familia» de la pedagogía social; pero un rasgo que ni es exclusivo de esta familia ni necesariamente comparte toda la parentela.

—ACEPCIÓN B. La restricción de los sujetos educandos: pedagogía social e individuos en situación de conflicto social.

La restricción que opera una segunda acepción de pedagogía social se refiere a los sujetos educandos. Lo dis-

---

relación a la formación social de los individuos. Sin embargo, el primero de ellos no suele ser una referencia frecuente de la pedagogía social, mientras que el segundo resulta inevitable. El criterio de demarcación de la pedagogía social que estamos contemplando en este momento no puede, él solo, explicar esta presencia/ausencia. Serán los criterios que veremos a continuación los que pueden dar cuenta de este hecho. Cousinet no suele ser un autor muy citado en el marco de la pedagogía social puesto que sus aportaciones sobre el trabajo en equipo —a pesar de estar directísimamente conectadas con la sociabilidad— se circunscriben básicamente al marco escolar. Makarenko, en cambio, desarrolló su labor en instituciones no propiamente escolares y con sujetos en situación de conflicto social. El otro ejemplo se refiere a un tema de moda en la pedagogía actual: el llamado «aprendizaje cooperativo». A pesar de que esta misma denominación es bien expresiva de su dimensión educativo-social, a nadie que quiera documentarse sobre este tema se le ocurrirá —al menos, por ahora— recurrir a libros de pedagogía social; buscará en obras de psicología de la educación, didáctica, etcétera.

tintivo (lo *esencialmente* distintivo) del objeto de esta disciplina pedagógica sería que ella trata de las acciones educativas orientadas específicamente a una clase especial de destinatarios. Estos destinatarios son aquellos individuos que requieren atención educativa particular en razón de las carencias sociales (o de origen social) que padecen, o por encontrarse en alguna situación de conflicto con su entorno social (o de riesgo de caer en él).

Como muy bien explica de nuevo Quintana, ésta es la concepción de pedagogía social que clásica y actualmente ha dominado en Alemania: «Después de la primera Guerra Mundial, había en Alemania buen número de niños y jóvenes desamparados y en peligro de descarriarse; fue entonces cuando H. Nohl entendió como pedagogía social la ayuda material y moral que la sociedad debía prestar a estos niños y jóvenes. Otros autores coetáneos suyos, como E. Steiger, lo entendieron igualmente así. Los tratadistas actuales siguen por esta línea; veamos cómo se expresa, por ejemplo, K. Mollenhauer: "Según esta acepción del término, pedagogía social denota aquel campo de la realidad educativa que, en relación con el desarrollo industrial, necesariamente se ha difundido y diferenciado como un sistema de ayudas sociales que se hacen precisas en las áreas conflictivas de esa sociedad. En consecuencia, pedagogía social viene a ser aquello que la Ley de Protección juvenil llama auxilio a la juventud"».[7]

Esta concepción de pedagogía social que pone el acento de su particularidad en el tipo de destinatarios es también la que estuvo (y está) en la base de la Diplomatura de Educación Social que contempla el catálogo actual de títulos de la universidad española. La definición del perfil de la misma dice así: «Se orientan [las enseñanzas de esta diplomatura] a la formación de un educador que actúa en ambientes no escolares *en atención preventiva y de recuperación con jóvenes marginados*, así como a la acción socio-educativa en ambientes naturales, inserción de jóvenes en la vida adulta, etcétera».[8] Como es bien sabido, esta nueva diplomatura

7. Quintana, J. M., *Pedagogía social*, *op. cit.*, pág. 22.

8. (El subrayado es nuestro.) Esta definición procede del Informe Técnico del Grupo de Trabajo nº 15 del Consejo de Universidades. Véase *Refor-*

nació fundamentalmente para ofrecer una formación de mayor nivel y con reconocimiento universitario a la llamada «educación especializada». Lo «especial» de la «educación especializada» —valga el juego de palabras— era que ésta debía consistir en una acción educativa «especializada» en tanto que se dirigía a sujetos «especiales», a sujetos con «necesidades educativas especiales» por razones sociales.

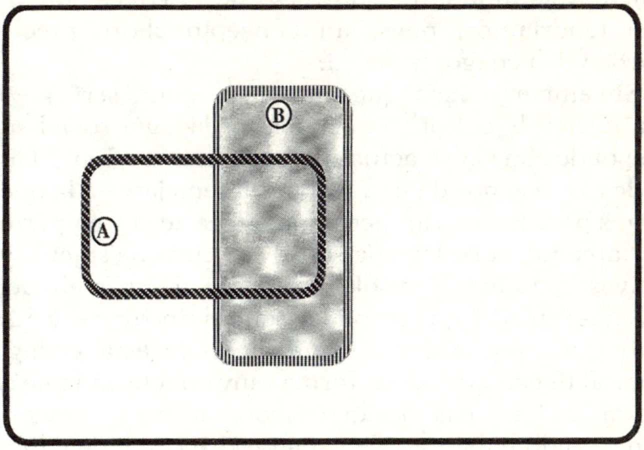

Gráfico 2. *Acepción B*

Es cierto, como veremos inmediatamente, que la actual Diplomatura de Educación Social contempla también otros ámbitos además del de la «educación especializada». Pero tampoco es menos cierto que es este último el que en su momento preferentemente legitimó la pertinencia de la nueva titulación y el que, además, polariza la parte del león de su plan de estudios.

Así como la restricción que operaba la anterior acepción era básicamente psicológica, la actual sería de tipo sociológico (o psicosociológico). El criterio de demarcación de la parcela correspondiente a la pedagogía social se establece en este caso mediante conceptos como *inadaptación, marginación, conflicto social, sujetos* o *grupos en si-*

ma de las enseñanzas universitarias. Título: Diplomado en educación social, Madrid, Consejo de Universidades, 1989, pág. 16, (las cursivas son nuestras).

tuación de riesgo, etcétera, etcétera. La dificultad conceptual estriba en acotar convenientemente tales nociones y en identificar los sujetos y grupos que forman parte de su campo referencial, pero salvado este problema —desde luego de tampoco fácil resolución, pero que, en cualquier caso, sería previo al propio concepto de pedagogía social— ésta tendría como objeto una parcela (la B) perfectamente delimitada del universo de la educación. También tendríamos, pues, un concepto claro, preciso y unívoco de pedagogía social.

Sin embargo, igual que antes, la pregunta sería ahora si esta forma de definir o acotar la pedagogía social se corresponde con el uso actual y real de la expresión. El análisis de este uso nos da una respuesta semejante a la que dábamos para la anterior acepción: en parte sí y en parte no. Ciertamente, la pedagogía social se ocupa de sujetos y colectivos con alguna problemática social. En realidad, no hay más remedio que reconocer que el tipo de necesidades a las que preponderantemente atiende esta pedagogía especial tienen que ver de forma muy directa con tales destinatarios. Las imágenes que espontáneamente se nos forman cuando hablamos de pedagogía social o de educadores sociales son las de la marginación, la inadaptación, toxicómanos, presos, infancia maltratada, pobreza ... Por eso hemos dicho alguna vez que la pedagogía social ha sido —y sigue siendo— fundamentalmente una «pedagogía de la necesidad». Sin embargo, no hay más remedio que reconocer también que en la actualidad lo que se ampara bajo el paraguas de la pedagogía social no se reduce *exclusivamente* a la atención a este tipo de destinatarios. Por ejemplo, los planes de estudio de «educación social» incluyen instituciones e intervenciones educativas que tienen como usuarios a sujetos socialmente «normalizados» (instituciones de educación en el tiempo libre, pongamos por caso). Parece que ya no se discute —como veremos después— que la Animación Sociocultural (la cual no tiene, ni mucho menos, como únicos destinatarios a los colectivos en situación de conflicto social) es un ámbito de la pedagogía social. En estos momentos y, al menos en España, el uso ha acreditado ya a la animación sociocultural y a la pedagogía del tiempo libre como parte del objeto de la pedagogía social, y no sólo por la función preventiva que aquéllas desempeñan. Con ello la delimitación de tal objeto mediante una restricción del tipo de destinatarios resulta, cuanto menos, insuficiente.

—ACEPCIÓN C. La restricción del agente o ámbito educativo. Pedagogía social y educación no formal

En una tercera acepción de «pedagogía social», el adjetivo «social» iría referido a los agentes, ámbitos o contextos de la actuación educativa. Es decir, la pedagogía social se ocuparía de la educación que se da en contextos o a partir de agentes *sociales*. ¿Pero qué agentes o contextos son «no sociales»? Así pues, en un sentido genérico, tampoco lo social discriminaría demasiado —en realidad, no discriminaría prácticamente nada— puesto que todas las instituciones y contextos de intervención educativa son, en un sentido u otro, «sociales». Sin embargo, cuando el adjetivo «social» remite al agente, institución o contexto, en el *uso* de la expresión «pedagogía social» se produce, tácita o explícitamente, una reducción de su significado. Entonces, los «contextos sociales» son, en realidad, fundamentalmente los «contextos educativos no escolares». Es decir, la pe-

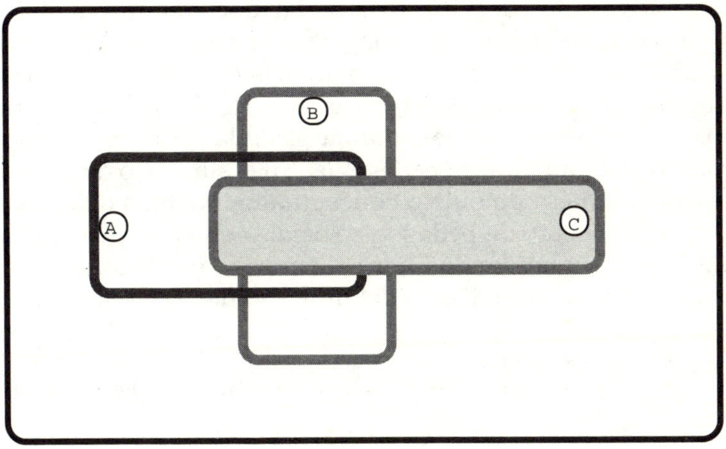

Gráfico 3. *Acepción C*

dagogía social (en tanto que disciplina) se ocuparía de la educación social (en tanto que intervención), entendiendo por esta última aquella que se produce en ámbitos no escolares o, más exactamente, no formales.

Igual que ocurría con las dos acepciones anteriores, también ésta podría ser refrendada remitiéndonos a diversos autores o definiciones. No resulta nada extraño que se restrinja el campo de acción de la pedagogía social a la educación no escolar o no formal. Como veíamos antes, así ocurría en la delimitación del perfil del educador social de la nueva diplomatura («Se orientan [las enseñanzas de esta diplomatura] a la formación de un educador que actúa en ambientes no escolares...»). G. Baumer, por su parte, proponía a la pedagogía social como «el conjunto de las preocupaciones educativas propias de la sociedad y del Estado, en tanto que las mismas caen fuera del campo de la escuela».[9] Y, más recientemente, también P. Fermoso de forma muy explícita ha vinculado la pedagogía social a la educación no formal: «Es [la pedagogía social] una ciencia educativa no formal, porque versa sobre el proceso y producto llamado "educación", circunscribiéndose a la llamada "no formal"».[10]

Veíamos que las dos acepciones anteriores operaban mediante criterios de demarcación psicológicos (la primera) y sociológicos o psicosociológicos (la segunda). Esta tercera acepción de pedagogía social, que delimita su objeto a partir de una restricción sobre el agente o el ámbito educativo, se funda en un criterio más directamente pedagógico, ya que la división entre educación formal/no formal/informal es una taxonomía gestada desde el propio marco disciplinar de la pedagogía. En el supuesto de que lo no formal fuera un objeto conceptualmente bien delimitado,[11] el concepto de pedagogía social —en la acepción que estamos contemplando ahora— tendría también una parcela (la C) bien señalizada del universo de la educación.

9. Citado por Quintana, J. M., *Pedagogía social, op. cit.*, pág. 22.

10. *Pedagogía social. Fundamentación científica,* Barcelona, Herder, 1994, pág. 22.

11. Trilla, J., *La educación fuera de la escuela. Ámbitos no formales y educación social,* Barcelona, Ariel, 1998, 3ª ed.; *La educación informal,* Barcelona, P.P.U., 1986.

Pero ahora hay que someter esta tercera acepción (igualmente precisa, clara y esencialista) de pedagogía social a la prueba del uso.

Admitiendo que los ámbitos de actuación de la pedagogía social son *preferentemente* no formales, hay que añadir a continuación que el uso de ambas expresiones en seguida advierte que ni lo que llamamos pedagogía social se agota en lo que llamamos educación no formal, ni viceversa. Es decir, que existen subsectores de la educación no formal que no suelen ser objeto de la pedagogía social y que hay intervenciones propias de ésta que no se realizan en contextos ni bajo procedimientos no formales.

Ejemplos concretos del primer tipo podríamos aducir muchos, pero nos limitaremos a alguno bastante aparente. Considerar, pongamos por caso, que un curso para la actualización técnico-profesional de ejecutivos de una multinacional —el cual sería indiscutiblemente etiquetable como «no formal»— es, a su vez, encuadrable en la pedagogía social quizá sea abusar de las denotaciones y connotaciones de tal disciplina. Con eso, por supuesto, no queremos significar que la pedagogía social no deba ocuparse en absoluto de la formación relacionada con el trabajo: hay también numerosos ejemplos que podrían aducirse de procesos formativos de carácter laboral por los que la pedagogía social ineludiblemente se siente interesada (programas de inserción laboral para jóvenes con problemas de socialización, por ejemplo). Posiblemente, el motivo por el cual unos casos sean fácilmente ubicables en la pedagogía social y otros no lo podrá aclarar algo que desarrollaremos después: el ejemplo de los ejecutivos, aunque perfectamente no formal, cuesta considerarlo como perteneciente a la pedagogía social por la distancia existente entre el mismo y los objetos respectivos de las otras dos acepciones explicadas antes: los ejecutivos no suelen ser considerados entre los destinatarios preferentes de la disciplina que nos ocupa.[12]

12. En relación con la inclusión o no en la pedagogía social de la formación en la empresa, citaremos dos obras. El profesor Fermoso, en la obra que acabamos de citar en la nota anterior, la incluye como un sector de profesionalización. Hay que decir, no obstante, que la primera línea del capítulo co-

Y si no toda educación no formal es pedagogía social, tampoco toda pedagogía social es educación no formal. La familia, por ejemplo, constituye uno de los grandes temas de la pedagogía social y, si bien es cierto que muchas actuaciones educativas *sobre* la familia cabe considerarlas no formales (formación de padres, etcétera), la acción educativa *de* la familia ha sido, por lo general, referida como informal. Por tanto, la pedagogía social desborda a la educación no formal per el lado de la informal y, obviamente, también por el de la formal.

En resumen, la querencia de la pedagogía social hacia la educación no formal es bien notoria; tanto que actualmente, a veces, ha llegado a considerarse que la ejecución socioeducativa es siempre no formal. Sin embargo, los casos que acabamos de citar desmentirían una correspondencia exclusiva. De hecho, si el objeto propio de la pedagogía social pudiera quedar definido en términos exclusivos de educación no formal, esta última expresión podría prácticamente desaparecer del lenguaje pedagógico: con el concepto de «educación social» tendríamos bastante. Si ambos (educación no formal y educación social) se mantienen con buena salud en la terminología pedagógica es porque, aun cuando tienen una amplia zona de intersección, cumplen funciones designativas distintas.

1.4. Otras tres acepciones precisas de pedagogía social

Como hemos visto, ninguna de las tres acepciones anteriores nos ha permitido determinar *lo esencial* de aquello que solemos llamar pedagogía social:

---

rrespondiente la dedica a reconocer lo discutible de su opción. (*op. cit.*, pág. 385). En otra obra reciente —la de los profesores Colom, Sarramona y Vázquez, *Estrategias de formación en la empresa,* Madrid, Narcea, 1994)— aun cuando forma parte de una colección denominada «Narcea Sociocultural», en ningún lugar los autores tematizan este sector educativo en el marco de la pedagogía social. Sí lo hacen, en cambio, y muy específicamente, en relación a la tríada conceptual «educación formal-no formal-informal». Las expresiones «pedagogía social» o «educación social» no aparecen ni en el índice temático.

—No todo lo que llamamos así se dirige específicamente al desarrollo de la sociabilidad. (Ni todo lo que se dirige al desarrollo de la sociabilidad el lenguaje pedagógico al uso lo considera exclusivo de la pedagogía social.)
—No toda la pedagogía social actúa sobre individuos o colectivos en situación de conflicto social. (Ni toda actuación educativa sobre tales individuos o colectivos constituye objeto exclusivo de la pedagogía social.)
—No todas las intervenciones generadas por la pedagogía social tienen lugar desde agentes o ámbitos no formales. (Ni toda intervención educativa no formal suele identificarse como formando parte del objeto de la pedagogía social.)

Si ninguno de estos tres atributos es compartido por todo lo que solemos adscribir a la pedagogía social, veamos a continuación si combinando o relacionando tales atributos podemos lograr un concepto de la misma que pueda ser también claro y preciso y que, a la vez, responda mejor al uso real de la expresión. Plantearemos otras tres posibilidades: una a la baja, otra a la alta y una tercera de extensión intermedia.

—ACEPCIÓN D. La intersección entre las tres parcelas (A, B y C) como objeto de la pedagogía social

Ésta sería una acepción conceptualmente tan precisa como las precedentes, pero de carácter más restringido. La definición correspondiente podría ser como sigue: *pedagogía social es la disciplina que tiene por objeto el conjunto de acciones educativas no formales orientadas al desarrollo de la sociabilidad de sujetos y colectivos que viven algún tipo de situación conflictiva con su entorno social.*

Tampoco parece que esta acepción se avenga al uso real de la expresión que nos ocupa: el sector del universo educativo que actualmente es designado por ella es de mayor amplitud que el que tal acepción restringida estipula. Ya hemos visto que hoy por hoy el significante «pedagogía social» acoge *preferentemente* intervenciones no formales, *preferentemente* realizadas sobre sujetos en situación de

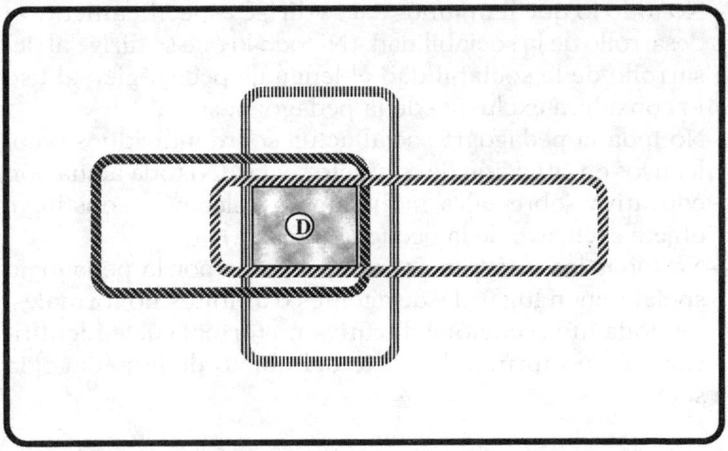

Gráfico 4. *Acepción D*

conflicto social y con el objetivo *preferente* de desarrollar en ellos aspectos de su sociabilidad: en los tres casos *preferentemente*, pero nunca *exclusivamente*.

—ACEPCIÓN E. La suma de las tres parcelas (A, B y C) como objeto de la pedagogía social

Como queda bien expresado en el gráfico siguiente, esta acepción de la pedagogía social acogería entera y sumativamente los tres subconjuntos del universo educativo definidos por las tres primeras acepciones. Se trataría de una noción de pedagogía social conceptualmente precisa, pero no ya de carácter esencialista: ningún atributo específico es predicable de cualquiera de los referentes que tal concepto puede amparar.[13] Por su carácter expansionista quizá fuera bien acogida por algunos sectores del gremio académico de la pedagogía social; sin embargo, lo cierto es que excedería considerablemente del uso real que, en este momento y en nuestro contexto, tiene esta expresión. Los ejemplos que corroboran tal exceso ya los hemos aducido al comentar las tres acepciones anteriores.

13. Salvo, naturalmente, el «atributo» de poseer alguno de los anteriores atributos.

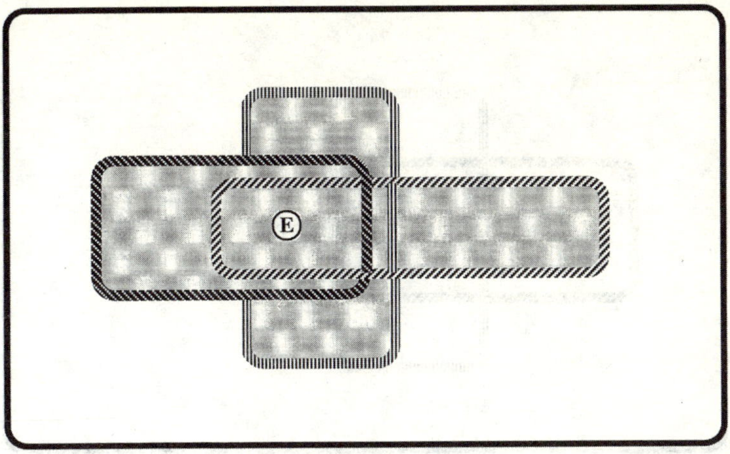

Gráfico 5. *Acepción E*

—ACEPCIÓN F. La intersección de, al menos, dos cualesquiera de las tres parcelas (A, B y C) como objeto de la pedagogía social

Como queda bien expresado en el gráfico siguiente, esta sexta noción de pedagogía social tendría una amplitud intermedia respecto de las dos precedentes. Se trata también de una noción conceptualmente precisa y bien delimitada, pero tampoco de carácter esencialista. En este caso, formarían parte del objeto de la pedagogía social todos aquellos fenómenos del universo de la educación que al menos compartieran dos de los tres atributos definidos en las tres primeras acepciones presentadas. Dicho de otra manera, el objeto de nuestra disciplina sería el comprendido en la intersección de dos cualesquiera de las tres parcelas (A, B, C) del gráfico.

Es decir, la pedagogía social se ocuparía de aquellas intervenciones educativas:

—(A, B) dirigidas específicamente al desarrollo de la sociabilidad de sujetos o colectivos en situación de conflicto social; o
—(C, A) dirigidas específicamente al desarrollo de la sociabilidad en contextos educativos no formales; o

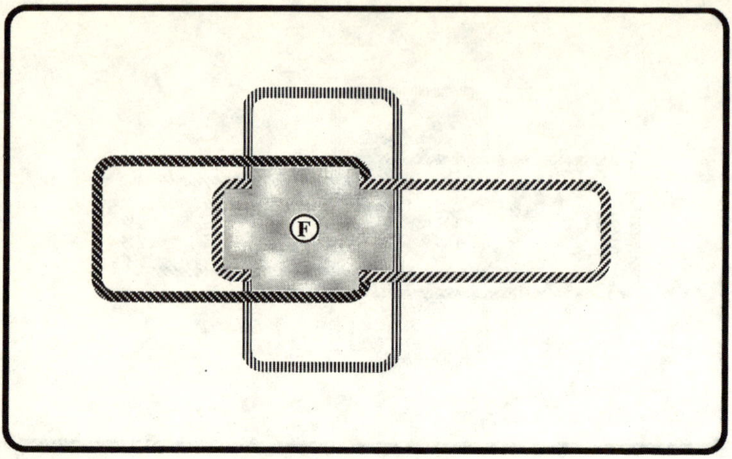

Gráfico 6. *Acepción F*

—(C, B) no formales sobre sujetos o colectivos en situación de conflicto social.

Aunque este concepto de pedagogía social no facilita la redacción convencional de una definición, probablemente sea el que responda más ajustadamente al uso real de aquella expresión. Difícilmente encontraríamos algún ejemplo que no pueda incluirse en una de las tres posibilidades referidas.

1.5. Dos acepciones imprecisas de pedagogía social

El modelo de conceptualización sobre el que estamos trabajando sugiere aún otras dos nuevas posibilidades. En este caso, se trataría ya de sendas acepciones *imprecisas*. Es decir, de conceptos que esbozan un objeto mucho más difuso, sin límites o fronteras bien delimitadas. El objeto de la pedagogía social sería algo así como un conjunto *borroso* dentro del universo de la educación. Careceríamos de criterios conceptuales precisos para determinar si un elemento forma parte o no de tal conjunto.

—ACEPCIÓN G. Presencia de uno cualquiera de los tres atributos (A, B, C) y proximidad relativa a los otros dos

Esta posibilidad definiría una extensión intermedia entre las dos acepciones anteriores: más amplia que la F y menos que la E. En realidad, sería la E con una restricción. Esta restricción se refiere a la distancia del fenómeno considerado —que necesariamente ha de poseer uno de los tres atributos (A, B o C)— respecto a los otros dos atributos. Es decir, formaría parte del objeto de la pedagogía social todo aquello ubicado en A, o en B, o en C siempre y cuando no se halle «demasiado» alejado de las otras dos parcelas a las que no pertenece.

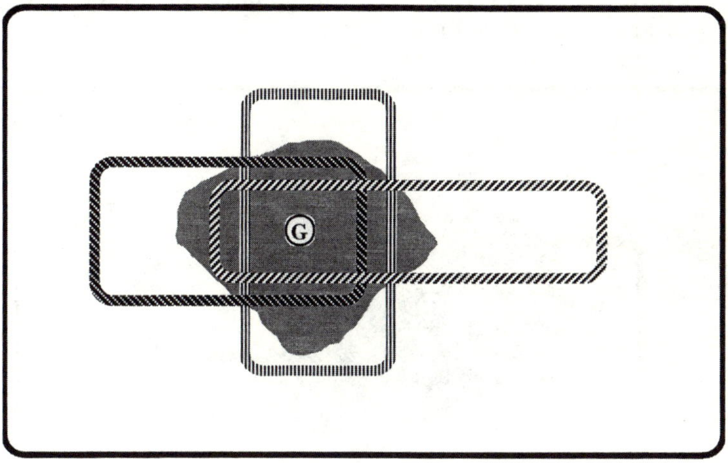

Gráfico 7. *Acepción G*

La restricción aproximativa que estipula esta acepción nos permite justificar la exclusión tácita que establece el uso de la expresión pedagogía social de determinados fenómenos educativos que, no obstante, tienen uno de los tres atributos que estamos viendo. Tomando como ejemplo uno de los casos presentados antes, el seminario de actualización de altos ejecutivos de una multinacional, aun siendo claramente no formal, no formaría parte del objeto de la pedagogía social puesto que los destinatarios están demasiado lejos del tipo de sujetos o colectivos que define el atributo B.

—ACEPCIÓN H. Proximidad relativa a la intersección entre las tres parcelas que definen los atributos correspondientes, aunque no forme parte de ninguna de ellas

Esta posibilidad sería la más imprecisa. En todas las anteriores, para que algo formara parte del objeto de la pedagogía social, era menester que, al menos, tuviera uno de los tres atributos que estamos contemplando. En esta acepción, se abriría la posibilidad de que hubiera fenómenos del universo educativo que, no siendo no formales, ni estando orientados específicamente al desarrollo de la sociabilidad, ni teniendo por destinatarios a sujetos o colectivos en conflicto social, formaran también parte del objeto propio de la pedagogía social.

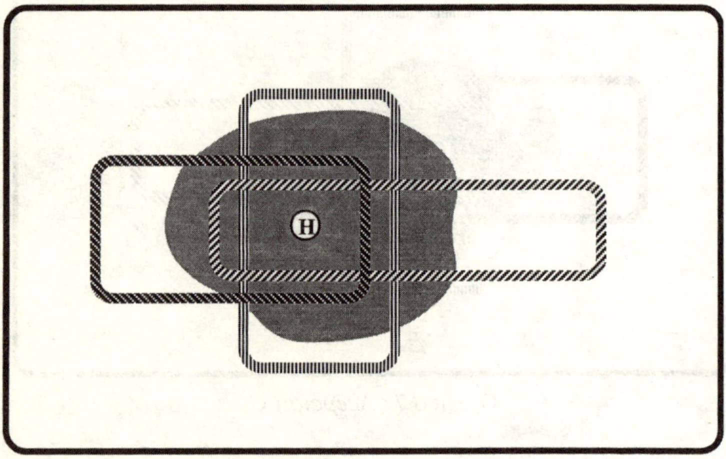

Gráfico 8. *Acepción H*

Lo cierto es que no se nos ocurre ningún ejemplo de este tipo que incluya el uso real de la expresión pedagogía social. En el caso de que sí hubiera ejemplos de tal clase, esto significaría que el modelo de los tres atributos del que hemos partido no es suficiente. Deberíamos elucidar entonces qué otra u otras características son necesarias para dar cuenta del aire de familia de la pedagogía social.

1.6. La acepción de pedagogía/educación social que mejor se ajusta a su uso

Haciendo una rápida recapitulación en torno a todas las acepciones contempladas, parece que la que mejor puede describir el «aire de familia» de la expresión «pedagogía social», según se utiliza actualmente, es la que etiquetábamos como (F). Es decir, según el uso consuetudinario vigente, el ámbito referencial de la pedagogía social estaría formado por *todos aquellos procesos educativos que comparten, como mínimo, dos de los tres atributos siguientes:*

1. *se dirigen prioritariamente al desarrollo de la sociabilidad de los sujetos;*
2. *tienen como destinatarios privilegiados a individuos o colectivos en situación de conflicto social;*
3. *tienen lugar en contextos o por medios educativos no formales.*

2
LOS ÁMBITOS DE LA EDUCACIÓN SOCIAL

Actualmente, en España, la formación académica inicial de los diplomados en educación social se configura a partir de tres ámbitos de intervención: la antes denominada *educación especializada* (desde ahora, EE), la *educación de adultos* (o, para ser políticamente correctos: *educación de personas adultas,* EPA) y la *animación sociocultural* (ASC). Pero, de la misma manera que, como acabamos de ver, no resultaba sencillo delimitar el objeto propio y específico de la educación social (globalmente considerada) en relación a otros objetos pedagógicos, sociales y culturales, tampoco es fácil delimitar con precisión aquellas tres parcelas internas de la misma. Empezaremos por intentar explicar los motivos de esta dificultad para señalizar las fronteras exactas entre EE, EPA y ASC. Seguidamente, trataremos de justificar las razones de su agregación bajo el rótulo de «educación social».

2.1. Educación especializada, educación de adultos y animación sociocultural

La dificultad principal (casi imposibilidad) de la tarea de marcar unas fronteras muy precisas entre la EE, la EPA y la ASC proviene de que estas tres «cosas» definen sus especificidades respectivas a partir de criterios diferentes. Las tres existían por separado antes de la instauración de la diplomatura de educación social y, por tanto, cada una de ellas disfrutaba de sus propias tradiciones y definiciones. Es decir, el problema que se plantea cuando se quiere acotar un supuesto ámbito propio para la EE o para la EPA o para la ASC dentro del conjunto de la educación social proviene del hecho de que estas tres cosas que ahora se cobijan bajo un mismo paraguas no surgen como producto de una operación taxonómica o clasificatoria, sino de una agregación de elementos previamente autodelimitados a partir de criterios dispares. Se trata, como ha escrito alguien, de una suma de números heterogéneos.[14]

Sin pretender entrar ahora en matices, puede decirse que la EE definía su objeto fundamental a partir de sus destinatarios: individuos, sectores o colectivos (sobre todo, niños, adolescentes y jóvenes)[15] en situación (o riesgo) de inadaptación o marginación social; por seguir con los términos que en el apartado anterior hemos utilizado: «poblaciones en situación de conflicto social».

Por otro lado, la EPA también define su objeto en función de los destinatarios, pero lo hace a partir de un criterio de edad: la EPA tiene por objeto la educación que se dirige a las personas adultas (y perdónese la tautología).

Finalmente, la ASC define su objeto, de una forma más laxa, difusa o imprecisa, a partir de criterios que no se refieren a los destinatarios. La ASC, aun cuando obviamente tiene en cuenta a sus destinatarios, no delimita su campo propio en función de los mismos: carece de un tipo específico y excluyente de destinatario, ya que éste puede ser niño, joven, adulto o viejo, y puede encontrarse en situación de conflicto o puede igualmente pertenecer a la población que en el esquema adjunto llamamos (obviando ahora discusiones terminológicas) «normalizada».[16]

14. Julià, A., «El educador social: una figura profesional surgida de diversas prácticas e identidades profesionales», en *Actas del I Congreso Estatal del Educador Social. Presente y futuro en la Educación Social,* Murcia (1995), Federación Estatal de Asociaciones Profesionales de Educadores Sociales, 1998, pág. 33.

15. Petrus, A., «El/la pedagog/a en l'educació especialitzada», a AA. VV., *Les sortides professionals del llicenciat en Pedagogia,* Barcelona, Publicacions Universitat de Barcelona, 1995, págs. 86-88.

16. Además del problema de que cada uno de los tres ámbitos se definen a partir de criterios diferentes, en el caso de la ASC hay que añadir el hecho de la carencia de definiciones descriptivas de la misma. La ASC, más que en términos descriptivos (que son los que ayudan a acotar un campo de interven-

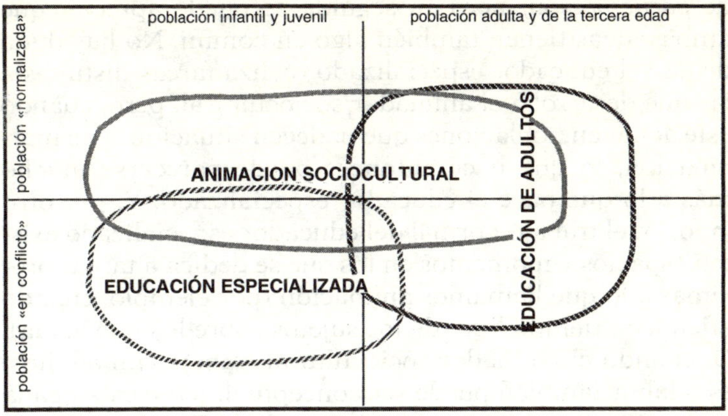

Gráfico 9

Si, en vez de utilizar los dos criterios anteriores que se refieren a los destinatarios (edad y situación de conflicto), tomáramos en consideración otros criterios sobre, por ejemplo, funciones, contenidos, metodologías, etcétera, veríamos cómo, al igual que ocurría antes, los campos respectivos de la EE, EPA y ASC interseccionarían entre sí. Seguramente, hallaríamos diferencias de énfasis pero no exclusiones o exclusividades taxativas. La EE enfatiza la idea de *integración* (o, si se prefiere, *resocialización*, *normalización*, *inserción* o *reinserción*, etcétera), mientras la ASC lo hace con la idea

ción), suele definirse en términos programáticos y valorativos. Las definiciones descriptivas son aquellas que intentan dar cuenta de un sector de la realidad procurando evitar juicios de valor sobre esta parte de la realidad. Las definiciones programáticas o valorativas son las que quieren definir programas de acción; se trata de definiciones cargadas explícitamente de valoraciones; definiciones que no pretenden decir lo que hay, sino lo que debería haber, no lo que se hace sino lo que habría de hacerse. Pues bien, la mayor parte, por no decir la inmensa mayoría, de las definiciones que se formulan de ASC son definiciones programáticas. Y hay que precisar que no apuntamos esta constatación en tono crítico: la definición que nosotros mismos hemos elaborado para la ASC está en esta misma línea (en «Concepto, discurso y universo de la animación sociocultural», en Trilla, J. (comp.), *Animación sociocultural. Teorías, programas y ámbitos*, Barcelona, Ariel, 1997, pág. 22). De hecho, tales definiciones son útiles y necesarias para orientar la acción, pero no sirven para reflejar y acotar la realidad a la que se refieren; por decirlo de otra manera, no son útiles para hacer el inventario de las realidades concretas a las que nos queremos referir cuando hablamos de ASC.

de *participación*, pero en seguida se puede apreciar que ambas ideas tienen también algo en común. No hay duda de que el educador especializado realiza tareas distintas a las que desarrolla el animador sociocultural, pero, cuando éste actúa en poblaciones que padecen situaciones de marginación, lo que hace entonces puede parecerse mucho más a lo que hace el educador especializado. Y, por otro lado, en el trabajo normal del educador especializado existen espacios y momentos en los que se dedica a tareas próximas a lo que llamamos animación (por ejemplo, cuando atiende al tiempo libre de los sujetos sobre los que actúa). O, cuando el animador sociocultural trabaja con adultos, esta labor también puede ser conceptualmente catalogada como EPA (a menos que se piense que la EPA ha de reducirse al sector educativo formalizado, lo cual actualmente ya no defiende nadie).

Así pues, aunque la educación social se configure a partir de los tres ámbitos anteriores, lo que no puede pretenderse es hallar entre ellos fronteras precisas: ya hemos dicho que estos tres ámbitos no son fruto de una operación de taxonomía, sino de un proceso de agregación. Un proceso que a continuación intentaremos explicar.

2.2. Las razones de la agregación

El hecho de no poder definir unos espacios muy específicos y excluyentes entre los tres ámbitos anteriores (EE, EPA y ASC) tampoco es algo que deba preocupar demasiado. Desde una perspectiva teórica no es menester inquietarse demasiado, ya que el fenómeno de la inexistencia de fronteras claras es, cada vez más, moneda corriente en el actual panorama de las disciplinas. Pero es que, desde una perspectiva más práctica (por ejemplo, desde la óptica de la demarcación de sectores profesionales), el supuesto problema aún ha de resultar menos preocupante. Lo sería si la formación para el ejercicio profesional en los tres ámbitos tuviera lugar por medio de carreras y titulaciones diferenciadas. Entonces sería explicable el interés en deslindar los campos de intervención y las identidades profesionales respectivas. (En este sentido, parece lógico y natural que pueda haber contenciosos profesionales entre, por ejemplo, «educadores sociales» y «trabajadores sociales».) Pero hallándose —por las razones y circunstancias que en seguida comentaremos— la EE, la EPA y la ASC juntas bajo una misma etiqueta y con un mismo proceso de formación, no parece muy grave el que existan dificultades manifiestas para diferenciarlas excluyentemente entre sí. Precisamente, como veremos, estas mismas dificultades pueden considerarse como una confirmación más del acierto de ponerlas juntas.

Pensamos que pueden aducirse tres tipos de motivaciones (aunque no sean siempre explícitas ni quizá del todo conscientes) para agregar a la EE, EPA y ASC bajo el paraguas de la educación social.

Las primeras que comentaremos son las que podríamos llamar *estratégicas*. De entrada, parecía evidente que debía potenciarse la EE, entre otras cosas, confiriendo rango universitario a la formación de sus profesionales. También parecía viable la creación de unos estudios universitarios a nivel de diplomatura para proveer tal formación. Lo que quizá no resultaba tan claro en aquellos momentos —por factores en los que ahora no vamos a detenernos— era la viabilidad de una diplomatura específica para la ASC. En estas circunstancias, una manera de conseguir la ubicación universitaria de la formación de animadores socioculturales era vincularla a la formación de los educadores especializados bajo el cobijo genérico de la educación social. Por lo que se refiere a la EPA, reservarle un lugar dentro de la diplomatura de Educación Social constituía una forma de asegurar que el alcance de la primera no quedase restringido a la enseñanza reglada o formal de los adultos.

De todos modos, estos motivos estratégicos no serían suficientes. Las simples razones de oportunidad no justifican una opción como la de engranar en la educación social los tres ámbitos de intervención que nos ocupan. En este sentido, podían esgrimirse también razones relativas a la profesionalización. Ampliar el alcance de la diplomatura era una manera de incrementar las posibles salidas profesionales de la misma y posibilitar, a la vez, un cierto grado de movilidad laboral. El mercado de trabajo relacionado con estos sectores estaba (y sigue y, seguramente, seguirá estando) escasamente estructurado y tiende a ser muy variable. Procurar, pues, una formación más versátil y no excesivamente especializada abría mejores perspectivas a los futuros profesionales. Como escribió al respecto M. March: «La institucionalización de la figura del Educador Social implicaba repensar las funciones a realizar por los educadores, aplicar el principio de normalización y de normalidad, reestructurar las metodologías de intervención, posibilitar la movilidad horizontal entre los diferentes espacios de intervención de los educadores, reconstruir nuevos espacios de intervención de los educadores, etcétera. (...) La existencia de una sola figura de educador social posibilitaba que las fronteras entre la normalidad y la anormalidad se rompieran, que los contextos de intervención se ampliaran, que la escuela dejara de ser el único ámbito de intervención formalizada, que se posibilitara la comunicación entre los diversos colectivos y tradiciones, etcétera».[17]

Por último, el tercer tipo de justificaciones para aglutinar la EE, la EPA y la ASC bajo la misma figura de la educación social se refiere a las coincidencias existentes entre ellas. Aunque es totalmente cierto que hasta el momento de su agrupación los tres ámbitos habían seguido trayectorias formativas y profesionales diferenciadas, tampoco era muy difícil apreciar que entre ellos había también un conjunto suficientemente significativo de elementos compartidos. Es decir, no constituían sectores tan dispares entre sí (en contenidos, tradiciones, sensibilidades y estilos) como para presentarse como incompatibles. De estas semblanzas o parentescos es de lo que trataremos en el siguiente y último apartado.

17. March, M., «El educador social: una figura profesional surgida de diversas prácticas e identidades profesionales», en *Actas del I Congreso Estatal del Educador Social. Presente y futuro en la Educación Social,* Murcia (1995), Federación Estatal de Asociaciones Profesionales de Educadores Sociales, 1998, págs. 59-60.

3
UNA PEQUEÑA SAGA DE LA FAMILIA DE LA EDUCACIÓN SOCIAL

3.1. Semblanzas y parentescos

El título de este apartado remite de nuevo a la metáfora debida a Wittgenstein con la que hemos iniciado esta parte del libro; es decir, a aquella idea del «aire de familia» como conjunto de rasgos afines que podemos encontrar entre los miembros de una misma familia, pero en el bien entendido de que seguramente ninguno de tales rasgos es compartido por todos los individuos de la parentela. Pues bien, lo que intentaremos a continuación será eso mismo: esbozar algunos rasgos que nos descubren un cierto grado de parentesco entre la EE, la EPA y la ASC. El grado de parentesco suficiente como para reconocerlas como miembros de la familia de la educación social.

Como no podía ser de otra manera, algunos de los rasgos de los que hablaremos remiten a las tres acepciones «esencialistas» de educación social que explicábamos al principio. Ahora los comentaremos de una forma menos conceptualizadora y, por tanto, más distendida. El resto de rasgos son, quizá, como más anecdóticos, circunstanciales o tangenciales, pero es que el «aire» de una familia de verdad también se forma por historias recordadas, estereotipos que se construyen, mitos, gustos, manías... Ya se verá también que, probablemente, no todos los rasgos son positivos (o que no lo son enteramente), ya que también en toda familia se cultivan vicios y hay sus ovejas negras.

La familia de la educación social no es una familia convencional. No se ha constituido por el matrimonio de una pareja, sino por la decisión de unir tres familias previas y ponerlas a vivir juntas en una misma casa para formar desde entonces una sola familia. Tampoco está del todo claro si la decisión fue, por parte de todos, muy libre. Lo cierto es que alguno se resistía y estuvo dudando bastante si esta unión era lo que más les convenía. En realidad, cada familia había tenido su propia vida, independiente de la de las demás. Incluso algunas ya habían procreado por su cuenta; tenían hijos como el monitor de tiempo libre, la ludotecaria, el educador de la tercera edad, el educador de prisiones o el de calle, etcétera. Y les preocupaba si esos hijos, puestos ahora todos juntos, iban a entenderse. También cada uno había tenido sus relaciones previas; a veces, incluso con una cierta turbulencia. Por ejemplo, la EE tenía sus cosas con el trabajo social; la EPA estaba muy vinculada a otra familia del mismo clan: la familia del magisterio. (No hemos dicho antes, pero lo aclaramos ahora, que la familia de la educación social forma parte del clan de la pedagogía, y éste, a su vez, de la tribu llamada de las ciencias humanas y sociales.) El caso es que, a pesar de las dudas, finalmente la EE, la EPA y la ASC decidieron unirse y formar una única familia. Habían estado viviendo cada una en un piso, pero ahora la unión les posibilitaba una casa más grande y mejor situada: ahora también podrían vivir en el *campus*.

Pero tampoco hay que pensar que fue sólo un matrimonio de conveniencias. Las tres se conocían desde hacía tiempo, pues a menudo se encontraban trabajando en el mismo lugar y con los mismos sujetos. Incluso a veces, antes de los esponsales, se habían avenido a trabajar juntas y a compartir sus esfuerzos. Vieron también que había una serie de cosas en las que podían coincidir, en las que, de hecho, ya estaban coincidiendo. En definitiva, se dieron cuenta de que eran más las cosas que las unían que las que los separaban.

3.2. El apellido como seña de identidad

Por supuesto, lo primero que las unía es que las tres se dedicaban a la educación. La EE y la EPA, porque la llevan ya en su propio nombre de pila; nominalmente no ocurre lo mismo en el caso de la ASC, pero el problema desaparece si reparamos en el hecho de que ésta es hermana siamesa de la educación en el tiempo libre (o pedagogía del ocio).[18] Sea como sea, el caso es que las tres se dedican a la educación. Pero como familias educativas hay muchas, lo que constituye su seña de identidad es el apellido: educación *social*.

Ahora bien, tampoco es que se sepa muy bien qué significa aquí exactamente «social». Sería muy interesante que alguien de la familia hiciera una investigación genealógica sobre el particular, pero ahora no lo vamos a intentar. En cualquier caso, sí que es verdad que tanto la EE y la EPA como la ASC comparten una notable predilección por dedicar sus esfuerzos al desarrollo de la sociabilidad de aquellos con los que trabajan. Les interesa sobremanera todo lo que se refiere a las competencias de los sujetos para relacionarse bien con los otros sujetos y, más en general, con la sociedad en la que viven. Por eso, en la jerga familiar entre las palabras que más se usan están: grupo, comunidad, colectividad, marginación, integración, asociación, inserción o reinserción, socialización, interacción, participación, cooperación, diálogo, comunicación... y muchas otras con el adjetivo social (conflicto social, habilidades sociales, desarrollo social, etcétera). Como ha escrito A. Julià, «lo que caracteriza al trabajo del educador social es conseguir en el grado máximo posible la socialización de los sujetos de su intervención. Éste sería el objetivo esencial que conectaría las diferentes profesiones que configuran la educación social».[19]

Relacionado con éste hay otro rasgo que también forma parte del «aire» de esta familia. Dicen que, para que las intervenciones sobre los individuos sean eficaces, éstas deben estar siempre fuertemente contextualizadas; que hay que partir de las realidades concretas que viven los sujetos.

18. La dimensión educativa de la ASC la hemos tratado extensamente en *Otras educaciones, op. cit.*, págs. 105 y sigs.; y la relación conceptual entre la ASC y la pedagogía del ocio en «Concepto, discurso y universo de la animación sociocultural», *op. cit.*, págs. 28 y sigs.

19. Julià, A., *op. cit.*, pág. 41.

Por eso, para la EE, la EPA y la ASC otras de las palabras totémicas son las de territorio, medio, entorno, contexto y, de nuevo, comunidad. Ahí suelen establecer un juego dialéctico de considerable calado tanto teórico como práctico. Puesto que, como hemos dicho, esta familia se dedica a la educación, de lo que se trata es de que los sujetos experimenten algún cambio, algún tipo de desarrollo personal. Pero para que ello ocurra de verdad también ha de cambiar el medio en el que viven. Y entonces es cuando el discurso, que ha de ser necesariamente dialéctico, parece que empiece a hacer juegos de palabras: no hay desarrollo comunitario sin desarrollo personal (y viceversa); las personas se desarrollan en la medida y al tiempo en que se desarrolla la comunidad de la que forman parte; la intervención educativo-social es una intervención, a la vez, sobre las personas y sobre la comunidad, etcétera. Todo eso no son líos especulativos, sino ideas muy acertadas y productivas que comparten muchos de los miembros de la familia educativo-social.

3.3. Una familia voluntarista y bastante politizada

Además, aquellas posiciones no son únicamente pedagógicas. Son, también, posiciones políticas o ideológicas. A todos les parece claro que la pedagogía es política (y a la inversa); y si la pedagogía es *social*, pues la cosa está todavía más clara. La familia que nos ocupa, como no podía ser de otro modo, está muy politizada; en las sobremesas y siempre que se reúnen se discute mucho de política. Los educadores especializados, los animadores socioculturales y los educadores de adultos suele ser gente comprometida, que no es que voten al mismo partido, pero sí que existe una clara decantación hacia las opciones progresistas, de izquierda. Sin duda, debe haber también algún pariente con otras decantaciones políticas, pero es que en todas la familias hay ovejas descarriadas. En cualquier caso, la mayoría obedece a aquel perfil, digamos, «progresista». Apostaríamos algo que, si dispusiéramos de datos estadísticos, podría demostrarse que el índice de progresismo en nuestra familia es, cuando menos, superior al de muchas otras familias (taxistas, abogados, empleados de banca, ejecutivos, médicos, pilotos de avión o comerciantes). Que eso sea así tiene su lógica, no es casual. Una buena parte de los miembros de nuestra familia trabajan con los sectores sociales más desfavorecidos (marginados, excluidos, analfabetos, pobres...); y eso, sin duda, requiere o genera una especial sensibilidad social. Una sensibilidad que hace ver la necesidad del cambio social y que tradicionalmente se emparenta con las posiciones políticas de izquierdas. En fin, la mentalidad educativo-social se nutre mucho del pensamiento progresista e igualitario de la modernidad. La familia es, pues, igualitarista porque suele trabajar con los más desiguales. Esto nos lleva a una cuestión que queremos comentar con cierto detenimiento.

Bertrand Russell en un trabajo titulado «La superior virtud de los oprimidos», incluido en su libro *Ensayos impopulares,* hablaba del fenómeno que consiste en la idealización del desfavorecido. Decía así: «Una de las persistentes ilusiones de la humanidad es la de que ciertos sectores de la raza humana son mejores o peores que otros. Esta creencia tiene distintas formas, ninguna de las cuales cuenta con base racional alguna».[20] Y, como seguía diciendo Russell, curiosamente, en ocasiones, esta excelencia no se afirma del propio grupo al que pertenece uno mismo, sino de los ajenos: «Una forma más bien curiosa de esta admiración hacia grupos a los cuales no pertenece el admirador es la creencia en la superior virtud de los oprimidos: las naciones sometidas, los pobres, las mujeres y los niños».[21] Luego de ejemplificar históricamente estas creencias, concluía con lo siguiente: «Como se hace patente en los distintos ejemplos que hemos considerado, la etapa en que la superior virtud es atribuida a los oprimidos es transitoria e inestable. Comienza sólo cuando los opresores llegan a tener remordimientos de conciencia, y ello ocurre únicamente cuando su poder ya no es seguro. La idealización de la víctima resulta útil durante cierto tiempo: si la virtud es la mayor de las bondades, y si el sometimiento hace virtuosas a las gentes, es bondadoso negarles el poder, ya que

20. Russell, B., *Ensayos impopulares,* Madrid, Edhasa, 1985, pág. 73.
21. *Ibidem.*

éste les destruiría la virtud. Si a un hombre rico le es difícil entrar en el reino de los cielos, es un acto de nobleza por su parte el conservar sus riquezas y así arriesgar su bienaventuranza eterna en beneficio de sus hermanos más pobres. El aliviar a las mujeres del trabajo sucio de la política era un magnífico acto de abnegación por parte de los hombres. Y así sucesivamente. Pero más tarde o más temprano la clase oprimida argumentará que su superior virtud es un motivo favorable para que disfrute del poder, y los opresores se encontrarán con que sus propias armas han sido vueltas contra ellos. Cuando por fin el poder se ha igualado, se descubre que toda la charla acerca de la superior virtud era una bobada, absolutamente innecesaria como base para la exigencia de igualdad».[22]

En algún grado este tipo de idealización que denunciaba Russell también ha podido intuirse alguna vez en el imaginario de nuestra familia en relación con los sujetos de la educación social: esto es, una cierta idealización del marginado, del analfabeto, del inmigrante... Aquí no es, por supuesto, una idealización malintencionada (el agente no idealiza al destinatario con el secreto designio de mantenerle conformado con su estado de marginación), pero no deja de ser innecesaria, cuando no distorsionante. Es como un esfuerzo en justificar los merecimientos del desigual para convertirse en igual, del excluido para dejar de serlo, del analfabeto para acceder al mundo de la cultura; es como si, en el fondo, no nos pareciera suficiente que el otro pertenezca a la especie humana para poder tener y ejercer los mismos derechos que los demás: hay que buscar, resaltar o inventarse supuestas virtudes superiores para justificar la dignidad que les corresponde. Por otro lado, la idealización lleva indefectiblemente a la creación de estereotipos, con lo que se acaba actuando no sobre personas y comunidades reales sino sobre el espejismo de un modelo estereotipado.

Todo eso tiene que ver con el tan actual como, a veces, ingenuo discurso sobre la diferencia. Porque en este punto las conversaciones que mantiene la familia de la educación social (con otras familias y dentro de ella misma), a veces,

22. Ibidem, pág. 78.

son complicadas. Como hemos dicho, la familia es igualitarista, pero suele trabajar con los más diferentes. Entonces elabora un discurso indiscriminadamente positivo sobre la diferencia (las diferencias son enriquecedoras, etcétera), aunque, para salir del paso, y con una cierta arbitrariedad semántica, distingue entonces entre desigualdad (que sería lo negativo) y diferencia (que sería lo positivo). Lo más sencillo sería distinguir entre diferencias legítimas, positivas, deseables, y diferencias injustas, negativas, indeseables. Puede ser que el discurso a favor de la diferencia sea conveniente para salir al paso de cualquier discriminación por razón de raza, sexo, origen y situación social, cultura, discapacidad, etcétera. Pero no hay que perder de vista que el derecho a la diferencia parte de considerar que la diferencia es lo accidental y que, en cambio, lo esencial es lo que nos asemeja a todos como seres humanos. Respetar al negro por ser negro, al cojo por ser cojo, al anciano por ser anciano, al analfabeto por ser analfabeto, al pobre por ser pobre... es ya una forma de discriminación (y el haber puesto tales ejemplos es otra discriminación más). Porque son precisamente los racistas quienes dan importancia a las diferencias raciales, los sexistas a las diferencias de género, los elitistas a las diferencias de cultura...; son ellos quienes piensan que de estas diferencias deben derivarse otras desigualdades. En realidad, en el orden de los derechos humanos, el respeto a la diferencia consiste en no darle ninguna importancia a las diferencias. (Salvo cuando por justicia social una diferencia determinada exige provisionalmente alguna forma de discriminación positiva.)[23]

Por otro lado, el hecho de trabajar generalmente con los más desfavorecidos y también el carácter relativamente incipiente de los campos de actuación, generaron en la familia educativo-social una suerte de actitud muy voluntarista. Voluntarista, no sólo en el sentido de que la presencia activa del voluntariado social ha sido decisiva en este sector (la ASC se ha nutrido de agentes voluntarios en mucha mayor proporción que de animadores remunerados), sino también en el sentido de entender la interven-

23. Trilla, J., *Aprender lo que se dice aprender... (Una teoría alfabética de la educación)*, Barcelona, Octaedro, 1998.

ción en términos de acción solidaria, de compromiso y de militancia social. Todo ello llevó también a una cierta mentalidad que podríamos llamar *pobrista*. La de la educación social, en cada una de sus ramas, ha sido una familia acostumbrada no sólo a trabajar en contextos pobres sino también con pobres recursos. Tal precariedad de medios materiales había de ser suplida entonces con dosis notables de esfuerzo voluntarista y también de ingenio. Éste era el lado positivo del asunto. El no tan positivo fue que, en algún caso, se llegó casi a hacer de la necesidad virtud. Era como si por el hecho de trabajar con los socialmente desfavorecidos, por mor de una coherencia mal entendida, hubiera de llevar fatalmente asociada la necesidad de desenvolverse con precariedad de medios, cuando lo realmente consecuente seria lo contrario. El principio de la discriminación positiva al que antes aludíamos establece precisamente eso: es sobre los que se encuentran en una situación más precaria sobre quienes hay que abocar los mejores y más abundantes recursos. La administración pública, que es la principal fuente de recursos para la familia de la educación social, deberá entender que aquella forma *pobrista* de intervención no es la justa y adecuada; y no ya para prestigiar la profesión, sino sobre todo para contribuir a la dignificación de los sectores sobre los que actúa.

3.4. Riñas con la familia vecina

El aire de familia de la familia educación social incluye también algunas fobias. Una de las más notorias es la que han sentido por la escuela muchos miembros de la familia. Aquí también nos vamos a detener un poco, ya que durante un cierto periodo la animadversión hacia la institución escolar ha formado parte de sus más destacadas señas de identidad.

Lo cierto es, sin embargo, que la actitud hacia la escuela de la familia de la educación social (y la de sus miembros antes de formar su hogar común) ha ido cambiando. Así, por ejemplo, en la educación de adultos lo que empezó ocurriendo fue que a sus destinatarios se les escolarizaba sin más, como si fueran niños. Con las mismas cartillas con que se enseñaba a leer a los más pequeños se quería alfabetizar a los adultos. La pedagogía, haciendo demasiado honor a su nombre, prácticamente sólo se había dedicado a la infancia (y, si acaso, a la juventud) y, por eso, cuando tuvo que ponerse a trabajar con personas mayores, lo único que al principio se le ocurrió fue escolarizarlas e infantilizarlas. Luego se dieron cuenta de que esto no funcionaba, que no podía funcionar. Se percataron de que los adultos no son niños grandes. (Curiosamente, en otras épocas la pedagogía también había pensado que los niños eran adultos en pequeño.) Y si a los adultos, aunque sean analfabetos, no hay que considerarlos como menores de edad, tampoco hay que intentar enseñarles mediante las mismas instituciones, métodos e instrumentos pensados para la infancia. Había pues que pensar en procedimientos específicos a la especificidad adulta. Y entonces, en este camino de búsqueda de la identidad de la educación de adultos, la familia le cogió una manía tremenda e indiscriminada a la escuela. Una manía, sin duda, exagerada pues no se daban cuenta de que, por un lado, ciertos especímenes de escuela que ellos criticaban, tan pedagógicamente nefastos eran para los adultos como para los propios niños. Y, por otro lado, tampoco eran muy conscientes de que, entre los mejores hallazgos pedagógicos supuestamente específicos que encontraron, un buen número de ellos igualmente procedía de las mejores pedagogías infantiles y escolares.[24] Sea como sea, el caso es que durante un tiempo —que en parte todavía dura—, la escuela fue la bestia negra de la educación social, versión educación de adultos. Fue así hasta el punto de que algunos, creyendo que el nombre hace a la cosa, propusieron no llamar escuelas a sus escuelas, y se inventaron nuevas denominaciones.

Esta aversión hacia la escuela ha sido compartida por las otras ramas de la familia. Y también se generó mediante procesos bastante similares. En el caso de la estirpe de la educación especializada hay que pensar que sus ancestros se encuentran, no ya en la escuela, sino en lo que ha sido la máxima expresión de la misma: asilos, hospicios, interna-

24. Sobre este particular nos hemos extendido en *Otras educaciones, op. cit.*, págs. 140 y sigs.

dos...; es decir, escuelas *totales*. Luego, afortunadamente, se abominó de este tipo de institución, porque era como querer combatir la marginación a base de marginar todavía más a los marginados. Pero de forma semejante a lo que había ocurrido con la educación de adultos, la razonable inquina hacia el hospicio se hizo extensiva a la escuela en general.

La animación sociocultural y la educación en el tiempo libre también ha pasado por sus épocas antiescolares, aun cuando tuvo antecedentes —algunos incluso muy brillantes— ubicados en la institución escolar. Por ejemplo, ejemplares colonias de verano en su tiempo fueron, en realidad, colonias escolares en las que eran maestros y profesores quienes ejercían las tareas de los que después serían llamados animadores o monitores. Pero también llegaría la ojeriza hacia la escuela por parte de los movimientos de la ASC y la pedagogía del ocio. La escuela —decían en esta rama de la familia educativo-social— es instructivista, pasiva, intelectualista y verbalista, cerrada, fomenta el individualismo y la competitividad..., mientras que lo que nosotros ofrecemos a nuestros usuarios es verdadera actividad, expresividad, creatividad, y favorecemos la sociabilidad y la cooperación. Las instituciones de educación en el tiempo libre en que trabajaba esta rama de nuestra familia, se decía, hacían bien lo que, con vistas a la educación integral, la escuela no hacía o hacía muy mal. Por lo general, a los animadores y monitores les gustaba oír y decir maldades de las escuelas y de los maestros, hasta que llegaron días en que un número significativo de escuelas se pusieron a hacer trabajos manuales, excursiones e, incluso, de nuevo colonias, se insistía en el trabajo en equipo y el aprendizaje cooperativo y la escuela empezaba a dejar de ser aquella aborrecible escuela. Entonces, las instituciones de educación en el tiempo libre ya no podían legitimarse mediante una función de suplencia, sino que hubieron de plantear la cuestión en términos de complementariedad. Y claro, una cosa que se presenta como complementaria de otra cosa ya no puede abominar de su complementario, pues lo deseable es que colaboren entre sí.

Pero además de todo esto, resulta que ahora la escuela, cada vez más, es también un lugar de trabajo para los animadores de tiempo libre (monitores de comedor, actividades extraescolares organizadas por las escuelas, etcétera). Y no sólo para esta rama de nuestra familia, sino para educadores sociales en general. Actualmente el conflicto y la marginación social están también escolarizados y cada vez durante más tiempo. Eso modifica el papel de la escuela y le hace acercarse a cometidos que para ella son nuevos; cometidos propios de la familia educativo-social. De hecho, a maestros y profesores que antes podían cumplir ejerciendo sólo de enseñantes, el nuevo escenario les exige que hagan también de educadores sociales; en ciertos casos, incluso que hagan *fundamental* o *previamente* de educadores sociales.

O sea que la antipatía que la familia de la educación social sentía por la escuela hoy ya no resulta demasiado funcional. Las educaciones formales, no formales e informales, lo escolar y lo social, cada vez están más mezclados, lo cual tiene mucho de positivo. Por eso ya no valen ciertos maniqueísmos, típicos en su momento, del aire de familia de la educación social. En todas las familias pesan mucho las tradiciones y los resabios, y por eso todavía hay quien persiste en su aversión hacia la escuela. Pero los aires están cambiando.

3.5. Familia de artesanos medio marginada en su clan

Hasta no hace mucho —casi justamente hasta que decidieron unirse— la EE, la EPA y la ASC habían compartido una cierta situación de marginalidad dentro de su clan; es decir, dentro del clan de la pedagogía. Ya es curioso que, precisamente, quienes estaban trabajando con los marginados fueran a su vez marginados por las pedagogías oficial y académica. Se publicaba poco, en las Ciencias de la Educación se los consideraba escasamente, en las carreras para formar profesionales de la educación casi no tenían lugar, en las leyes educativas brillaban por su ausencia... Cada una de las tres familias previas estaba luchando para establecerse por su cuenta y afianzar su posición. Querían que se les reconociera profesionalmente, que pudieran trabajar en las condiciones adecuadas, que su conocimiento pudiera desarrollarse con el rigor exigido. Y la mayor parte de sus miembros aspiraban a todo ello, no por una suerte de corporativismo familiar, sino porque —como decían y era cierto— su trabajo y su disciplina respondían a necesidades sociales reales, a necesidades que el Estado del bienestar había reconocido y que quería afrontar: «La constitución del Estado del bienestar es un factor fundamental para entender no sólo la figura del educador social/especializado, sino también de otros profesionales como pueden ser los trabajadores sociales, los psicólogos sociales, los trabajadores familiares o los mismos pedagogos sociales. Esta constitución del Estado y de la sociedad del bienestar social está implicando la creación de unos servicios sociales primarios y secundarios —a nivel de infancia, familia, delincuencia, drogadicción, mujeres, marginación adulta, etcétera— que dan respuesta a las diversas demandas y necesidades sociales que se están generando progresivamente.»[25]

Con todo, en la familia educativo-social seguían siendo los parientes pobres de la pedagogía. Quizá ello tuviera que ver, entre otras cosas, con la forma «artesanal» de actuar y de producir conocimiento que dominaba en las tres familias antes de unirse. Una buena parte de su discurso provenía de la elaboración experiencial del conocimiento. Es decir, de un conocimiento surgido de la propia práctica de los agentes, generado por ensayo y error, y propagado mediante la transmisión e intercambio directo de las experiencias. Se trata, como decíamos, de un estadio artesanal del discurso. Un estadio fundamental e imprescindible para evitar que otros niveles más teóricos o abstractos del conocimiento deriven hacia la pura especulación que pierda de vista cualquier referencia a la realidad. Pero, si bien absolutamente necesaria, esta forma artesanal de la elaboración de conocimiento resulta también insuficiente cuando se persiguen cotas mayores de profesionalización y cuando la formación de tales profesionales ha de convertirse en universitaria. La formación académica precisa entonces de mayores dosis de conceptualización, de sistematización y de investigación metódica.

25. March, M., *op. cit.*, págs. 51-52.

En este punto hay que introducir un elemento de la saga de la familia de la educación social que todavía no había aparecido. Venimos diciendo que esta familia se forma por la confluencia de las tres familias previas citadas, pero además, en el momento de su unión, se da simultáneamente otra confluencia: la de los parientes artesanos y la de los parientes académicos. Éste fue un encuentro que también creó sus fricciones, por cuanto representaban tradiciones, estilos e intereses, al menos parcialmente, distintos. Además, en estas respectivas parentelas también había de todo. En ambas podía haber quien sólo defendiera intereses particulares o puramente corporativos; o el artesano limitadamente practicón o el académico que nunca había puesto (ni pondría) un pie en la realidad. Por supuesto también se daban felices mezclas en miembros de las parentelas citadas: artesanos con una elevada y rigurosa capacidad teorizadora y académicos que conocían bien y por experiencia directa el trabajo real de la educación social.

Sea como sea, a la familia educativo-social se le planteaba el reto difícil y apasionante de conjugar, de armonizar, aquellas dos formas de conocimiento: el dinámico, práctico y contextualizado conocimiento experiencial o artesanal con el conocimiento académico mucho más abstracto y que aspira a un mayor rigor científico. El desafío de conseguir que estos dos tipos de conocimiento se alimenten mutuamente y lleguen a confluir. El reto, en definitiva, de superar el hiato entre la teoría y la práctica, la acción y la reflexión, que es como el desafío perenne no ya de la familia de la educación social, sino del clan entero de la pedagogía.

El desafío es perenne y, por tanto, no está ni mucho menos resuelto. Pero sin duda sí que se está superando ya, felizmente, aquella situación de marginalidad que padecía la familia educativo-social dentro del clan de la pedagogía oficial y académica. Dentro del clan y de la tribu nuestra familia ahora cotiza al alza: se generan nuevos campos de intervención y de profesionalización, se investiga y publica mucho más, se crean nuevos estudios y títulos de rango académico superior, etcétera. Y aunque no es oro todo lo que reluce, ya no son los parientes pobres de la pedagogía. Es más, ahora otras familias del clan y de la tribu quieren emparentarse con la de educación social: didactas, sociólogos, psicólogos... La marginalidad de la familia se ha ido acabando, pero es de desear que tampoco quiera empezar ahora a ejercer como una familia de nuevos ricos.

Bibliografía

Colom, A., Sarramona, J., Vázquez, G., *Estrategias de formación en la empresa,* Madrid, Narcea, 1994.

Consejo de Universidades, *Reforma de las enseñanzas universitarias. Título: Diplomado en educación social,* Madrid, Consejo de Universidades, 1989.

Fermoso, P., *Pedagogía social. Fundamentación científica,* Barcelona, Herder, 1994.

Fullana, J. (comp.), *Els àmbits de treball de l'educador social,* Málaga, Aljibe, 1999.

Julià, A., «El educador social: una figura profesional surgida de diversas prácticas e identidades profesionales», en *Actas del I Congreso Estatal del Educador Social. Presente y futuro en la Educación Social,* Murcia (1995), Federación Estatal de Asociaciones Profesionales de Educadores Sociales, 1998.

Maillo, A., *Educación social y cívica.* Madrid, Escuela Española, 1971.

March, M., «El educador social: una figura profesional surgida de diversas prácticas e identidades profesionales», en *Actas del I Congreso Estatal del Educador Social. Presente y futuro en la Educación Social,* Murcia (1995), Federación Estatal de Asociaciones Profesionales de Educadores Sociales, 1998

Petrus, A., «El/la pedagog/a en l'educació especialitzada», a AA.VV., *Les sortides professionals del llicenciat en Pedagogia,* Barcelona, Publicacions Universitat de Barcelona, 1995, págs. 86-88.

Puig, J., Trilla, J., *Pedagogia del ocio,* Barcelona, Laertes, 1996.

Quintana, J. M., *Pedagogía Social,* Dykinson, 1984.

—, «Los antecedentes históricos de la educación social», en Petrus, A. (comp.), *Pedagogía social,* Barcelona, Ariel, 1997, págs. 67-91.

Russell, *Ensayos impopulares,* Madrid, Edhasa, 1985.

Trilla, J., *La educación informal,* Barcelona, P.P.U., 1986.

—, *Otras educaciones,* Barcelona, Anthropos, 1993.

—, *La educación fuera de la escuela. Ámbitos no formales y educación social,* Barcelona, Ariel, 1998, 3ª ed.

—, *Aprender lo que se dice aprender... (Una teoría alfabética de la educación),* Barcelona, Octaedro, 1998.

—, *Pedagogia del grup i del projecte. Una aproximació a l'obra de Joaquim Franch.* Barcelona, Edicions 62-Eumo Editorial, 2000.
Trilla, J., (comp.), *Animación sociocultural. Teorías, programas y ámbitos,* Barcelona, Ariel, 1997.
Wittgenstein, L., *Investigaciones filosóficas,* Barcelona, Crítica, 1988, págs. 87-88.

Segunda parte

NUEVOS ÁMBITOS EN EDUCACIÓN SOCIAL

Antoni Petrus

1
NUEVOS ÁMBITOS EN EDUCACIÓN SOCIAL

1.1. Constitución y educación social

En cierta ocasión preguntaron a un juez qué espacios de la educación eran legalmente derechos humanos. Su respuesta fue inteligente y acertada: «Está muy claro. Son los que se definen en nuestra Constitución». En efecto, nuestras Constituciones europeas, de manera más o menos precisa, explicitan los derechos de los cuales derivan los perfiles y las *nuevas formas de educación social* que es preciso promover. Así, por ejemplo, nuestro máximo ordenamiento jurídico nos habla de:

1. Los derechos de la persona y de promover las condiciones de libertad y de igualdad de todos los individuos.
2. Facilitar la participación de todos los ciudadanos en la vida política, económica, cultural y social a fin de hacer realidad la llamada «paz social».
3. Las privaciones de libertad y de su justificación por estar orientadas a la reeducación y a la reinserción social de los delincuentes.
4. El derecho de los ciudadanos a participar en la vida social y cultural, así como del asociacionismo como una de las nuevas formas de participación ciudadana.
5. No discriminar a ninguna persona por razón de nacimiento, raza, sexo, religión, opinión o cualquier otra condición o circunstancia personal o social.
6. El derecho de todo ciudadano a la educación, al trabajo, a la cultura, a la educación física, al deporte y al tiempo libre.

7. El derecho a la información y a la educación de los consumidores y usuarios.
8. Fomentar la salud, la cultura y el ocio de las personas de la tercera edad.

Existe, por otro lado, un cierto consenso respecto a que la característica más significativa de la sociedad actual es el cambio. *El cambio es un valor*. Y fruto del cambio y de las variadas formas de convivencia son, en parte, las nuevas necesidades educativas. La protección a la familia y a la infancia, el bienestar de la tercera edad, la salud, la cultura, el ocio, el deporte, los nuevos derechos individuales, etcétera, son espacios educativos que, con el paso del tiempo, se han convertido en derechos gracias a la eclosión del cambio social.

La sociología define la sociedad como un conjunto de individuos entre los cuales existen relaciones organizadas y regidas por una autoridad. Pero, como dice Edgar Morin, la sociedad es algo más: «Nuestra sociedad moderna es una mezcla de coacciones exteriores... y de tendencias interiores unificadoras» (1995, pág. 83). En otras palabras, en nuestra sociedad coexiste un *tejido social* de intereses económicos y técnicos que oponen y asocian al mismo tiempo a sus miembros, junto a los aspectos de *comunidad*, que otorgan a esa sociedad un cierto sentido mítico. Estado, leyes, policía, padres, cultura, historia, moral, costumbres, etcétera ejercen la función de coacciones exteriores y de tendencias interiores unificadoras. En realidad, una sociedad es un grupo de personas de *mentalidad análoga*, ya que pertenecer a una sociedad quiere decir, fundamentalmente, tener la mentalidad de esta sociedad. Pertenecer a una sociedad supone tener una misma historia y recuerdos similares, haber experimentado unas mismas sensaciones, haber tenido parecidas experiencias, haber estado en contacto con una misma o similar pedagogía y tener las mismas o parecidas posibilidades de futuro.

Cada pueblo o sociedad tiene una constitución mental tan fija como lo pueden ser sus características anatómicas. Es decir, no se es de un grupo, pueblo o ciudad por decreto ni tampoco por expediente administrativo. Al contrario, se es de un grupo, de un pueblo o de una ciudad por haber convivido en una cultura y haber sentido la impronta de una determinada educación. A través de la comunicación y de la cultura tomamos conciencia de las cosas, y gracias a la educación adquirimos los valores, por ejemplo, de la competitividad o de la solidaridad, del egoísmo o del compañerismo, del individualismo o del respeto a las diferencias.

En nuestras complejas sociedades, la educación es responsabilidad de toda la sociedad. Es resultado de las instituciones y de las formas de relación. Los políticos son educadores —son principalmente educadores, decía Platón— y la ley es un factor educativo, las ciudades posibilitan o limitan la educación de sus ciudadanos y la economía tiene más influencia pedagógica que la misma escuela o las políticas sociales. Las relaciones, la cultura, el deporte y los espectáculos son también factores pedagógicos. Y los medios de comunicación inciden en cualquiera de nuestros educandos tanto o más que el sistema escolar.

Margared Mead, al abordar el tema de las formas de transmisión cultural entre generaciones, distingue tres modelos. El de las *culturas posfigurativas* está caracterizado principalmente por su relativa estabilidad. En él la autoridad se fundamentaba en el pasado y en la transmisión cultural de padres a hijos sin apenas interferencias, aprendiendo los jóvenes de los mayores. En las *culturas cofigurativas* aumenta el ritmo del cambio social, la autoridad pierde su valor tradicional y la transmisión cultural se genera, en gran medida, gracias a la presencia de los coetáneos, aprendiendo los jóvenes de los jóvenes. Y en las *culturas prefigurativas*, por último, el cambio presenta un ritmo tan acelerado que la experiencia de una generación apenas sirve a la siguiente, la autoridad se fundamenta en el futuro y los adultos aprenden de los jóvenes.[26] Actualmente coexisten estos tres modelos de transmisión cultural, si bien se aprecia una notable implementación de las características propias del modelo *prefigurativo*.

El problema radica, en parte, en que la educación formal no siempre ha sido consciente, o capaz, de evolucionar al ritmo de los cambios operados en el ámbito de la educa-

26. Véase Mead, M., *Cultura y compromiso. El mensaje de la nueva generación*, Barcelona, Granica, 1971, págs. 33 y sigs.

ción más genéricamente considerada. La educación formal se ha movido con poca aceleración en comparación a la evolución social y cultural. Toni Puig, persona de reconocido prestigio en el ámbito de la animación sociocultural dice, en uno de sus libros, que *a los pedagogos se nos paró el reloj en la escuela.* Afortunadamente, parece ser que en los últimos años la pedagogía ha sabido recapacitar y ha puesto de nuevo en marcha el cronómetro de la educación. Esa circunstancia es la que nos permite hablar hoy de *nuevos ámbitos de educación.*

La educación ha visto notablemente ampliado y ensanchado el ámbito de sus competencias y, lo que es más importante, ha dejado de ser patrimonio de la escuela. En efecto, un importante objetivo de la educación es hoy *adquirir las competencias sociales* necesarias para la adaptación y el éxito social. Pero la adquisición de toda competencia social comporta forzosamente tres cosas: primero, *pertenecer* al grupo; segundo, *ser valorado, ser apreciado, ser tenido en cuenta* por el grupo; y tercero, implica tener la oportunidad de *contribuir,* de ayudar a la mejora del grupo. En ello radica la importancia de la educación.

Esa amplitud de miras de la educación debe, sin embargo, preocuparnos. Heidegger se quejaba diciendo: «casi dos milenios y ni un solo Dios». En algunas ocasiones se puede tener la sensación de que la nueva educación, ese universal cultural del siglo XX, juega un papel mágico dentro de nuestra sociedad... Y esto puede ser, pensamos, preocupante e incluso peligroso, principalmente si la educación no es capaz de ubicarse correctamente frente a esos nuevos retos.

De todo lo anterior se desprende que sería una imperdonable irresponsabilidad pensar que el futuro de la educación es un problema a *discutir sólo entre pedagogos o educadores.* En nuestra sociedad hablar de educación es referirse a la política, a la salud, al ocio, a la economía, al trabajo, a la producción y a la socialización. Sería una puerilidad, pues, dar una solución exclusivamente pedagógica a un problema cuya esencia es político-social.

La educación es algo que va mucho más allá de la influencia del sistema escolar. La escuela es, posiblemente, la más importante institución creada por el hombre moderno, pero debe ser repensada y adaptada a las nuevas necesidades del mundo de hoy. Coombs, al referirse al nuevo y amplio «sistema» de la educación informal, no duda en afirmar que ésta no es un sistema, sino una constelación. La educación es, además de instrucción, adquisición de *competencias sociales,* es *participación social.* De hecho la educación es una *didáctica de las relaciones sociales*, y es fuera del aula donde se configura la personalidad del ciudadano. Como decía Diltey, la educación es una función de toda la sociedad.

Desde esta perspectiva, el nivel formativo y el futuro de una sociedad dependerán, en gran medida, de los esquemas de relación y de las propuestas culturales de que disponga esa sociedad. Por lo tanto, la formación de los ciudadanos pasa, forzosamente, por su *participación* en las actividades sociales y en el consiguiente cambio del repertorio conductual de las personas.

Los cambiantes espacios sociales, la importancia del medio y del contexto, la acción social, las relaciones interculturales, las cogniciones sociales de los ciudadanos, así como sus posteriores conductas, el dramatismo del estadio, la competitividad como alternativa al principio de placer, los estereotipos sociales negativos, el «modelling» televisivo, la educación para la inclusión, la educación con humor y amor en vez de la fórmula luliana de «educar con temor y amor», etcétera, son algunos de los múltiples ejemplos de las dimensiones educativas de las actividades sociales y culturales. Es evidente, pues, como dice Nohl, que la escuela puede ser un lugar peligroso si no es capaz de abrirse a algunos de los *nuevos espacios de la educación social.*

1.2. Visión tradicional de la educación social

De la educación social se están dando hoy definiciones de muy distinta entidad, quizá porque se trata de un «término» de difícil conceptualización. Esa dificultad, en parte, es consecuencia de su propia historia y porque la educación tiende a variar según la ideología y las políticas sociales de ella derivadas. Si de la definición de una determinada realidad depende, en gran medida, su posibilidad de futuro y mejora, es conveniente delimitar la frontera conceptual y los espacios de intervención de la educación social. Sólo cuando tengamos un conocimiento real de cuál es y cómo se ha producido la cognición de la educación, podremos referirnos con exactitud a las cada día más amplias relaciones entre sociedad y educación social.

En el prólogo que Paul Natorp escribiera para su conocida obra *Pedagogía Social*, decía que ésta se refería no sólo a la educación en sus formas tradicionales y a la educación individual, sino a la educación del hombre que vive en comunidad. De ahí que deseara que la pedagogía social, como ciencia social, bebiera del derecho, de la política y de la economía. La comunidad es, según Natorp, el referente de toda acción educativa.

Herman Nohl, otro de los fundadores de la pedagogía social, quería relacionarla principalmente con la política y con la prevención. En nuestro país, este pensamiento educativo experimentó un significativo desarrollo a través de la Institución Libre de Enseñanza y de autores como Ortega y Gasset, Fernando de los Ríos, María de Maeztu y, posteriormente, Ruiz Amado y Luzuriaga.

Interrumpido ese desarrollo de la educación social por la guerra civil y después de un largo periodo de «tristeza pedagógica» en todos los sentidos, en los años setenta se dan algunas experiencias de educación social que bien podemos considerar «renovadoras», principalmente en comparación con los principios e ideales de la educación escolar imperante. La educación social iniciaba así un nuevo itinerario que la conduciría, por un lado a su implantación en la realidad social, y por otro a la creación de los estudios universitarios en educación social. En el decreto de constitución de la Diplomatura en Educación Social, publicado en el BOE el 10 de octubre de 1991, se afirma que las enseñanzas de estos estudios en educación social estarán orientadas a la formación en los campos de:

1. La educación no formal.
2. La educación de adultos (incluida la tercera edad).
3. La inserción social de las personas desadaptadas.
4. La inserción de las personas con minusvalías.
5. La acción socioeducativa.

De hecho, este decreto no hace sino intentar dar satisfacción a algunos de los derechos que nuestra Constitución contempla como campos de la educación social. El problema radica en la falta de precisión de algunos de estos ámbitos; mejor dicho, en la excesiva amplitud y variedad de interpretaciones de alguno de ellos. Como derecho de los ciudadanos, y para evitar superar viejas formas, la educación social debe ser precisa en su conceptualización. Y debe tener muy presente, por otro lado, el dinamismo de la realidad social a fin de adaptarse a ella continuamente.

Es preciso que la educación social sea conceptualizada y explicada en función de factores tan diversos como el contexto social, la política, las formas de cultura predominantes, la situación económica y la realidad educativa del momento. En cierta manera, el actual resurgir de la educación social es consecuencia de su capacidad para aceptar nuevas reconceptualizaciones y adaptarse a los cambios de la sociedad. En la obra *Pedagogía social* (1998), en un intento de conceptualizar los distintos enfoques que de la educación social percibíamos en nuestra sociedad, nos referíamos a la educación social concebida como adaptación, como socialización, como recurso para la adquisición de competencias sociales, como didáctica de lo social, como acción profesional socioeducativa cualificada, como acción frente a la inadaptación social, como formación política del ciudadano, como factor de prevención, control y cambio social, como trabajo social educativo, como generadora de nuevas demandas sociales, etcétera.[27]

Aunque esta aproximación conceptual pudiera parecer exhaustiva, lo cierto es que la actual visión y bibliografía de la educación social precisa ser revisada, principalmente por lo que a nuevos ámbitos y campos de intervención se refiere. Globalización, informática, pensamiento único, biogenética, etcétera, son síntomas de una sociedad de rápidos y radicales cambios que, es evidente, tienen su repercusión en los derechos de las personas y, en consecuencia, en la educación social.

27. Véase Petrus, A., «Concepto de educación social», en Petrus, A. (comp.), *Pedagogía social,* Barcelona, Ariel Educación, 1998, págs. 9-39.

El problema radica en que los espacios de la educación social no siempre son detectados y determinados con criterios científicos. Además, por tradición, predomina la visión de una «*educación social especializada*» en la inadaptación y marginación, espacios que siendo muy importantes, no agotan los límites de la educación social. Basaglia, en su obra *Los crímenes de la paz*, se preguntaba si frente a un loco de manicomio ayudamos al enfermo o a la sociedad, ya que en muchas ocasiones quien afirma que el loco es peligroso es el tendero o el vecino, personas que habitualmente nada saben de la locura. Es importante, pues, delimitar y definir científicamente, no políticamente, cuáles son las problemáticas sociales capaces de ser tratadas educativamente. Y ello es responsabilidad, principalmente, de los educadores y pedagogos.

Frente a la inadaptación y marginación, la educación social debería *educar para la participación social*, lo cual supone incidir, en primer lugar, en las estructuras cognitivas y afectivas del sujeto. El reto actual de la educación social es incidir en el repertorio conductual de los ciudadanos, lo cual supone introducir cambios en el seno de la familia, en las relaciones con los compañeros de edad y en las instituciones escolares y sociales. Sin olvidar, por supuesto, transmitir las habilidades sociales necesarias en las relaciones laborales, generar positivas actitudes frente a la cultura y las subculturas, etcétera. De no hacerlo así, la educación social se mantendrá dentro de un diseño o paradigma tradicional y alejado de las auténticas necesidades de los ciudadanos.

1.3. Contexto de la «nueva educación social»

En nuestro país, la eclosión de la educación social se dio en unos momentos en los que los grandes cambios sociales eran sólo emergentes. Se vislumbraban algunas realidades futuras, pero en gran medida seguían ignorándose. Quizá por ello se impuso un modelo de educación social con evidentes herencias de planteamientos pedagógicos más bien tradicionales. El antes mencionado decreto del 10 de octubre, así como parte de los contenidos de los programas de educación social adoptados principalmente en las Escuelas de Formación del Profesorado que imparten los nuevos estudios de educación social son un buen exponente de lo que decimos.

No obstante, poco a poco, y como consecuencia de las nuevas formas de convivencia social por un lado, y por imperativos legales y como resultado del trabajo de reflexión y de investigación en torno a la educación social por otro, paulatinamente, la educación social se abre a espacios que hasta la década de los noventa no eran concebidos como propios de una intervención socioeducativa.

Es evidente que los últimos años del siglo xx han marcado no sólo un cambio de centuria. Han significado, además, un cambio de época. La globalización, la omnipresente informática, la sociedad red, etcétera, son algo más que palabras. Son indicio de una alteración de la realidad social que afecta desde la familia hasta la relación democrática, sin olvidar, por supuesto, los medios de comunicación. Frente a la tradición se impone el cambio como valor. Cambio tecnológico y comunicación global son factores importantes... principalmente por sus efectos en el mundo de las relaciones humanas.

Se afirma que la globalización, como conjunto de procesos que conducen a un mundo único, es un problema «... prácticamente ineludible de la vida contemporánea»[28] que pretende conducir a la mayoría de la población a un pensamiento y a un mundo único. Sin embargo, lo cierto es que esa «doctrina de pensamiento único, el único autorizado por una invisible y omnipresente policía de opinión», como escribía Ignacio Ramonet cuando por primera acuñó la expresión «pensamiento único» en *Le Monde Diplomatique*, tiene para nosotros un inconveniente: la realidad social no es única, como no lo es, por supuesto, el pensamiento.

Ese nuevo evangelio del pensamiento único «... que traduce en términos ideológicos pretendidamente universales los intereses de un conjunto de fuerzas económicas...» es indudablemente un estímulo para la reflexión, pero no puede ser tenido como referente prioritario por la educación social. De hecho, la sociedad humana no existe.

28. Citado por Sztompka, I., *Sociología del cambio social*, Madrid, Alianza, 1995, pág. 112.

Han existido y existen muchas y variadas sociedades, tradicionales unas, altamente tecnificadas otras, distintas todas. Y ello es algo que no debe olvidar la educación social.[29]

La sociedad no es global porque, según el «Informe de las Naciones Unidas» de 1998, cuarenta millones de niños nacen cada año en el mundo sin ser inscritos en registro alguno. Sin papeles son ciudadanos «sin derechos» a la sanidad, a votar, a tener un pasaporte, etcétera. En África y en Asia, más del 50% de los nacimientos son todavía extrahospitalarios. Y en 22 países no existe un sistema de registro de nacimiento. Tampoco el pensamiento es único. Nunca fue, ni posiblemente nunca será, único. Otra cosa es que ciertos valores y modelos de sociedad se propongan como prevalentes, que la red e Internet se impongan y que, como consecuencia de ello, quizá Friedman tenga razón al afirmar que para los chinos es más importante Bill Gates que Bill Clinton.

Pensemos, ahora, en la familia. Ésta no es ya una unidad social. Hoy tiene más sentido referirnos a «las familias». En EE.UU. el número de familias tradicionales compuestas por un padre, una madre y los hijos no sobrepasa el 25%, cifra inferior, por ejemplo, al número de familias sin hijos. En las grandes ciudades, las «familias» compuestas por un solo miembro puede oscilar entre un 30-40%. Parece ser que la «familia» se fundamenta, cada vez más, en unas relaciones psicológicas y de contenido emocional, en consonancia, dicen algunos, con la creciente complejidad del relativismo moral y el debilitamiento de las creencias fuertes.

Otra característica de nuestra sociedad del bienestar, al margen de la globalización económica, es la llamada «explosión demográfica». De aplicación desigual, la explosión demográfica ha generado el fenómeno de la concentración urbana (más del 75% de los europeos vivimos en ciudades de cierta importancia). En pocos años, el *género humano* se convertirá en *género urbano*.

29. Véase Naredo, J. M., «Sobre el "pensamiento único"», en *Le Monde Diplomatique, Pensamiento crítico vs. pensamiento único*, Madrid, Debate, 1998, pág. 32.

En estas ciudades, además, la intimidad se perderá, auguran los prospectivistas. Se dará una pérdida de privacidad, apareciendo lo que algunos autores denominan ya la *posidentidad*. Aparecerá, quizás, una nueva forma de *El extranjero* de Albert Camus: el hombre alienado, desconectado, sin lazos emotivos ni ataduras con nada ni nadie, víctima de la desintegración social, que mata y no siente. La trashumancia derivada de la globalización económica dará lugar a la «posidentidad», es decir, a la sensación de pertenecer, al mismo tiempo, a varios países.

Al margen de planteamientos prospectivistas, lo cierto es que según el «Programa de Acción Social 1998-2000» de la Dirección General de Empleo, Relaciones Laborales y Asuntos Sociales de la Unión Europea, dos cosas son hoy prioritarias: primero la política de ocupación y segundo la participación de los interlocutores sociales. Los ciudadanos deben participar de manera más activa en el diálogo social y en los debates de política social. Pensemos, por ejemplo, que en Francia, el 25% de los jóvenes menores de 25 no pueden votar porque no están correctamente censados o no están censados. Y en Europa, sólo el 2% de los votantes están afiliados a un partido político, mientras la afiliación sindical no sobrepasa el 8% de los trabajadores. Son éstas algunas realidades de nuestra sociedad que no pueden pasar desapercibidas a la educación social.

El «Sur», como concepto social, ha perdido su carácter global para convertirse en una realidad fraccionada y multivariada. El llamado «tercer mundo» se va fraccionando cada día más y el binomio Norte-Sur resulta ambiguo, en parte porque en toda gran concentración urbana existe un «Sur» donde conviven numerosos colectivos de población dependiente, inadaptados y con grandes carencias de socialización. Deficiencias éstas resultantes de multitud de factores no satisfechos por la familia, ni por la escuela, ni por los otros agentes habituales de socialización. Ese «cuarto mundo», marginado y excluido, el crecimiento de las bolsas de pobreza (60 millones de pobres en EE.UU., el país más rico del mundo, 50 millones de pobres en Europa, principal potencia comercial) y el número de personas sin techo (2 millones en Europa) son realidades frente a las cuales la educación social no puede permanecer inmóvil.

Otro fenómeno constatado por la sociología: los «tics» culturales, modas y principios del centro urbano, se absorben, poco a poco, por los habitantes de la periferia, que van abandonando así sus anteriores sensibilidades y emotividades. Las ciudades son el referente y el lugar donde muy pronto vivirá el 80% de la población mundial. La agricultura, que ocupaba a un 90% de la población a principios de siglo, hoy apenas ocupa a un 3% de la misma. El predominio de las sociedades urbanas, con todas sus ventajas, genera el llamado «*conflicto de las culturas*», así como la aparición de problemas propios de una sociedad hipnotizada por las nuevas tecnologías y por los recursos propios de lo que Castells denomina «la era de la información».[30]

Si la identidad es la fuente que da sentido a nuestra vida en sociedad, qué sucede cuando para muchos de los ciudadanos existe una pluralidad de identidades. En principio, tal pluralidad puede ser una fuente de conflictos. Las instituciones educativas y sociales pretenden construir, interiorizar y dar sentido a las identidades, pero sólo se convierten en auténtica identidad cuando se interiorizan. Muchas de las acciones educativas escolares y sociales dirigidas a los ciudadanos procedentes de otras culturas son de resultados dudosos porque, normalmente, la construcción de la identidad se genera a partir de las relaciones de poder. Si el ser humano no es el dueño íntimo de su identidad, sino que ésta le viene, le adviene del exterior, la educación social no puede ni debe permanecer al margen.

Una intervención educativa respetuosa con la identidad de los educandos debe contemplar la *identidad legitimadora* (introducida por las instituciones dominantes), la *identidad de resistencia* (generada por los ciudadanos que perciben que su identidad de origen se considera devaluada frente a la identidad legitimadora) y *la identidad de proyecto* (resultado de la cultura de origen que, en contacto con las otras identidades, dan sentido a la construcción de una

30. Véase el volumen 2 (*El poder de la identidad*) de la trilogía publicada, en 1997-1998, por Manuel Castells con el título genérico de *La era de la información. Economía, sociedad y cultura*, Madrid, Alianza.

nueva identidad).[31] Para las personas que, procedentes de otras culturas, intentan construir una nueva identidad, es importantísimo no sentirse obligadas a renunciar a su cultura de origen por decreto. Cuando así se actúa, la «educación intercultural» es una expresión, no una realidad.

Algunos de nuestros esfuerzos y de nuestros programas «socializadores» son de dudoso resultado o dan lugar a las llamadas «socializaciones epidérmicas», es decir, son superficiales y no dan lugar a nuevas identidades, porque durante el proceso de socialización los ciudadanos inmigrantes no han percibido un «respeto» a su cultura de origen. La educación social está obligada a iniciar toda acción intercultural a partir de un supuesto previo: el respeto a la cultura de origen del ciudadano. Si queremos poner freno a la actual tendencia a la desigualdad y a la polarización social, pensamos que sólo cabe una estrategia: las políticas públicas. Y dentro de ellas, pensamos nosotros, tendrá cada día mayor protagonismo la educación social, principalmenre si ésta es capaz de detectar correctamente las necesidades de todos aquellos que se ven obligados a construir una nueva «identidad».

Dirijamos ahora nuestra atención a la mal denominada «tercera edad». En la actualidad, los europeos mayores de 60 años representan la quinta parte de la población. No olvidemos, por otro lado, que los *baby boomers* nacidos masivamente desde mediados de los cuarenta hasta los setenta han ingresado ya en la madurez, pero mientras la esperanza de vida era de cincuenta años en 1900, actualmente anda alrededor de los ochenta y puede ser de 90 años a mediados del siglo que ahora iniciamos. En el año 2020 las personas mayores de 65 años representaremos más de la quinta parte de la población española, frente al 17% actual.

Pensemos, por último en los medios de comunicación, en el deporte, en el conflicto, en la violencia, etcétera, espacios todos ellos de vital importancia en nuestra sociedad y a los que, por miopía pedagógica, la educación no ha aportado apenas su reflexión y, menos todavía, su inter-

31. Dado que la identidad es siempre un problema relacionado con el poder, Manuel Castells, en la obra antes mencionada, diferencia tres formas de construir la identidad: *identidad legitimadora, identidad de resistencia* e *identidad de proyecto.*

vención. Algunos de ellos podrán parecer poco importantes en comparación con otros temas aquí esbozados. El deporte, por ejemplo, pudiera parecer un tema «débil» en comparación con los espacios de la educación especializada. Pero como decía Albert Camus recordando sus años de futbolista en Argelia, «lo mejor que sé sobre la moral y las obligaciones de los hombres se lo debo al fútbol».[32] El deporte, como rasgo distintivo del hombre, es un factor de prevención social, un recurso de integración y una de las actividades más socializadoras si se sabe diseñar correctamente.

Sin entrar en la discusión acerca de si nuestra época es especialmente conflictiva o violenta, o si por el contrario la representación y el espectáculo del conflicto y de la violencia siempre han gozado de aceptación popular, lo cierto es que la educación no puede ser concebida fuera de la sociedad. Y donde aparece la vida social se da el conflicto. Georg Simmel afirma que el conflicto es una de las formas básicas de la vida en sociedad y Salvador Giner (1998, pág. 67) no duda en afirmar que «ciertas formas de conflicto son necesarias para el mantenimiento de la identidad y de las fronteras de cada grupo social». Como diría Mollenhauer, si los espacios y los climas sociales son facilitadores o inhibidores de los efectos educativos, la pedagogía social debe incluir, entre sus objetos de reflexión y de intervención, todos aquellos factores que faciliten o impidan el desarrollo personal y social de todos los ciudadanos.

En resumen, a pesar de todos los avances derivados de la sociedad global informatizada, en nuestra sociedad red y en la cultura de la realidad virtual, en la Europa de Maastricht, observamos dos velocidades: la *económica*, más rápida, y la *social*, más lenta. Se hace evidente, asimismo, lo que Touraine denomina los «déficit de socialización», es decir, la aparición de nuevos problemas no cubiertos por la familia, la escuela... y no satisfechos por otros agentes educativos, entre los cuales cabe destacar la educación social.

32. Véase Savater, F., *Diccionario filosófico*, Barcelona, Planeta, 1995, pág. 99.

1.4. Educación social *versus* educación escolar

Aunque la educación del pasado es un importante referente para el presente, en ocasiones puede suceder que, de tanto mirar por el retrovisor, no se preste atención a los problemas o realidades que se tienen enfrente. La extensión del concepto de educación no es, por otro lado, un problema nuevo. Pensemos, por ejemplo, en propuestas como el aula sin muros, la educación permanente, la desescolarización, la escuela paralela, la escuela de la calle, la ciudad educativa, la educación informal. En otras palabras, la «cuestión escolar», como diría Jesús Palacios, no agota el tema de la educación.

Reducir la «educación» a la «educación escolar» es ver sólo una parte de la realidad. Y ello es más peligroso, en ocasiones, que no verla. De la misma manera que existen otros métodos, además de los didácticos, la educación no puede reducirse a la educación formal. En educación se ha producido lo que, con palabras de Carlos Paris, podríamos denominar el «rapto de la cultura educativa» por parte de «la cultura escolar».

La escuela no es la reserva natural de la formalidad y del rigor pedagógicos. Las otras educaciones, las mal llamadas «educaciones no formales o informales» pueden ser tan formales, o más, que la misma escuela. De hecho, sólo existe una educación. Y *lo que Dios unió que no lo separe la Universidad.* La educación es global, es social y se da a lo largo de toda la vida. Si el objetivo de la educación es capacitar para vivir en sociedad y comunicarse, es preciso admitir que, en algunas ocasiones, la escuela adopta una cierta actitud de reserva frente a los conflictos y problemas sociales de los alumnos.

Consciente, posiblemente, de los inconvenientes que se derivan de la clásica división entre educación formal, no formal e informal, el profesor Trilla, principal divulgador en nuestro país de estas denominaciones, no duda en afirmar que la escuela es una forma, no la única, de educación. «La escuela es un momento del proceso educativo global de los individuos y de las colectividades», dice en su obra *La educación fuera de la escuela*, afirmando a continuación que en algunos casos la escuela no es el espacio más propicio para solucionar determinados problemas educativos

(Trilla, 1993, pág. 17). En cierto sentido, pensamos nosotros, la educación social ha nacido para completar objetivos educativos no asumidos por la escuela (¿o quizá ésta nació para completar aquélla?).

Como dice el profesor Ortega, la educación escolar es algo así como una especialidad médica, pero sin que ello signifique que el médico generalista no tenga función en nuestra sociedad. En la escuela, por ejemplo, se dan situaciones violentas, existen conflictos de convivencia y conflictos emotivos que la mera instrucción es incapaz de solucionar. La escuela heredera del modelo ilustrado adopta, en ocasiones, comportamientos «autistas» frente a los problemas de los escolares. Sólo cuando éstos sean abordados desde perspectivas globales podremos hablar con propiedad de educación. En suma: reducir la educación a la institución escolar es pedagógicamente incorrecto.

Digamos, por otro lado, que en un futuro inmediato parece que se articularán sistemas mixtos de gestión, coexistiendo las redes públicas con las privadas y mixtas. Las políticas sociales se decantarán, asimismo, por una descentralización de programas y una mayor autonomía de los entes locales y municipales. Asoma en el umbral del futuro la preocupación por la cualidad y el rendimiento de los servicios sociales, sin que ello suponga olvidar que éstos han de tender a individualizar las necesidades y huir de ofertas globales.

En el futuro se hará un esfuerzo, pensamos, por normalizar y por desestigmatizar los servicios sociales. Y para conseguirlo será preciso no sólo racionalizarlos, sino también profesionalizarlos. Todo ello vendrá acompañado, según se indicaba en el ya «viejo» *Rapport mondial sur le développement humain*, de 1995, de una estrategia para convertir a los ciudadanos no en agentes pasivos sino en agentes activos de la provisión de servicios de cualidad. Y entre éstos, parece indudable, se encuentra la educación social.

Según las orientaciones de la Unión Europea, el pilar de la educación del siglo XXI ha de ser «aprender a vivir juntos». Es decir, la educación ha de facilitar a los ciudadanos las competencias sociales necesarias para descubrir la realidad y los derechos del otro, así como capacitarles para la participación en proyectos comunes. Si, como se afirma de manera rotunda, aprovechar la oportunidad de Europa implica que los ciudadanos exijan el cumplimiento de sus derechos constitucionales y que los defiendan dentro de una sociedad del bienestar, entre ellos se incluye, qué duda cabe, la *educación social.*

Así, pues, la «nueva pedagogía social» no puede reducir su ámbito de acción al tratamiento de los tradicionales problemas sociales. La educación social tiene que reflexionar también acerca de su «intervención», dónde realizarla y preguntarse por qué lo hace de una manera y no de otra. La educación social debe abrir nuevos espacios de reflexión y trabajo y, lo que es más importante, debe incidir en las causas de los problemas; debe hacer prevención de las causas que los generan.

En la educación del siglo XXI se solicitará, posiblemente, una mayor atención para los «excluidos» del formalismo escolar. La futura educación prestará especial atención a aquellos escolares que no se adaptan a las exigencias de la «cultura escolar». Los llamados «maltratados» por la institución escolar son, y posiblemente seguirán siendo, cada día más frecuentes (pensemos, por ejemplo, que en la mayoría de las grandes ciudades de nuestro país, un 40% de los adolescentes que finalizan los estudios de ESO lo hacen sin recibir la correspondiente titulación, que por otro lado tiene una caducidad «de eficacia social» casi de juguete).

Existe un sector de población estudiantil que rechaza los modelos escolares. Son los que podríamos denominar *«objetores escolares».* Se trata de alumnos poco estimulados por los atractivos y las normas escolares, principalmente porque con suma frecuencia se encuentran inmersos en personales situaciones de «conflicto» entre su *cultura de taller* de procedencia y la *cultura del encerado y formal* de la escuela. Esa circunstancia les resta la necesaria motivación y genera situaciones de violencia que alguien ha calificado propias de «la jungla del asfalto». El conflicto y las nuevas formas de «analfabetismo emotivo», así como los actuales y variados perfiles de los «analfabetismos sociales» son realidades que afectan a no pocos de nuestros ciudadanos, jóvenes y adultos. Esa situación de «conflicto social» genera, por otro lado, comportamientos que habitualmente conducen a la inadaptación social escolar, al tiempo que imposibilitan obtener de la educación «formal» aquellos beneficios que otros sectores de población más privilegiados sí son capaces de recibir.

Queremos pensar que, en un futuro inmediato, la escuela y la educación asumirán la realidad de esta situación. Ignorar que la escuela es un «microcosmos» en el que se dan los mismos conflictos que en el exterior sería actuar de manera poco pedagógica. El conflicto y la violencia, por ejemplo, no pueden ser contenidos ajenos a la educación escolar. La escuela tiene que abrirse a la sociedad y a sus problemas, no protegerse en el noble objetivo de los contenidos instructivos. La institución escolar ha de preocuparse también de la educación social. En la escuela se puede hablar, se ha de hablar, si es preciso, de las emociones, de los conflictos sociales, de la televisión, de la marginación, de la violencia, de las tribus urbanas, de la droga y de los skins.

Frente a estas nuevas exigencias, la escuela puede hacer dos cosas: o abrirse a ellas o proteger de ellas a los escolares, pero lo que nunca debe hacer es ignorarlas. Cuando con tanta insistencia se habla del modelo psicologista de la escuela, de «las estructuras mentales del ciudadano» y del cambio psicológico, ¿por qué no preocuparse también por el cambio social? La escuela es hoy el santuario de los listos, el espacio donde «reformamos» y damos nueva forma al pensamiento de nuestros ciudadanos y ciudadanas, pero en el futuro no sólo serán éstas sus funciones: la escuela deberá asumir al mismo tiempo la reforma de lo emocional. No olvidemos que primero son los sentimientos que los pensamientos.

Hasta hoy, por motivos que no viene al caso citar aquí, definíamos la educación social en contraposición a la escuela. Educación formal, no formal e informal ha sido una terminología que ha servido para separar conceptualmente espacios educativos. Pero actualmente resulta del todo incorrecto recurrir a esa clasificación, principalmente por ser imprecisa y crear confusión. Además, no tiene sentido que por razones académicas separemos lo que se da unido: educación social y educación escolar no son dos realidades opuestas o separadas. Al contrario, la realidad es una, aunque nosotros, desde la academia, pretendamos divorciarlas. Cuando la sociedad y la universidad, afortunadamente, empiezan a comprender qué es la educación social, reclamamos nuestra presencia en los espacios que por lógica son de nuestra competencia.

Estas palabras no deben interpretarse como crítica a la institución escolar. Al contrario, como dice M. Subirats (1997, pág. 120) la escuela es el sistema más «susceptible de introducir cambios en pro de la igualdad y, por lo tanto, el primero que incide de modo decisivo en la transformación de las posibilidades de igualdad...» El problema radica en que la escuela no es capaz, por sí misma, de solucionar los complejos problemas de la población infantil y juvenil, como tampoco puede resolver las dificultades de la institución familiar.

Los sistemas educativos deben formar «personas capaces de evolucionar, de adaptarse a un mundo en rápida mutación y de dominar el cambio» (Delors, 1996, pág. 78). Y para conseguirlo, para alcanzar una correcta y completa formación de nuestros ciudadanos es preciso recurrir a la coordinación de todos los agentes formativos. Sólo superando lo que Bernstein (1990, pág. 93) denomina las *pedagogías visibles* y pensando en hacer una educación cooperativa, dialógica y social lograremos esa completa educación.

Digamos, por último, que no se trata de ganar nuevos espacios para la educación social sin más. «Buscar con premura anticipatoria nuevos espacios de reflexión y de acción para la educación y la pedagogía social me parece tan ridículo mental y epistemológicamente como tratar de extender la didáctica escolar a los, mal llamados hasta ahora, espacios no formales» (Ortega, 1998, pág. 161). Nuestra opción tampoco debe interpretarse como una especie de reflexión gremialista ante el peligro de que otros colectivos puedan apropiarse de lo que conceptualmente hemos definido como educación social. El problema es algo más profundo y de mayores repercusiones sociales: es un problema de todos, quizá más de unos que de otros, pero de todos.

Bibliografía

Bernstein, B., *Poder, educación y conciencia,* Barcelona, El Roure, 1990.

Castel, R., *Les métamorphoses de la question sociale,* París, Fayard, 1995.

Delors, J., *La educación encierra un tesoro,* Madrid, Santillana, Unesco, 1996.

Etxeberria, F. (comp.), *Pedagogía social y educación no escolar,* San Sebastián, Universidad País Vasco, 1989.

Giner, S., *Sociologia,* Barcelona, Edicions 62, 1998.

King, A. y Schneider, B., *La primera revolución mundial*, informe del Consejo al Club de Roma, Barcelona, Plaza & Janés, 1991.

Morin, E., *Sociología,* Madrid, Tecnos, 1995.

Ortega, J., «Educación a lo largo de la vida o el espacio de la educación social», en VV. AA., *Nuevos espacios de educación social,* Bilbao, ICE Universidad de Deusto, 1998.

Petrus, A. (comp.), *Pedagogía social,* Barcelona, Ariel, 1998.

Subirats, M., «Notas para la búsqueda de una metodología de cambio desde los estereotipos de género», en Goikoetxea, J. y García Peña, J., *Ensayos de pedagogía crítica,* Madrid, Popular, 1997.

Trilla, J., *La educación fuera de la escuela,* Barcelona, Ariel, 1993.

—, *La educación informal,* Barcelona, PPU, 1985.

VV. AA., *Nuevos espacios de la educación social,* Bilbao, ICE Universidad de Deusto, 1998.

2
CONFLICTO Y VIOLENCIA COMO NUEVOS ESPACIOS DE EDUCACIÓN SOCIAL

2.1. Reflexiones alrededor de la violencia en edad escolar

Antes de analizar el problema de la violencia a lo largo de los años de escolaridad, así como la posible función o responsabilidad de la educación social ante este problema, es preciso hacer algunas consideraciones introductorias.

Parece incuestionable que la violencia, principalmente la violencia infantil y juvenil es, actualmente, un tema de moda en nuestra sociedad. Los medios de comunicación la contemplan con frecuencia, aunque no siempre con la adecuada «ética» y, con frecuencia, sobredimensionándola. De hecho, la violencia ocupa y preocupa a muchos sectores de la sociedad. Pero ésta tolera con distinta actitud o impunidad, por ejemplo, la violencia juvenil y la violencia de guante blanco, adoptando frente a ellas conductas hipócritas que es preciso analizar.

Una cosa es cierta: actualmente existen más jóvenes violentos que hace algunos años. Sin embargo, curiosamente, hay menos delincuentes jóvenes que hace algún tiempo. Aumentan los delitos con violencia, al tiempo que disminuyen otros delitos no violentos, y se observa que baja la edad de los jóvenes que hacen uso de la violencia. En nuestra sociedad, más de la mitad de los actos violentos están protagonizados por chicos y chicas menores de 16 años. Y según datos ofrecidos por el Ministerio del Interior, en el año 1999, la edad de inicio de la delincuencia en España bajó hasta situarse entre los 12 y 13 años.

Un 40% de los niños y adolescentes españoles confiesa sentirse víctima de la violencia en el ámbito escolar. Y, aunque las infracciones más habituales en el contexto escolar son las agresiones verbales y físicas, son frecuentes asimismo los robos de material escolar, de objetos personales y de dinero, sin olvidar los chantajes. Significativa es también la cifra de las consultas telefónicas relacionadas con el maltrato entre compañeros escolares recibidas por algunas consejerías de Educación de nuestro país: 70%.[33]

Algunos autores afirman que en nuestra cultura existe una cierta ocultación, una disimulación de la realidad a través de las opiniones. La «realidad» aparece recubierta y escondida por las interpretaciones. En otras palabras, para acceder al conocimiento de la violencia, es necesario afrontar sus diferentes teorías y explicaciones, pero siempre con el afán de no permitir que éstas supongan un encubrimiento o una ocultación de algunos de los problemas inherentes a la violencia. Convencidos de que toda realidad social es, en parte, como la sociedad dice que es, y persuadidos de que la posibilidad de futuro de esta realidad depende, en parte, de la definición que de ella se dé, es importante delimitar la frontera conceptual de la «violencia».

2.2. ¿Qué entendemos por violencia?

A efectos de precisar el problema, digamos, en primer lugar, que la violencia no existe: en todo caso existen diferentes tipos de violencia. El término «violencia» es impreciso para significar, con propiedad, las diferentes formas, tipos y matices de la violencia existentes en nuestra sociedad. Quizá por ello, el concepto de violencia es equívoco y se emplea en múltiples contextos, no siempre con la debida concreción conceptual.

Para abordar pedagógicamente el problema de la violencia, además de recurrir a las teorías explicativas de esta

33. Estos datos relacionados con el maltrato entre iguales, es decir, entre escolares, fueron aportados por el Instituto Sociológico contra la violencia en el País Vasco, en las Jornadas organizadas, en 1999, por el Ministerio del Interior con el título de *La violencia* durante *el periodo escolar.*

realidad, es preciso tener en cuenta también que existen diferentes tipos de violencia. La más frecuente, principalmente entre la población joven y entre personas con un bajo umbral de resistencia ante las dificultades y el fracaso, es la violencia que se da como reacción frente a la *frustración.*

Otro tipo de violencia es la *reactiva o innata,* la que se da en forma de respuesta instintiva, primaria. Es la reacción casi mecánica ante una acción de fuerza, inesperada o molesta. Existe también la violencia *instrumental,* es decir, la violencia usada como recurso, como técnica o estrategia. La violencia *ritualizada* va acompañada de algunos signos, expresiones, y es propia de ciertas instituciones o grupos. Podemos diferenciar también la violencia *física, psíquica* y *moral,* la violencia *marginal* y la de *estatus grupal,* la *violencia familiar* y la *escolar,* la violencia *institucional,* la *política* o la *deportiva.* Estos tipos de violencia son diferentes formas de un fenómeno preocupante y que tiene para determinados sectores de la población joven un especial perfil y atractivo.

Algunos autores afirman que, si bien el término violencia tiene connotaciones negativas y se asocia a la utilización de la fuerza y a la anulación de la voluntad, no toda violencia es forzosamente negativa. La violencia puede servir para sobrevivir y forma parte de muchas acciones y empresas humanas. Es preciso diferenciar, según estos autores, términos como violencia, agresividad o sadismo. La fuerza violenta y primitiva al servicio de la autodefensa no podemos confundirla con la agresividad o el sadismo, que serían formas perversas de utilización de la violencia y comportarían el placer de hacer daño y disfrutar en el ejercicio de la violencia. En otras palabras, no siempre es fácil delimitar la frontera entre los diferentes niveles de violencia.

Con todo, para acceder al conocimiento de la violencia como espacio de educación social es necesario afrontar, en primer lugar, su concepto, para pasar a continuación al análisis de sus diferentes teorías explicativas. No olvidemos que la definición de una realidad social es, en cierta medida, el *ejercicio de un poder.*

La manera como la sociedad reacciona frente a la agresividad y la violencia, así como la actitud que la sociedad adopta frente a ellas en el ámbito del deporte, en los medios de comunicación, en el lenguaje, etcétera, no pueden ser ignoradas a la hora de afrontar su análisis pedagógico. Sólo cuando sepamos cómo nuestros jovenes valoran y conciben la violencia, estaremos capacitados para referirnos, con precisión, al conflicto y transgresión sociales por vía del comportamiento violento.[34]

En los animales las conductas agresivas tienen como finalidad la huida o la destrucción de otro animal considerado adversario. En las personas, es evidente, se dan algunas variaciones respecto a este comportamiento. Desde la perspectiva humana, las conductas agresivas son aquellas que pretenden, voluntariamente, dañar o herir a otras personas. En cierta manera, la agresividad y la violencia son resultado de una ruptura del equilibrio entre los impulsos y el control interno.

Parece ser que la violencia se percibe y define en función de los valores que uno tenga. La dificultad estriba en su carácter esencialmente subjetivo y normativo. Y depende, asimismo, de la extensión que demos a cada una de sus acepciones (Michaud, 1996). Desde la visión más limitada de la violencia física, hasta la violencia verbal o simbólica, existe un amplio abanico de acepciones que demuestran la complejidad de este fenómeno social. No debemos olvidar, sin embargo, que siendo los valores una forma de obrar juzgada como ideal o deseable, los actos violentos se sustentan, queramos o no, en un trasfondo axiológico.

Es evidente: los comportamientos violentos son muchos y variados ya que existen distintos tipos de violencia. Con todo, y a pesar de las dificultades conceptuales que presenta el fenómeno de la violencia, lo cierto es que con demasiada frecuencia percibimos maneras de actuar en las que se hace un uso excesivo de la fuerza o la coacción física a efectos de influir en la voluntad y comportamiento

34. Aunque, por supuesto, agresividad y violencia son dos conceptos distintos, dada la íntima relación entre uno y otro, en algunos momentos de este trabajo nos referiremos a ambos términos como si fueran sinónimos. De hecho, algunos autores entienden por agresión el comportamiento voluntario dirigido a dañar o herir a otras personas, mientras que la violencia sería el resultado de la ruptura de equilibrio entre los impulsos y el control interno.

de otra persona, obligándola a actuar de una manera determinada. Desde esta experiencia, *la violencia supone hacer uso de la fuerza como recurso para producir intimidación o coacción moral o física a fin de obligar a otras personas a adoptar un comportamiento que de otra manera no se hubiese producido*.

Algunos autores, como por ejemplo Pain (1994) y Delafrance (1988), adoptan definiciones de violencia a partir de sus manifestaciones (violencia contra las personas, contra los bienes, por el sufrimiento causado, etcétera), mientras otros, como Dubet (1994) diferencian la violencia exterior a la escuela, la violencia en la escuela y la violencia en contra de la escuela, o violencia contra escolar, perspectiva ésta de gran interés para la educación social. Desde una perspectiva interaccionista, y a partir de los trabajos de Woods (1986, 1990), la violencia es definida también como respuesta al «etiquetado social contextual» y las relaciones entre personas de ellas derivadas.

En términos generales entendemos por violencia «aquella manera de obrar acompañada de coacción o fuerza física, sobre una persona, a fin de influir en su voluntad y obligarla a actuar de una manera determinada».[35] La violencia equivale «a obligar a una persona, haciendo uso de la fuerza física, a obrar contra su voluntad». Así, pues, para que se produzca un acto de violencia debe darse el uso de la fuerza, la intimidación o coacción moral.

Según Rojas Marcos (1996 a, pág. 11), la violencia equivale «al uso intencional de la fuerza física en contra de un semejante con el propósito de herir, abusar, robar, humillar, dominar, ultrajar, torturar, destruir o causar la muerte». Violencia es, en suma, coaccionar o intimidar a alguien a través del uso de la fuerza.

Dado que lo que más nos intranquiliza e inquieta es la violencia sin sentido y sin aparente explicación, es decir, la violencia que rompe con las expectativas civilizadas de convivencia (Rojas Marcos, 1996 b, pág. 168-170), es lógico que busquemos explicaciones convincentes a este fenó-

35. Véase Petrus Rotger, A., «La violencia como nuevo espacio de educación», en VV.AA., *Nuevos espacios de la educación social*, Bilbao, ICE Universidad de Deusto, 1998, págs. 19-47.

meno. Veamos, a continuación, algunas de las más significativas teorías científicas de la violencia y cuál es su relación con la educación social.

2.3. Teorías explicativas de la violencia

Las primeras investigaciones acerca de la conducta agresiva se dieron, en el seno del psicoanálisis, a principios de los años sesenta. Desde entonces la violencia ha sido objeto de multitud de análisis y ha sido justificada de manera harto diferente. El abanico de explicaciones es amplio: explicaciones biológicas, psicológicas, sociológicas, económicas, políticas, culturales, religiosas, etcétera, y esto ha generado visiones contradictorias. Se trata de una *acción instintiva, es un crimen, es una enfermedad, es un mal social irremediable* ... son algunas de las muchas interpretaciones.

El psicoanálisis afirma que la agresividad y la violencia tienen su fundamento en el instinto de muerte y de extinción. En su obra *El malestar de la cultura,* dice Freud (1973) que el hombre es agresivo por instinto. En consecuencia, la sociedad no puede impedir totalmente los impulsos agresivos, y esa disposición originaria en el individuo supone el principal peligro para la civilización. Parece evidente que ciertos instintos de agresividad permiten al hombre y a la mujer su supervivencia y su adaptación al medio social y natural, pero «la violencia es una agresión gratuita, sin sentido, que no puede justificarse desde los patrones de agresividad defensiva que forman parte del equipo genético de todos los mamíferos» (Ortega, 1997, pág. 41).

R. Denker (1971) da una visión de la violencia a partir de la frustración. La frustación, afirma Denker, genera angustia, y frente a la frustración y la angustia el sujeto adopta generalmente dos reacciones psicológicamente opuestas: la *violencia* o la *huida.* La violencia sería la reacción psicoanalítica frente a la frustración.

Dollar (1939) afirma que son las experiencias *frustrantes* del individuo las que generan los impulsos agresivos y violentos. Todos tenemos experiencias de vida cotidiana en las que el fracaso y las dificultades han creado o generado reacciones violentas. Para Dollar la violencia tiene efectos catárticos, circunstancia ésta que es preciso tener en cuenta a la hora de explicarnos su significado.

N. E. Miller (1941) admite también que la frustración está en la base de la violencia; para L. Berkowitz (1973) la violencia es una respuesta a la tensión generada por la sociedad, mientras para algunos de sus discípulos sería resultado del temor, la frustración y las privaciones que experimentamos las personas. Krech (1978), de manera menos determinista, afirma que la reacción frente a la frustración depende de las experiencias previas del sujeto. Y Eibl-Eibesfeld (1972) pone su acento en la influencia del entorno y la organización social, afirmando que hay grupos sociales, como los bosquimanos, entre los cuales no existe la violencia como resultado de una cultura y una educación pacifista.

Basándose en estudios realizados con animales, K. Lorenz (1971) afirma que la agresividad —y en consecuencia algunas formas de violencia— es una fuerza instintiva del comportamiento indispensable para su conservación. La violencia sería un recurso de subsistencia y conservación, como pueden serlo, por ejemplo, alimentarse, protegerse, buscar pareja, etcétera. Desde la perspectiva de la teoría evolucionista, la violencia puede haber tenido relación, incluso, con el éxito de las especies, pero no tiene por qué ser un comportamiento predeterminado. La violencia es evolucionable, canalizable y, por lo tanto, educable.

Bandura (1997) no cree que la frustración explique por vía causal y por sí sola, la conducta agresiva. Según las teorías del aprendizaje social, la violencia se aprende y está sometida a los mismos principios de todo aprendizaje en sociedad. Es la observación de los beneficios derivados de una acción agresiva lo que refuerza el aprendizaje de las formas violentas. Para Bandura la violencia sería el resultado de una serie de conductas aprendidas y de las que se derivan consecuencias positivas para quien las protagoniza. Desde la perspectiva del aprendizaje social, la violencia es resultado de conductas aprendidas.

Desde la perspectiva de la educación social, es especialmente importante la teoría o interpretación de Bandura.

La violencia se aprende por imitación: aprendemos a ser violentos imitando comportamientos agresivos. Es decir, si un niño o una niña observa que los adultos se comportan con violencia y obtienen un beneficio de este proceder, adoptarán, posiblemente, actitudes violentas. Si los medios de comunicación ofrecen una imagen «positiva» de la violencia, los escolares por imitación tenderán a adoptar comportamientos agresores. De la misma manera que se imitan ciertas maneres de vestir, actuar y hablar, se imitan también ciertas actitudes y comportamientos violentos.[36]

Dada la complejidad del problema, es posible que todas estas teorías (y algunas otras, como la violencia entendida como factor constitutivo del ser humano de Rof Carballo, la violencia como resultado de la competitividad de Volkamer, etcétera) deban tenerse en cuenta a la hora de explicar el complejo fenómeno de la violencia. Somos conscientes asimismo, como dice Luhmann, de que ante un problema complejo toda simplificación o explicación simplista añade todavía más dificultad. Con todo, desde la perspectiva de la prevención propia de la educación social, es especialmente interesante la teorización o interpretación que de la violencia nos aporta Bandura, ya que según este autor, la transgresión de normas y la violencia se aprenden por *imitación*.

En otras palabras, cuando nos referimos a las conductas violentas de los jóvenes es preciso convenir y especificar, en cada caso, el tipo de violencia o coacción ejercida (verbal, moral o física), si se trata de una actitud violenta habitual o de una conducta puntual, la gravedad de la misma desde el punto de vista normativo y legal, el carácter reactivo o emocional de la conducta violenta, la edad, la historia y las características personales de sus protagonistas, el contexto donde se da y las circunstancias que la han precedido, si se trata de una conducta agresiva individual o grupal, si se produce por imitación o por contagio, etcétera.

36. Desde los principios de la educación social es importante tener presentes las propuestas de Bandura, ya que, junto a la consideración de la relación existente entre frustración y violencia, estos principios se convierten en el principal referente de las estrategias de prevención y tratamiento de los comportamientos violentos.

Cuando Ralf Dahrendorf (1995), director de la London's School of Economics inglesa, afirmaba que la actual obsesión competitiva era un evidente elemento de suicidio colectivo, se refería también al incremento de la violencia. La actual obsesión por la competitividad es reconocible en el analfabetismo de masas, en la destrucción, en la criminalidad, en la droga... y, sobre todo, en una generación de jóvenes sin esperanza. Con estas palabras, Dahrendorf llama la atención acerca de uno de los problemas más significativos de nuestra sociedad: el *conflicto* y la *violencia*, así como su posible tratamiento.

2.4. La violencia como fenómeno social... y problema educativo

Aunque las formas de la cultura de la violencia son múltiples y se dan en diferentes ámbitos (familiar, escolar, deportivo, social...), ninguna de ellas ha alcanzado el nivel de influencia de la televisiva. Ésta ha popularizado y ha comercializado la violencia gratuita. El consumo de violencia mediática, evidentemente, no convierte en asesinos a quienes visionan asesinatos o escenas violentas. Pero sí influye sobre personas que viven en grupos de riesgo o circunstancias en las que la violencia es un acto habitual.

Sea como fuere, lo cierto es que no parece coherente que un chico o una chica pueda llegar a ver durante su periodo escolar más de 20.000 muertes violentas en la televisión cuando, en su entorno natural y en su vida real, apenas vivirá una o dos experiencias de esta naturaleza. La obsesiva presencia de la violencia en la pantalla del televisor dificulta la percepción de la realidad social, y lo que es más importante, trivializa el sufrimiento y normaliza las acciones violentas.

Como dice Myrian Miedzian en su obra *Chicos son, hombres serán* (1996), estamos presentando a nuestros escolares un mundo lleno de conflictos, y la manera más habitual de afrontarlos o resolverlos es recurriendo a la fuerza y la violencia. La televisión es, frecuentemente, una invitación directa a practicar comportamientos antisociales y violentos. Mayor Zaragoza afirma que tenemos la obligación moral de fomentar en nosotros y en nuestros hijos la capacidad para oponernos a muchas cosas, que, si bien se han normalizado en nuestra sociedad, no forman parte de los valores que la educación pueda asumir como tales. La solución está en enseñar que las diferencias y los conflictos derivados de la convivencia social pueden solucionarse por otras vías distintas a la violencia.

Bruno Betelheim dice que la violencia es el comportamiento de alguien que es incapaz de imaginar otra solución a un conflicto o problema que le atormenta. Sabemos también que la violencia se da cuando, previamente, ha existido frustración, miedo, malos tratos, desamparo. Por lo tanto, si no media alguna intervención educativa, es fácil deducir que muchos jóvenes sentirán la tentación de utilizar la violencia como primer y más fácil recurso para afrontar sus dificultades. Si nadie les enseña otras vías para solucionar sus muchos conflictos, la frontera entre un comportamiento correcto o incorrecto se va difuminando y se llega a considerar como comportamiento «normalizado» lo que Rojas Marcos define como conducta sociopática.[37]

La trilogía formada por infancia-violencia-sociedad es tan evidente que el dictamen del Comité Económico y Social de la Comunidad Europea, plasmado en el *Libro verde sobre la protección de los menores y de la dignidad humana en los nuevos servicios audiovisuales y de la información* propone la creación de un comité de expertos europeos a fin de proteger a los menores de los «mensajes» que los medios de comunicación les ofertan. Ahora bien, no olvidemos que la violencia no es un problema cuya «semilla» tengamos que buscar, exclusivamente, en la vituperada televisión. La raíz del problema se encuentra desgraciadamente en la familia, en la escuela, en la educación, es decir, en la sociedad en su conjunto.

Freud decía que existe una disposición originaria de los individuos hacia la violencia. Pero otros autores, como por ejemplo Eibl-Eibesfeld (1972), afirman que la violencia es resultado de la influencia del entorno y de la organización social. La realidad de la vida cotidiana es real, se da por es-

37. Véase Rojas Marcos, L., *Las semillas de la violencia*, Madrid, Espasa Calpe, 1995.

tablecida, y en ella se encuentra el «fundamento» de ciertos comportamientos agresivos y violentos.

Sea como fuere, lo cierto es que la violencia es omnipresente y la observamos en todo tiempo y en todo espacio social, ya que es compañera de viaje de la humanidad. La violencia se puede dar por ruptura brusca de la armonía del grupo, sirve para solucionar desavenencias, adopta formas grupales y públicas o bien aparece en ámbitos más privados. De ahí que aparezcan formas violentas estructurales y coyunturales. Las primeras afectan a varios aspectos y a la mayoría de la población e instituciones. Las violencias coyunturales, por el contrario, se presentan en momentos puntuales y sin continuidad una vez desaparecida la circunstancia que las genera.

No olvidemos, por otro lado, que la violencia se inicia por una realidad contemplada y valorada por unos de manera diferente a como es sentida por otros. Quizá por ello, se dice que la violencia va en contra de los valores y las normas establecidas, desestabilizando las relaciones entre los miembros de una sociedad o colectividad.

Otras teorías, principalmente las denominadas críticas, no dudan en afirmar que la sociedad está siempre en continuo conflicto, dado que en ella existen clases sociales y grupos con valores e intereses contrapuestos. Sólo cuando desaparezcan estas diferencias, asegura Dahrendorf, podrá evitarse el conflicto y la violencia. Para los autores inscritos en las teorías interaccionistas, la violencia es resultado de la diferente visión que los individuos interactuantes tienen de los aspectos sociales.

Al margen de las diferentes explicaciones del fenómeno de la violencia, para la educación social es muy importante conocer los valores y las preferencias de los grupos que entran en conflicto. Sólo así será posible orientar las acciones pedagógicas. En sentido estricto, la violencia sólo existe si se siente como problema social. Una vez identificado y reconocido como tal por la sociedad, ésta puede darle oportuna respuesta.

En nuestra sociedad la violencia está protagonizada, principalmente, por población joven. La Escuela de Chicago, una de las primeras que estudió la violencia juvenil y los consiguientes procesos de resocialización, abrió el camino a posteriores investigaciones, como por ejemplo las de Cohen o los análisis de Downes, para quien las culturas juveniles emergentes pueden ser un referente positivo para estudiar la violencia.

Desde una perspectiva educativa, los rasgos culturales que, de manera genérica, mayor influencia pueden tener en el amplio espectro de la violencia juvenil son:

a) La búsqueda de una identidad propia y diferenciada respecto a las generaciones precedentes.
b) Cuestionamiento de las ideas, valores y normas basales para la sociedad adulta. Los jóvenes tienen una especial capacidad para crear y canalizar ideas renovadoras, con las cuales suelen sintonizar fácilmente.
c) Consumo de los medios de comunicación y de los recursos audiovisuales, siendo la televisión una de las más importantes «fuentes» transmisoras de violencia. Si la violencia se aprende por imitación, como dice Bandura, es importante conocer con exactitud la eficacia de los medios de comunicación como factor de «modelling» de nuestra población joven.
d) Y de manera muy significativa, la precariedad de recursos económicos, la carencia de los bienes mínimos y los malos tratos (vivienda, hambre, escuela, etcétera), así como vivir en zonas sin los servicios sociales mínimos. Todas estas circunstancias generan agresividad y actitudes violentas hacia la sociedad y las instituciones que la representan, entre las que cabe considerar la escuela.

En resumen: podemos afirmar que la violencia es un problema social porque es en el ámbito social donde se produce. Y es un fenómeno educativo porque las raíces de la violencia se adentran en los primeros años de vida. Y es en ellos, dice Rojas Marcos (1996a), cuando más importante es la educación.

2.5. «Teoría del conflicto», violencia y escuela

Si la educación es lo que recibimos de nuestros padres cuando piensan que no nos educan, y si la escuela es una sociedad en miniatura, no tiene sentido que la institución escolar se aísle de los problemas que la población joven experimenta y percibe en su contexto social. Delafrance (1988) afirma, en este sentido, que la violencia y la agresividad de los alumnos son una respuesta a la violencia institucional.

Parece más correcta una institución escolar abierta a los conflictos sociales y una escuela capaz de enfrentarse a ellos con respuestas consensuadas que una escuela preocupada exclusivamente por los conocimientos instructivos. El conocimiento de nuestra cultura es imprescindible, pero también lo es el conocimiento y la crítica de los problemas que generan ciertos conflictos de convivencia.

Dado que la escuela, como hemos dicho con anterioridad, es *un microcosmos en el que se dan los conflictos presentes en la sociedad,* no tiene sentido que ignore los problemas derivados de la convivencia y las situaciones de violencia, las injusticias, la interculturalidad, etcétera. Cuando nuestros jóvenes conozcan qué es la violencia y tengan oportunidad de hablar libremente de ella en las aulas, la violencia perderá parte del atractivo personal y tribal que actualmente posee para algunos de nuestros alumnos. Además, conocer un problema es el inicio de su solución.

El que la violencia sea protagonizada por ciudadanos cada vez más jóvenes, que el 50% de los actos violentos en nuestras grandes ciudades sean protagonizados por menores en edad escolar y el hecho de que los adolescentes (también los adultos) necesiten sentirse vinculados a un ideal, a un grupo, a una secta que supere su vida cotidiana, da racionalidad a nuestra propuesta de que la violencia sea objeto de atención escolar, que sea considerada como un *contenido escolar.*

Principios tan fundamentales para una democrática convivencia como pueden ser la paz, la discusión de los conflictos, los derechos humanos, la tolerancia, etcétera, o se convierten en parte esencial de la educación o bien corremos el riesgo de referirnos a estos principios como espacios formales pero sin repercusión en la realidad.

Jacques Selosse, director de una investigación para el Consejo de Europa y su Comité Europeo para estudiar los problemas de violencia, indagó cuáles eran los problemas cruciales de una escuela en crisis y detectó que los más importantes son: falta de vida comunitaria, poca creatividad e iniciativa y bajo nivel de satisfacción de sus usuarios. Según Selosse muchos de los problemas eran debidos al hermetismo del propio centro, a su *autismo escolar*. Lo grave del caso es que esto ocurría en 1971, es decir, hace ya un cuarto de siglo. Algunos años más tarde, en 1983, el «Informe sobre la violencia y la escuela» concluye que la mejor vía — y posiblemente la única— para abordar estos fenómenos es cambiar la dinámica de los centros escolares y abrir la escuela a la ciudad, a las asociaciones ciudadanas y a los problemas sociales.[38]

Delafrance opina que la agresividad de los alumnos es una respuesta a la violencia institucional que se produce a través de los reglamentos, evaluaciones, contenidos instructivos, orientaciones escolares, etcétera. Esta especial «violencia institucional», pocas veces aceptada por los escolares, es percibida por ellos como arbitraria. Y en no pocas ocasiones la violencia escolar de estos jóvenes es una respuesta frente a esta situación... que incluso puede considerarse, afirma Delafrance (1988, pág. 17), como un síntoma de salud mental: «Yo no creo que, si los jóvenes, incluso los niños, adoptan comportamientos violentos o delincuenciales, esta tendencia esté inscrita en sus genes».

Dubet defiende que la violencia escolar es una manera juvenil de resistirse a la incorporación de identidades negativas que la escuela pretende transferir. «Estas conductas agresivas son la expresión de una especie de rabia, de conflicto no manifiesto entre los alumnos marginados y la escuela. Constituyen la única forma de no identificarse con las categorías infamatorias de la relegación», afirma con rotundidad Dubet (1994, pág. 25). Esta expresión de la violencia es resultado de la oposición entre una cultura obrera, la «cultura del taller» y la cultura dominante transmitida en la escuela. Es la reacción de la llamada

38. Citado por Carra, C. y Sicot, I., «Perturbaciones y violencia en la escuela», en *Prevenció, Quaderns d'estudi i documentació*, nº 13, marzo de 1997, págs. 23-37. Se trata de un excelente artículo, escrito por dos profesores de la Facultad de Letras y Ciencias Humanas de la Universidad de France-Compté (Besançon), en el que se hace un preciso recorrido de las principales investigaciones acerca de la relación escuela-violencia.

contra-aculturación (Grignon, 1971), que se da en alumnos de origen obrero que valoran la fuerza, la virilidad, la práctica y rehúsan los contenidos de la enseñanza. Se trata de una violencia con significado de oposición institucional: es la violencia como síntoma de las contradicciones en el corazón del sistema escolar.

En estos momentos no podemos referirnos ya a la «escuela eficaz» a partir del factor rendimiento instructivo. Como demostraron los estudios de Baillion (1993), el funcionamiento de un instituto de secundaria debe medirse no sólo por los resultados instructivos sino también en relación a los efectos de la enseñanza en la violencia de sus usuarios escolares. La escuela actual debe ser repensada en su función y objetivos; debe experimentar una reconversión y adaptarse a las nuevas exigencias sociales. En nuestros días la escuela tiene, más que nunca, una doble función: transferir instrucción y hacer prevención y tratamiento del conflicto de la violencia.

El aula es, en suma, un espacio idóneo para hablar de los *conflictos sociales,* de la televisión, de la violencia, de la droga, de las tribus urbanas, de los skins y de los comportamientos en el deporte escolar. Si la escuela prepara para la vida, es preciso darla a conocer, no ignorarla. Es necesario plantearse cómo se genera la violencia y dejar de hacer pedagogía ingenua. No tratar estos problemas, no introducir el estudio del conflicto social entre los contenidos escolares puede ser un error. La institución escolar, pensamos, es en parte responsable de no prevenir la violencia. Y para hacerlo debe recurrir a actividades sugestivas y motivadoras, promover un deporte bien entendido, solidario y formativo, hacer una pedagogía de los medios de comunicación y recurrir a la ley para proteger a los menores contra el maltrato de los adultos.

2.6. Currículum transversal y violencia

Somos muchos los que opinamos que el conocimiento humano no es una finalidad en sí mismo, sino un medio que permite que la existencia humana sea más satisfactoria, justa, libre y creativa. De ahí, en parte, que la selección y transmisión de los conocimientos escolares haya sido, tradicionalmente, una cuestión polémica y sujeta a no pocos vaivenes.

En el prólogo del *Libro Blanco para la Reforma del Sistema Educativo* (1989 pág. 3) se afirma que «un buen funcionamiento y diseño de los sistemas educativos es singularmente importante para el desarrollo de las sociedades». En efecto, estamos convencidos que el futuro de los ciudadanos de un país depende de su formación. Quizá por ello se nos antoja extremadamente importante que, por encima de los diferentes contextos socioculturales y las siempre ricas y legítimas diversidades ideológicas, seamos capaces de aunar esfuerzos, vencer ciertos sectarismos y defender unos contenidos escolares que además de lo instructivo y científico se preocupen también de transmitir ciertos valores sociales consensuados.

Compete al conjunto de ciudadanos de un país sentirse comprometido con las innovaciones educativas que toda sociedad moderna necesita introducir. Los últimos cambios habidos en nuestro país, la plena integración de España en la Unión Europea, así como los avances científicos y tecnológicos, hacen necesaria la casi continua revisión de los contenidos educativos y de enseñanza. Pero no olvidemos que una educación de calidad es responsabilidad, también, de la conciencia social de los ciudadanos, y ésta no se adquiere sólo a partir de los contenidos instructivos de enseñanza.

Si queremos, como se afirma en el *Libro Blanco* (1989, pág. 8), que «nuestros niños y jóvenes, nuestros ciudadanos de ahora y de mañana, ejerzan la libertad, la igualdad, la justicia, la solidaridad, la participación, en la dimensión a la que son acreedores y a la que legítimamente aspiran», parece indudable que todos estos valores deben integrarse entre los contenidos escolares.

Dado que la educación busca el desarrollo integral y armónico de la persona, los contenidos escolares cobran su auténtica entidad en la medida que se sitúan en un tiempo y espacio concretos y devienen en valores básicos para la convivencia. Existen determinados contenidos educativos de base ética válidos para todos los educandos, prescindiendo de creencias, ideas políticas o religiosas. Los principios abiertos, dialogantes, los valores que otorgan dignidad, no pueden tener fronteras, antes al contrario, deben impregnar todas las actividades escolares. Ésos son, precisamente, los *contenidos transversales.*[39]

Desde la propuesta de unos conocimientos escolares organizados bajo la lógica disciplinar reproductora, hasta la más actual propuesta de un currículum participativo, pasando por la tradicional discusión entre los defensores de unos contenidos fragmentados en asignaturas y los que propugnan un conocimiento integrado y globalizado, media una larga lista de movimientos pedagógicos derivados de las distintas opciones sociales. En este sentido pensamos que la introducción de los *temas transversales* en la Reforma del Sistema Educativo es una afortunada propuesta de cómo adquirir el conocimiento de la realidad social de manera integrada e interdisciplinar.

Los contenidos transversales hacen referencia a algunos de los conflictos que se producen en nuestra sociedad. Por su especial naturaleza social, no deben tener un planteamiento excesivamente conceptual ni en horarios fijos: son contenidos a educar a través de todas las materias escolares. El referente de los contenidos transversales son los valores y las actitudes que permiten enjuiciar críticamente la sociedad que rodea a los educandos. Y si la violencia, como cualquier otro aprendizaje social, se adquiere por imitación, parece lógico que ocupe un espacio escolar y sea considerada como un *contenido transversal.*

La educación moral y cívica, la educación para la igualdad de sexos, la educación para la integración, el respeto a las minorías... son algunos de los temas transversales incluidos ya en nuestros currícula escolares. Y no deja de ser sorprendente que, además de su importancia, todos ellos estén directamente relacionados con la violencia. Sólo cuando nuestros jóvenes conozcan qué es la violencia y tengan la oportunidad de hablar de ella directamente con

39. Confróntese con Petrus Rotger, A., «Prevención y violencia», en *Prevenció, Quaderns d'estudi i documentació*, nº 13, marzo de 1997, págs. 67-80, y con Petrus Rotger, A., «Currículum transversal i violència. Reflexions al voltant de la necessitat de considerar la problemàtica de la violència com a contingut transversal», en *Proposta 1996*, Consell Municipal de Benestar Social, Ajuntament de Barcelona.

profesionales debidamente preparados y conocedores de este problema (policías, educadores sociales, entrenadores, psicólogos...), ésta dejará de tener parte del atractivo que actualmente tiene... y haremos una adecuada prevención de este conflicto.

Aplicando la teoría de la «inteligencia emocional» cabe diseñar nuevas estrategias de prevención de la violencia. Dado que el aprendizaje no se da de manera aislada de los sentimientos de los niños, es oportuno recurrir a los fundamentos emocionales del problema. «La alfabetización emocional es tan importante como puede serlo, por ejemplo, el aprendizaje de las matemáticas o la lectura», afirma con razón Daniel Goleman (1996, pág. 403).

El programa de «Self Science» creado por Karen Stone McCown y rápidamente extendido por ciertas escuelas norteamericanas busca desarrollar las llamadas «habilidades vitales» a partir de convertir las tensiones y problemas de la vida cotidiana (ser rechazado, la frustración, la envidia, etcétera) en temas de interés o preocupación escolar. En otras palabras, el programa «Self Science» es un eficaz recurso de prevención de la violencia, ya que se adentra en las emociones que configuran su origen.

Otros estudios han demostrado que los programas de prevención son más eficaces cuando tratan de enseñar competencias emocionales y sociales concretas, como pueden ser, por ejemplo, controlar los impulsos violentos. Y parece ser que una de las más avanzadas y rentables estrategias de prevención consiste en informar a los más jóvenes acerca de problemas como el sida, las drogas, la violencia..., en el preciso momento en que los escolares comienzan a enfrentarse a ellos, sin olvidar que primero son las emociones y los sentimientos que los pensamientos.

Además de alfabetizar en lengua, matemáticas o historia a nuestros escolares, es importante también su alfabetización emotiva, ya que ésta es siempre un eficaz instrumento de prevención de la violencia. La función preventiva del programa Resolving Conflict Creatively Program, por ejemplo, aplicado en Manhattan, pretende incidir en la inteligencia emocional y busca prevenir la escalada de la hostilidad y la violencia. Según opinión de Linda Lantieri, creadora del programa, éste enseña a los jóvenes escolares que además de la «pasividad y agresividad, disponen de muchas otras respuestas alternativas para resolver los conflictos. Nosotros les mostramos la inutilidad de la violencia y la sustituimos por habilidades concretas».[40] Es decir, la violencia y su prevención son espacios de la educación social y pueden ser *contenidos transversales.*

2.7. Prevención y tratamiento de la violencia desde la perspectiva de la educación social

Desde una perspectiva pedagógica, y asumiendo el riesgo de error inherente a todo estudio predictivo acerca de la violencia, podemos convenir que, entre los muchos indicadores de posibles comportamientos violentos son de destacar los factores y principios siguientes:

a) Podemos afirmar que un pasado violento o compulsivo induce a una violencia futura. Son igualmente indicativos de una posible y posterior actuación violenta los comportamientos agresivos duraderos durante la infancia.

b) Un entorno doméstico brutal y violento, así como los malos tratos corporales o negligencias en el cuidado de la infancia, generan predisposición a los comportamientos violentos.

c) Los problemas psiquiátricos severos en los padres, precoz insumisión a las figuras de autoridad paterna o a otras autoridades institucionales, actos delictivos exponentes de una débil socialización de los menores auguran asimismo posteriores comportamientos agresivos o violentos.

d) Determinados factores psicopatológicos, así como la ingestión de sustancias como alcohol, desinhibidores, sedantes, barbitúricos, psicoestimulantes, etcétera, son también, en algunos casos, factores generadores de comportamientos agresivos.

40. Véase el capítulo «La función preventiva de la alfabetización emocional», de la conocida obra de Daniel Goleman *Inteligencia emocional* (1996, págs. 425-428).

e) Ciertos factores relacionados con la personalidad, la intolerancia o el bajo umbral de resistencia frente a la frustración, un exagerado egocentrismo, incapacidad para la autocrítica, bajo nivel de autoestima, etcétera, son también en determinadas circunstancias, indicadores de futuros comportamientos violentos.
f) Factores sociológicos como bajo nivel social, juventud, deficiente socialización, convivir en un ambiente y con situaciones en las que la violencia es relativamente habitual, inciden asimismo en la predisposición a adoptar comportamientos violentos.

A partir de estos indicadores predictivos, tomados por supuesto con cierta reserva, y sin función determinante, desde la perspectiva de la educación social proponemos las siguientes medidas preventivas respecto al conflicto y la violencia:

1. Teniendo en cuenta el papel de la influencia de los medios de comunicación en la configuración de los modelos violentos, como primera norma de prevención, es importante solicitar el cumplimiento de los códigos éticos que regulan los programas televisivos.
2. Todo planteamiento educativo y socializador debe priorizar la prevención sobre el tratamiento. Así, pues, la prevención de la violencia debería de ser inicial y anterior a la manifestación de las conductas agresivas. Es importante hacer una precoz detección de los casos y grupos de riesgo y actuar preventiva y educativamente.
3. Como primera estrategia preventiva de la violencia es importante desarrollar políticas de protección a la familia que garanticen la adecuada atención a la infancia. Una de estas estrategias preventivas, y también de tratamiento, es la educación social entendida en su sentido más amplio.
4. Los profesionales en contacto con la infancia y la juventud (agentes del orden, asistentes sociales, educadores sociales, profesores, animadores socioculturales, monitores deportivos...) deben estar en posesión de una buena formación a fin de participar en las estrategias de prevención y tratamiento de la violencia. Es

importante que estos profesionales sepan cómo afrontar la violencia desde planteamientos educativos y no de control.

5. Es preciso coordinar las diferentes redes de servicios de atención social a la infancia que actúan en un territorio. Sólo así aumentará la eficacia de los circuitos de atención como factores preventivos.
6. Siendo la escuela una institución de la comunidad, parece oportuno abrir los espacios escolares, fuera del horario escolar, y ponerlos a disposición de los municipios a fin de que puedan organizarse actividades deportivas y de tiempo libre de manera autóctona. Cualquiera de estas actividades, si está educativamente bien diseñada, puede ser una eficaz estrategia de prevención del conflicto y de la violencia.
7. Promocionar el asociacionismo y favorecer su autoorganización es otra estrategia de prevención y tratamiento de la violencia infantil y juvenil. Crear espacios de intercambio y de participación social entre la población joven es siempre positivo.
8. Diseñar programas educativos y socializadores que favorezcan el respeto, la convivencia, la adquisición de competencias sociales, la alfabetización emotiva, la relación entre educandos y educadores, entre padres e hijos, entre alumnos y profesores es una eficaz manera de prevenir la violencia. Es necesario evitar que la violencia se convierta en un signo de «distinción positiva» para ciertos sectores o grupos de población juvenil.
9. Es importante diseñar y aplicar estrategias de participación y respeto a los derechos de los alumnos en el seno del funcionamiento de los centros educativos, estableciendo normas de relación institucional claras y respetuosas con la variedad social y personal de los educandos.
10. Solicitar a las autoridades competentes que la problemática de la violencia sea incluida en los proyectos educativos de los centros escolares como un contenido curricular transversal. La institución escolar presta su atención, por supuesto, a la instrucción, a la alfabetización en contenidos instructivos, pero ello no la exi-

me de los compromisos con la alfabetización emotiva, con la adquisición de las competencias necesarias para que los chicos y chicas puedan vivir y beneficiarse de la convivencia social. No olvidemos que las frustraciones están en la base de muchas de las actitudes violentas.
11. Parece más positiva una institución escolar que asuma la *«teoría del conflicto social»* que una escuela que reduzca su responsabilidad a la instrucción. Pensamos que un recurso de tanta importancia social como la escuela debe asumir también la competencia de resolver e intervenir ante los conflictos y problemas que los jóvenes viven y ven a su alrededor.
12. Se debe garantizar que los profesores tengan el soporte de otros profesionales que puedan colaborar con el centro escolar a fin de intervenir, con eficacia, frente al conflicto y la violencia que se genera en el propio centro o en su contexto social inmediato. Una buena función tutorial individualizada, así como la implicación del centro escolar en el proceso de socialización de los escolares es siempre una eficaz medida preventiva.
13. El deporte escolar, como factor educativo y socializador de primer orden, debe formar parte del Proyecto Educativo del Centro. La actividad física y el deporte deben estar incluidos en el diseño curricular y los reglamentos incluirán normas integradoras que prohiban la discriminación e impidan todo comportamiento o actitud que pueda estimular la violencia.
14. Se debería asegurar la formación pedagógica y deportiva de los monitores y entrenadores. Estos profesionales deben comprender que su función es primordialmente educativa, no competitiva ni estimuladora de comportamientos y actitudes violentas.[41]

Digamos, por último, que en sentido estricto, los niños no son del Estado, ni de los padres. En todo caso los niños son de su futuro, futuro que nada ni nadie debería poner en

41. Algunas de estas normas o propuestas están basadas en las que el Grupo de Prevención del Consell Municipal de Benestar Social del Ayuntamiento de Barcelona propusiera, en julio de 1997, al Plenario del Consell de Benestar Social. Véase Consell Municipal de Benestar Social, *Propuestas 1997*. Ajuntament de Barcelona, 1998.

peligro. La competitividad, la escuela, los conflictos, la violencia, etcétera, no deben comprometer el futuro de ningún niño. De ahí que propongamos, a manera de conclusión final, el cumplimiento de las anteriores sugerencias preventivas y la puesta en marcha de programas y proyectos para trabajar, desde la educación social, la prevención del conflicto y la violencia.

La experiencia demuestra que el contacto directo de los educadores sociales con los grupos de adolescentes en su entorno social más inmediato, así como la participación de éstos en actividades socioculturales y deportivas organizadas con auténtica sensibilidad intercultural, es siempre una eficaz estrategia preventiva. Si, además, en estas actividades participan y colaboran las asociaciones de vecinos, los centros escolares y otras instituciones sociales con auténtica actitud solidaria y se promociona la relación entre grupos, la eficacia está casi asegurada.

Dado que la intervención de los educadores sociales ante la violencia debe responder a un proyecto global y comunitario, es importante que se asegure la participación de la escuela y otras instituciones sociales. La aplicación de políticas en favor de abrir los espacios escolares a la comunidad son no sólo eficaces, sino que en ocasiones sirven para que el comportamiento de los llamados «objetores escolares» varie y desaparezcan ciertas actitudes violentas. En resumen, la prevención y el tratamiento del conflicto y la violencia es un problema que compete no sólo a la escuela sino también a la educación social, a la «nueva educación social».

Bibliografía

Aubert, Mª. J., *Democracias desiguales. Cultura política y paridad en la Unión Europea,* Barcelona, Serbal, 1995.

Ballion, R., *Les lycées, une cité à construire*, París, Hachette, 1993.

Bandura, A. y Ribes, E., *Modificación de la conducta. Análisis de la agresividad y la delincuencia,* México, Trillas, 1997.

Barenblit, D.; Elstein, L.; Grinberg, A.; Segura, A., «La agresividad en niños y adolescentes», en *Prevenció*, nº 11, septiembre de 1994.

Berkowitz, L., «Sport, competition and agression», en *The Physical educator*, nº 17, 1973.

Cagigal, J. M., *Deporte y agresión*, Barcelona, Planeta, 1976.
Dahrendorf, R., *Oportunidades vitales. Notas para una teoría social y política*, Madrid, Espasa Calpe, 1983.
—, «Economic opportunity, civil society and political liberty», Copenhag, 1995.
Delafrance, B., *La violence à l'école*, París, Syros, 1988.
Denker, R., *Elucidaciones sobre la agresión*, Argentina, Amorrortu, 1971.
Dollar, J. y otros, *Frustration and agression*, New Haven, Press, 1939.
Dubet, F., «Les mutations du système scolaire et les violences à l'école», en *Les cahiers de la sécurité intérieure*, nº 15, 1994.
Eibl-Eibesfeld, I., *Amor y odio. Historia natural de las pautas de comportamiento elementales*, México, Siglo XXI, 1972.
Foro Europeo de Seguridad Urbana, *Gestire le crise urbane*, Torino, 1996.
Foro Europeo de Seguridad Urbana, *Sécurité et Démocratie*, París, 1994.
Freud, S., *El malestar de la cultura. Obras completas*, tomo VIII, Madrid, Biblioteca Nueva, 1973.
Goleman, D., *Inteligencia emocional*, Barcelona, Kairós, 1996.
Grignon, C., *L'ordre des choses*, París, Les éditions du minuit, 1971.
Hester, S., «The Social Facts of Deviance in School; a Study of Mudance Reason», en *British Journal of Sociology*, 42, 3, 1991.
Krech, D. y otros, *Psicología social*, Madrid, Biblioteca Nueva, 1978.
Lorenz, K., *Sobre la agresión: el pretendido mal*, México, Siglo XXI, 1971.
Marías, Julián, *Razón de la filosofía*, Madrid, Alianza 1994.
Mayor Zaragoza, F., *La nueva página*, Madrid, Unesco/Círculo de Lectores, 1994.
MEC, *Libro Blanco de la Reforma del Sistema Educativo*, Madrid, Ministerio de Educación y Ciencia, 1989.
Michaud, Y., *La violence apprivoisée*, París, Hachette, 1996.
Miedzian, M., *Chicos son, hombres serán*, Madrid, Horas y Horas, 1996.
Miller, N. E., «Frustration-agression hypothesis», en *Psychologie Reviste*, vol. 48, 1941.
Ortega, R., «Las malas relaciones interpersonales en la escuela: estudio sobre la violencia y el maltrato entre compañeros en segunda etapa de E.G.B.», en *Infancia y Sociedad*, nº 27-28, 1994.
—, «Violencia interpersonal entre iguales», en *Prevenció, Quaderns d'estudi i comunicació*, nº 13, marzo de 1997.
Pain, J., «Les violences en milieu scolaire: du concept a la prévention», en *Cahiers de la sécurité intérieure*, 15, 1994.

Petrus Rotger, A., «Els drets de l'infant davant l'activitat física», en *Portanveu*, Consell de l'Esport Escolar de Barcelona, nº 3, 1r semestre de 1995.
—, «Violència i esport escolar», en *Portanveu*, Consell de l'Esport Escolar de Barcelona, nº 5, 1r semestre de 1996.
—, (comp.), *Pedagogía social*, Barcelona, Ariel, 1997.
Rojas Marcos, L., *Las semillas de la violencia*, Madrid, Espasa Calpe, 1996 a.
—, *Latidos de fin de siglo*, Madrid, Espasa Calpe, 1996 b.
Storr, A., *La agresividad humana*, Madrid, Alianza 1979.
Testanière, J., «Chahut traditionnel et chahut anomique dans l'enseignement secondaire», en *Revue française de sociologie*, nº 8, 1967.
Varga, K., *L'adolescent violent et sa famille*, París, Privat, 1993.
Verba, D., *Absentéisme et violence à l'école*, CCPD de Valence, CRDP de Grenoble, 1994.
Woods, P., *Inside Schools, Ethnography in Educational Research*, Londres, Routledge, 1986.
—, *L'ethnographie de l'école*, París, Armand Colin, 1990.

3
TERCERA EDAD Y EDUCACIÓN SOCIAL

3.1. El problema conceptual de la tercera edad

Se puede afirmar que, en sentido estricto, *la igualdad de derechos en ocasiones no se aplica a las personas mayores.* Ello es debido, en parte, a los numerosos *estereotipos negativos* existentes respecto a la vejez, a su capacidad para trabajar, para desplazarse, para vivir en las mismas condiciones de igualdad que el resto de ciudadanos.

Como consecuencia de ello, por ejemplo, seguimos considerando y definiendo el periodo de la vejez como un tiempo de *degradación y de desvinculación*. Sin embargo, la gente mayor tiene *derecho a ser definida autónomamente, no en relación al adulto.* La incorrectamente denominada *«tercera edad»* es una fase más del ciclo vital, ni mejor ni peor que cualquier otra. Es éste un tema con el que no cabe realizar comparación alguna. En realidad, la mejor fase o ciclo vital de nuestra vida es *la que estamos viviendo... si sabemos darle contenido.*

La infancia es, como dice Verhellen, la etapa del *todavía no son*. Lo afirmamos con frecuencia: los niños y niñas todavía no son adultos, todavía no son competentes, todavía no saben lo que desean... De ahí que la infancia sea definida como un periodo de tránsito a la vida adulta. La vejez, por el contrario, es la etapa del *ya no son*. Las personas mayores ya no tienen las capacidades del adulto, ya no se acuerdan de las cosas, ya no tienen ilusión. Definimos la vejez como un periodo de tránsito a algo más definitivo. En gran medida esas definiciones son el resultado de considerar a las personas mayores como un grupo socialmente desvinculado, sin contenidos ni responsabilidades sociales. ¿No será precisamente por esto, por falta de comprensión de su función y por las incorrectas definiciones por lo que la vejez es una fase vital peor de lo que podría ser? Una cosa es obvia: evitamos las preguntas radicales y con frecuencia hacemos reflexiones emotivas, pero ingenuas, respecto a las personas mayores.

¿Qué es la vejez?, nos preguntamos con frecuencia. En principio podemos afirmar que se trata de una *construcción*. Nosotros, al definir la vejez, creamos la «realidad» de este grupo de personas. Condicionamos sus actividades, su perspectiva de vida, su manera de situarse frente a la sociedad. Las investigaciones, las teorías y las definiciones de la vejez dictan qué es y cómo se han de comportar las personas mayores. *El que envejece, en muchos casos, es el concepto de edad.*

Las tres concepciones de ancianidad dentro de las que es habitual situar la variedad de definiciones son: la vejez cronológica, la vejez funcional y la vejez como fase vital. La primera, la *vejez cronológica*, hace referencia al hecho de haber cumplido los sesenta y cinco años, edad habitual de jubilación laboral, y cuyos antecedentes hay que buscar en las medidas tomadas por Bismarck en el siglo XIX. La ventaja de esta definición reside en la objetividad de la medida cronológica. Su error puede ser el diferente efecto que la edad produce en cada persona, ya que una misma edad ofrece desiguales niveles de salud, aptitud funcional, socialización, etcétera.

La *vejez funcional* corresponde a la costumbre de tomar el término *viejo* como sinónimo de incapacidad o limitación. Se trata de una visión errónea, ya que la vejez no supone necesariamente incapacidad. La vejez humana produce ciertas reducciones en las capacidades, como sucede en cualquier otro organismo vivo, pero estas limitaciones no le impiden desarrollar una vida humana plena en comparación con el resto de seres humanos. Las barreras de la funcionalidad son, con frecuencia, fruto de mitos o estereotipos, no de una realidad general.

La *vejez como etapa vital* se fundamenta en reconocer que el transcurso del tiempo produce efectos en las personas, que como consecuencia de ello pasan de una etapa a otra. A cada etapa, la vejez incluida, le corresponde una realidad diferenciada, y semejante a la vez, respecto de las etapas anteriores. La vejez supone limitación, pero en contraposición potencia otras facultades, como experiencia, tranquilidad, visión de la justicia, etcétera, facultades éstas que convierten a las personas incluidas en esta etapa en seres altamente valiosos para el conjunto de la sociedad. Como dice el profesor Moragas (1991, pág. 24): «El enfoque de la vejez como etapa vital se inserta en las modernas teorías y prácticas de la psicología del desarrollo humano, de la sociología de lo posible, del trabajo social integrador».

Un enfoque objetivo de la vejez debe tener en cuenta el hecho cronológico, pero sin olvidar las otras dimensiones. La variable edad tiene que venir acompañada de otras variables como sexo, sociedad, educación, profesión, estatus social, etcétera. De esta manera es posible superar una valoración subjetiva y parcial de la vejez, por una visión integral de la persona. El concepto de vejez tendría que ser global y no abordarse a partir de un factor u otro. Es preciso, también, evitar la trivialización de ciertas definiciones y partir de una mentalidad abierta a la hora de conceptualizar la vejez. De hecho, el concepto de vejez no es coincidente en todas las sociedades y no es, por lo tanto, un concepto científico. Al contrario, en muchas ocasiones la vejez es un concepto que se da por decreto: es lo que denominamos «vejez decretada».

Por decreto, la vejez se inicia con la jubilación a los 65 años, si bien en Europa la jubilación se puede situar entre los 60 años (Francia) y los 67 (Dinamarca). Puede ser diferente, incluso, para hombres y mujeres o según las profesiones. Pero es evidente que el grado real de vejez no depende de la edad de jubilación ni tampoco de los años vividos. Con la misma edad, unas personas son más viejas que otras. Principalmente si tenemos presente su situación *económica* y *social*.

La variedad de definiciones aportadas por la biología, la psicología, la sociología, la medicina, etcétera, coinciden en una cosa: la relativa incapacidad para determinar quiénes son las personas de una sociedad que forman parte, de manera real y científica, de la categoría social de «personas mayores». El incremento de la esperanza de vida, la mejora de las condiciones sanitarias y médicas, la extensión y consolidación de las pensiones, etcétera, son cambios sociales experimentados en las últimas décadas que aconsejan dar una nueva concepción de la vejez, desligándola definitivamente del deterioro físico, mental, y de la jubilación.

Estamos convencidos: algunas opiniones, definiciones y concepciones de la «gente mayor» generan actitudes de resignación y apatía que frenan las iniciativas que algunas de estas personas pueden experimentar a fin de mantenerse socialmente activas. Si tendemos a comportarnos como se dice que somos, parece evidente que el primer paso a dar es crear y favorecer una «imagen social positiva» de las personas mayores.

Definiéndolas positivamente, y no por desvinculación o precariedades, ayudaremos a que las personas mayores adopten una actitud más participativa y sean ciudadanos de pleno derecho. Sólo así, por otro lado, aprenderemos a *envejecer satisfactoriamente*. En resumen: las personas mayores tienen el derecho a ser definidas como una categoría independiente, propia, no en función o comparación con el «adulto».

Si se es persona mayor por «modelling», la definición de «vejez» es también un problema de «cognición social». Es un concepto que se crea a través de la educación social, de la educación escolar y de los medios de comunicación. El concepto de «persona mayor» es un problema de infancia, de juventud, de educación y de currículum.

Una revisión de la bibliografía especializada evidencia que son numerosas las definiciones referidas a la infancia, la juventud o la gente mayor que, en ocasiones responden a estereotipos equivocados o negativos. Algunas de ellas, por ejemplo, se refieren a la poca capacidad para el trabajo de las personas mayores, a su dificultad para desplazarse, para vivir en igualdad de condiciones que el resto de ciudadanos. Y ello condiciona, qué duda cabe, muchas de las acciones sociales y educativas con ellos relacionadas.

Pero no siempre la realidad es como se define. Leer la obra *El mundo visto a los 80 años*, de Ramón y Cajal, es la mejor prueba de que cierta gente mayor tiene interés, tiene fuerza y, sobre todo, expectativas de futuro. Bertrand

Russell, premio Nobel de Literatura, era un joven que murió a los 95 años, se casó cuatro veces (la última a los 80 años) y a los 85 fue a parar a la cárcel por incitar a la desobediencia civil. Tiziano pintaba — y muy bien— a los 90 años. Y Churchill, el «*gran viejo de Inglaterra*» era líder político a los 80 años. La *pasividad* no es, pues, una categoría ni característica, por definición, de la gente mayor. Al menos no lo es de muchas de las personas mayores.

¿Qué imagen damos de la gente mayor en los medios de comunicación? ¿Qué idea transferimos de las personas mayores a través de las instituciones sociales? ¿Qué imagen de los ancianos se transmite a través de nuestra cultura oficial? En principio, admitámoslo, son mínimos los esfuerzos en favor de dignificar la vida de las personas mayores, y en todo caso, pocas veces del todo acertados. Si en alguna ocasión, por ejemplo, asoma la vejez en los libros de texto de nuestros escolares, su imagen responde con frecuencia a ciertos tópicos (pasividad, extravagancia, inoperancia, desvinculación, añoranza...), y, como consecuencia de todo ello, los propios ancianos tienden a conformar su vida a la condición y valoración que de la vejez da la sociedad en la que viven.

No lo dudemos: esos estereotipos son creados por las relaciones sociales y la cultura. El profeta Isaías decía que en el futuro morir a los 100 años sería morir joven. Hoy, según el Banco Mundial y su último informe, en nuestro país tenemos una esperanza de vida que se aproxima a los 80 años. Pero, no obstante, permitimos que el grupo social de la gente mayor viva como un grupo relativamente aislado, y que lo haga con cierta degradación social y marginación.

3.2. Las personas mayores: una realidad social

En la segunda mitad del siglo XX, debido al descenso de la natalidad y al aumento de la esperanza de vida, el envejecimiento de la sociedad ha experimentado un progresivo crecimiento. Se puede afirmar que ha sido éste uno de los más espectaculares logros del siglo XX, pero representa también el gran desafío para la sociedad del siglo XXI. Según las Naciones Unidas, el número de personas de más de

80 años es el que crece de manera más rápida. En otras palabras: se está dando una «revolución silenciosa» y de consecuencias algo imprevisibles, principalmente si no somos capaces de actuar de manera adecuada. Pensemos que en los países y en las sociedades desarrollados, las personas mayores ven aumentar su esperanza de vida de manera creciente.

No es preciso justificar que la vejez interesa a gran número de personas. Prueba de ello son las continuas referencias a las personas mayores, así como los debates científicos, los congresos y la atención que los medios de comunicación dedican a este tema. Unos tratan el problema desde la demografía, otros desde el punto de vista económico, y los políticos desde la perspectiva del proceso electoral. Incluso la opinión pública se preocupa por la vejez, aunque no siempre es capaz de diferenciar, como dirían Sánchez Caro y Ramos (1982) lo que en ella hay de mito y de realidad.

No olvidemos, por otro lado, que la sociedad, esa *organización con una autoridad,* como decíamos antes, es un grupo de personas de mentalidad análoga. Pertenecer a una sociedad quiere decir, fundamentalmente, tener la mentalidad de esta sociedad. Pertenecer a una sociedad supone tener una misma historia, tener unos mismos recuerdos, haber experimentado parecidas sensaciones frente a unos mismos juegos o narraciones infantiles, tener unas mismas experiencias, una misma pedagogía y lo más importante, colaborar con la sociedad. Pertenecer a una sociedad es sentirse ligado a ella a través de un proyecto. Y esto es algo que no siempre facilitamos al grupo social de personas mayores.

Es decir, no se es de un grupo, pueblo o ciudad por decreto ni tampoco por expediente administrativo. Al contrario, se es de un grupo, de un pueblo o de una ciudad por haber convivido en una cultura y haber sentido la impronta de una determinada educación. Es a través de la comunicación y la cultura del grupo como tomamos conciencia de las cosas. Es en sociedad como adquirimos los valores de la competitividad o de la solidaridad, del egoísmo o del compañerismo, del individualismo o del respeto a las diferencias propias de la gente mayor.

Los diferentes grupos que tenemos a nuestro lado nos dan y configuran nuestra identidad. Cualquiera de nosotros pertenece, de alguna manera, a todos los grupos con los que comparte un mismo tipo de conductas o experiencias. En otras palabras: se es de un grupo por unas experiencias y por una conducta compartida. Cada uno de nosotros somos el resultado de pertenecer a varios grupos y en cada uno de ellos recibimos experiencias que, en parte, configuran nuestra personalidad.

No olvidemos, por otro lado, que las experiencias comunes entre las personas de un grupo tienden a repetirse y ello da fuerza al grupo, le otorga consistencia y lo hace más sólido. Todos pertenecemos a gran número de grupos, ya que todos hemos nacido en una determinada cultura, somos de un sexo u otro, somos de ciudad o del campo, de una clase social u otra, somos catalanes, castellanos o extranjeros... y además pertenecemos a un *grupo de edad*.

El artículo 50 de nuestra Constitución (Los poderes públicos promoverán el bienestar de la tercera edad en cuanto a salud, vivienda, cultura y ocio) está inspirado en la Declaracion de los Derechos de las Personas de Edad hecha en Washington el año 1961. Se insistía en ella, y mucho, en el derecho a la vida económica entendida como autonomía y a la posibilidad de participar en actividades productivas. Se ponía un acento especial, asimismo, en que toda persona mayor tiene el derecho a disponer o disfrutar de una existencia cultural, lo cual implica, entre otras cosas: convivencia con todos los sectores sociales, representación política, libre acceso a la formación cultural, posibilidad de desarrollar actividades recreativas, etcétera.

En algunos ámbitos sociales, la igualdad de derechos no siempre se aplica a las personas mayores porque se parte de la falsa creencia de su incapacidad para el trabajo, para desplazarse o para vivir en igualdad de condiciones que el resto de ciudadanos. Si envejecemos como hemos vivido, hemos de vivir y organizar la sociedad para que la gente mayor tenga un lugar y un protagonismo en ella. Prestemos atención, pues, al «modelling» que los medios de comunicación hacen de la tercera edad y preguntémonos cómo llega al niño y al adulto la imagen de soledad, de desvinculación o de pasividad de la tercera edad. Aquí reside la caja negra del problema. Nos encontramos, como hemos indicado con anterioridad, con un problema de cognición social.

La soledad del anciano no significa estar solo. ¡Cuántos ancianos rodeados de gente se encuentran aislados! Porque no lo dudemos, lo peor no son los años, sino el aislamiento generacional. Es injusto que muchos de nuestros ancianos vivan en grupos marginados, acompañados pero sutilmente rechazados por la sociedad. Como nos recuerda Phil Bosmans se habla mucho de las personas mayores, de su jubilación, de su vivienda, de sus pequeños o grandes problemas, pero se habla poco con ellos.

Llegados a este punto es conveniente hacer una consideración lingüística: cuando se habla de las personas mayores, es importante tener presente el tono en que se hace, ya que, como dice la escritora Madame de Girardin, es el acento el que convence, no la palabra. Al hablar de las personas mayores se ha de procurar no caer en el tremendismo, el paternalismo o el proteccionismo. La educación social no puede ni debe dramatizar los problemas, sino intentar solucionarlos.

En este sentido parece evidente, como decía Jefferson, el tercer presidente de EE.UU., que una pequeña rebelión de tanto en tanto es tan buena y necesaria en el mundo social como la tempestad en el mundo físico. Necesitamos cambiar algunas cosas respecto a las personas mayores, principalmente cómo se entiende el principio de justicia y de solidaridad respecto a ellos.

En sentido estricto, muchas personas mayores son objeto de explotación psicológica, aunque en realidad son un capital humano y un prospectivo factor de transformación y equilibrio social. El problema no son, en modo alguno, los años y la pasividad. El problema radica en el aislamiento, en la falta de roles sociales, en la «dependencia», en ser la sombra de los adultos.

Las personas mayores tienen derecho a «libertad», tienen derecho a responder de manera autónoma frente a las situaciones de la vida cotidiana. Aunque la libertad, decía Freire, consiste en reconocer las propias limitaciones. Hemos de recuperar a las personas mayores como fuerza social. La gente mayor puede ser, hoy más que nunca, un *factor de equilibrio* en nuestra sociedad. Y puede serlo porque:

—Tiene inapetencia de poder.
—Hace las cosas con un sentido más ético y solidario.
—Disfruta de cierta tranquilidad frente a la vida acelerada de otros grupos de edad más jóvenes.
—Tiene equilibrio frente a ciertas actitudes de vida.

Las personas mayores, digámoslo claramente, son un capital cultural. En términos más economicistas hay quien dice que son un capital humano al que no podemos renunciar, bien sea por egoísmo o por solidaridad. Estamos convencidos: la gente mayor puede ser, por encima de modas, la llave para lograr ciertas transformaciones sociales. La gente mayor puede ser un arma cargada de futuro.

Un tópico acerca de las personas mayores está relacionado con el mundo laboral, con el trabajo y con el problema de la jubilación, concepto este último que, como hemos visto con anterioridad, sirve de frontera para elaborar algunas definiciones de la vejez. De la misma manera que debemos respetar el derecho de todo ciudadano a vivir de forma personal e íntima, las personas mayores, como «capital social», pensamos que tienen también ciertas obligaciones socioeconómicas con el resto de la población. Las contribuciones de la gente mayor son importantes para la sociedad, y tendrían que ser no sólo reconocidas sino también promovidas.

En un futuro inmediato es posible que se pueda dejar de trabajar de forma gradual. Es posible, y recomendable, un sistema de jubilación más flexible, un sistema que permita a la gente mayor permanecer activos más tiempo y evitar el drama de la jubilación de un día para otro. Ayer era un ciudadano, hoy es un ciudadano jubilado. Y no es lo mismo. Dinamarca, Francia, Alemania, Italia, Japón, España, Suecia... ya han iniciado experiencias en este sentido. Será posible evitar la jubilación repentina porque, como se dice en el último Informe del Club de Roma:[42]

> En primer lugar nos gustaría demostrar que, a pesar de que la mayoría de la gente cree lo contrario, los trabajado-

42. *El dilema del empleo. El futuro del trabajo*, informe del Club de Roma, Barcelona, Galaxia Gutemberg, Círculo de Lectores, pág. 42.

res de más edad contribuyen de manera muy positiva al éxito de sus empresas y no son en absoluto una carga, como creen en general los empresarios convencionales.

Algunos autores afirman que la sociedad no debe renunciar a los conocimientos y a la experiencia de las personas mayores. En algunos países anglosajones está dándose ya la estrategia de una remuneración por rendimiento. Y eso fomenta la competitividad de las personas mayores. De hecho tiene pleno sentido reclamar el derecho de no aceptar la jubilación anticipada, ya que como dice la Recomendación OIT nº 62, ello forma parte del principio de igualdad de oportunidades.

Se afirma que la vejez es un espacio de fragilidad y vulnerabilidad, pero también lo es de erróneas interpretaciones. Según un estudio realizado por la compañía de seguros francesa SCOR, especializada en seguros de vida a largo plazo, el índice de dependencia a los 70 años es inferior al 5%, dato que coincide con las afirmaciones de Kastenbaum (1980, págs. 17-18). Por tanto, las personas mayores experimentan un nivel de independencia y un relativo buen umbral de salud. El día 15 de abril de 1999, la Federación Europea de Jubilados y Personas Mayores (FERPA) promovía que grupos de jubilados y pensionistas se manifestaran, en las principales capitales de nuestro continente, para reclamar a la Unión Europea una legislación comunitaria que proteja sus derechos. Y entre ellos, se incluyen, por supuesto, la *jubilación flexible y el trabajo parcial.*

Es frecuente escuchar la palabra «solidaridad» aplicada a las personas mayores. Todos experimentamos, más o menos, la necesidad de ser solidarios. Pero no es habitual escuchar ni leer referencias al problema social de *las escasas relaciones y la poca solidaridad entre las diferentes generaciones que viven un mismo momento histórico, o entre las diferentes generaciones de una misma sociedad o comunidad.* Una sociedad es solidaria cuando las partes del todo son interdependientes, se comunican y lo hacen de manera intergeneracional. Ser solidario es compartir con los demás los derechos y obligaciones derivados de una convivencia.

De hecho es la educación moral la que nos obliga a contar con los demás. Moral es sinónimo de regular nuestras acciones por razones que van más allá de nuestros impulsos egoístas, moral es ser solidario con el grupo. La solidaridad social, dice Gambeta, «es la más sagrada de las leyes humanas».

3.3. Educación social y personas mayores

Todos tenemos derecho a elegir nuestro estilo de vida; todos tenemos derecho a ser generación y a decidir por nosotros. Pero para alcanzar esos derechos tenemos que fomentar y educar los mecanismos de defensa de la integridad personal, en especial la de aquellos ciudadanos que de alguna manera viven en situaciones menos favorecidas.

«Educación a lo largo de toda la vida», proclama el último informe Unesco del señor Jacques Delors. Se trata, pues, de retornar a los orígenes de la educación. Es «la aldea global», es la sociedad quien nos educa. Por tanto, la educación debe prestar su atención a todos los ciudadanos, a los «excluidos y no excluidos», a los que tienen conflictos con la sociedad y a los perfectamente adaptados, a los más jóvenes y a las personas mayores. Es preciso que todos los ciudadanos tengamos la capacidad de adaptarnos a los cambios sociales, que se nos ofrezca la posibilidad de desarrollar nuestras emociones y sentimientos. Y es preciso hacerlo a lo largo de toda la vida, en todos los espacios, los escolares y los no escolares. En resumen: la educación es un derecho de la infancia, de las personas adultas y también, por supuesto, de las personas mayores.

Si la educación capacita para vivir con los otros, para comunicarnos, para comprender y entender qué es la sociedad y ayudar a las persones que en ella viven, debe contemplar la realidad de las personas mayores. Si «aprender a vivir juntos da más dividendos», la educación debe preocuparse y ocuparse de todos los ciudadanos, del hombre y de la mujer, de las personas, como dice el poeta Lizano, «rectas y de las personas curvas», de los jóvenes y de los mayores.

Persuadidos de que el desarrollo de las personas es un derecho a lo largo de toda la vida, no parece coherente que nuestras instituciones ayuden a crear la sensación que la vejez sea un periodo de pasividad y aislamiento inevitable. Si deseamos una sociedad de todos y para todos, es preciso iniciar acciones educativas que potencien la participación ciudadana de todas las personas, prescindiendo, por supuesto, de su edad.

Es función de la educación social evitar que las personas mayores sean meras receptoras pasivas y fomentar que adopten una posición activa en la identificación y solución de los problemas que les afectan. Es importante no convertir algunas de nuestras instituciones sociales en espacios de desvinculación para las personas mayores. Si queremos una sociedad para todas las edades, instituciones y espacios sociales tan importantes como los centros municipales, las escuelas, las universidades, etcétera, deberían permanecer realmente abiertas a las personas mayores. Es preciso hacer una auténtica educación social pensada y diseñada para las personas mayores.

En el sistema educativo —principalmente en Primaria y Secundaria— se debería hablar de las personas mayores. Ahora bien, debe hacerse apartándose de tópicos y explicando las características biológicas, psicológicas y sociales del envejecimiento de manera real. No tiene sentido que al estudiar la persona y sus cualidades se hable siempre de la edad adulta, sin hacer referencia alguna a las personas de más edad.

Los programas educativos deberían incorporar, de forma ordinaria y no como una excepción, la realidad social de las personas mayores. El proceso de envejecimiento debería convertirse en un contenido escolar, ya que informar a los jóvenes acerca de los cambios que se dan a lo largo de la vida puede ayudar a mejorar las relaciones intergeneracionales y facilitar la comprensión de cómo son las personas mayores. Dado que algunos municipios han tenido el acierto de *abrir las escuelas* a la comunidad, sería oportuno también *abrirlas a las personas mayores*.

La educación social precisa hacer suya la idea de que los diferentes grupos de edad no tienen una mentalidad análoga ni unas mismas experiencias y sensaciones. No configuran, en suma, un grupo social unitario. Al contrario, son colectivos polivalentes en capacidades y maneras de situarse frente al mundo. Quizá por ello, si lo que hacemos es llenar de nihilismo la vida de las personas mayores de hecho estamos muy alejados de una auténtica educación social.

Pensemos, sin embargo, que educar no quiere decir dirigir la vida a nadie. Nuestros mayores tienen derecho a elegir su estilo de vida, tienen derecho a ser generación y a decidir por ellos mismos. Necesitan, más que nunca, decidir de manera autónoma su plan de enriquecimiento personal. La persona mayor quiere aprender por sí misma y quiere dar sentido a su vida de manera personal y autónoma.

Si la educación es sinónimo de socialización, si somos resultado de diferentes factores sociales y la persona se socializa y modela a través del grupo, las personas mayores no pueden, ni deben ser una excepción a ese proceso socializador. Pensamos que a los tres clásicos tipos de socialización (primaria, secundaria y terciaria), cabe añadir la socialización de las personas mayores, es decir, la socialización «cuártica». En resumen, tendríamos que educar los mecanismos de defensa de la integridad personal de los mayores, en especial la de aquellos que de alguna manera viven en la marginación.

Es evidente que la educación social debe tener en la inclusión, en la igualdad y en la participación social sus principales referentes. Participación que, por supuesto, implica cierta dificultad para las personas mayores, ya que integrarse en una sociedad en continuo cambio, en unos valores y contenidos de una sociedad global, y hacerlo a partir de unos esquemas arraigados a lo largo de toda una vida, es siempre educativamente complicado.

Algunos autores afirman que el principio de la «unicidad» es importante para las personas mayores. Se pone de manifiesto, pues, la importancia de una orientación individualizada al programar los contenidos socializadores con las personas mayores. La educación social, o la pedagogía gerontológica, puede favorecer la adquisición de nuevas habilidades y técnicas de aprendizaje, principalmente si tiene en cuenta que las personas mayores utilizan, con frecuencia, habilidades no adaptadas al entorno educativo actual, y ello debe tenerlo presente la educación. La ausencia de una auténtica educación social se observa, principalmente, en los prejuicios acerca de gente mayor.

Pero, ¿de verdad las personas mayores necesitan socializarse? La respuesta es evidente: sí. No sólo necesitan socializarse, sino que además ellos pueden ayudar a una justa socialización de los demás grupos de edad. Si la educación es un compromiso a lo largo de toda la vida y de toda la sociedad, lo es también, qué duda cabe, la socialización y la educación de las personas mayores. Pero para socializarnos necesitamos relacionarnos, comunicarnos. Porque, no lo olvidemos, cuando alguien pierde sus roles sociales, cuando le sustraemos de toda obligación, más grande es su aislamiento respecto a los demás. El no querer ser carga para los demás se traduce en aislamiento para la persona mayor.

Está demostrado que cuando una persona se encuentra en un medio hostil, menos desarrolla sus propias actividades. Qué significativa es, en este sentido, aquella frase escuchada mil veces por muchas persones mayores: *¿Qué queréis que haga*?, pregunta un anciano. *Nada, no es preciso que haga nada,* contesta el más joven. Ante esta situación, la solución es una pedagogía de la acción. Pero sabemos que si una persona tiene miedo a que sus acciones no sean aceptadas por los otros, eso reduce, e incluso paraliza, su propia actividad. La educación social sólo debe temer al temor. Ése es el único miedo real.

Para envejecer satisfactoriamente es necesario tener una actitud positiva y abierta frente a la vida, así como formar parte y sentirse parte de la sociedad. La sociedad tiene ciertas obligaciones respecto a las personas mayores y, al mismo tiempo, la gente mayor tiene también responsabilidades frente a la sociedad. Ahora bien, en la medida que en la sociedad de hoy los hábitos y costumbres cambian muy rápidamente, es importante que las personas estén en continuo proceso de socialización. Es necesario que la sociedad esté informada de las necesidades y valores de la infancia, de los jóvenes, de los adultos y de las personas mayores.

En sentido estricto, las posibilidades de socialización y de relación intergeneracional dependen, en gran medida, del intercambio periódico de información: qué problemas existen en nuestro entorno social, qué piensan, qué hacen y qué necesitan los diferentes grupos sociales es el fundamento de toda educación social. No olvidemos que sólo un problema conocido es un problema con posibilidad de ser solucionado.

Ante los constantes cambios sociales, es importante fomentar trabajos de investigación, recoger y sistematizar las diferentes informaciones, promover su difusión y facilitar el contacto entre los grupos y entidades interesadas en esta temática. Los datos referentes a la gente de más edad son esenciales para diseñar políticas y programas que aseguren su integración en la sociedad. Identificar objetivamente las situaciones y los espacios de riesgo es siempre una acción preventiva.

De la misma manera que la realidad de las personas mayores no aparece en los contenidos escolares, la imagen de las personas mayores que transmiten los medios de comunicación y la publicidad pensamos que es parcial y no corresponde a la realidad actual. Se tendrían que superar ciertos tópicos acerca de la gente mayor, como por ejemplo, su limitada autonomía, su casi nula función o estatus en la sociedad, etcétera. Los medios de comunicación tendrían que hacer un esfuerzo coordinado a fin de resaltar la «normalidad» del proceso de envejecimiento así como la importancia social de las personas mayores.

El futuro depende del presente y será la sombra de lo que ahora hacemos, se dice con frecuencia. Pero, ¿de verdad, en nuestra sociedad, las personas mayores tienen derecho a elegir su personal estilo de vida, sus actividades sociales y culturales, tienen derecho a ser generación y a decidir por ellas mismas? Si la sociedad es sinónimo de relación, si nuestras experiencias comunes dan cohesión al grupo, si el derecho a una existencia cultural supone convivencia con todos los sectores sociales, si supone libre acceso a la formación cultural y recreativa, es evidente que las personas mayores, como grupo, no siempre deciden por sí mismas. Por lo tanto, la educación social no puede obviar la realidad de las personas mayores.

El concepto de bienestar social entendido como salud pública y salud comunitaria, debe incluir la socialización en todos sus límites. En consecuencia, la educación social debe estar presente en las instituciones gerontológicas y en la sociedad en su conjunto. Ahora bien, esta afirmación, hoy fácilmente asumible, es fruto de un largo proceso. Uno de los primeros pasos se dio en el año 1972, en Tokio, cuando se reconoció el derecho de las personas mayores a estar incluidas en los programas de educación de adultos.

En la Sesión de la Asamblea Mundial de la Salud de 1977, se manifiestó que el primer objetivo para el año 2000 sería alcanzar una vida socialmente productiva para todos los ciudadanos. Más tarde, en el año 1978, la conferencia organizada por la OMS en Alm-Ata (Kazakhstán, antigua URSS) define la salud como capacidad para la actividad orientada hacia el bienestar y como portadora de sentido dentro del marco comunitario. Se estaban poniendo las bases para una auténtica socialización de las personas mayores. Dos años después, en la reunión de la Región Europea de la OMS organizada en la ciudad de Fez bajo el lema de «Salud para todos en el año 2000», entre sus objetivos se especifica el «añadir vida a la vida». En este documento se afirma también que «uno de los aspectos más importantes del entorno social, que también es esencial para preservar la salud de la persona, es poder obtener y mantener una relación social gratificante».[43]

En 1982, en Viena, tuvo lugar la Asamblea Mundial sobre el Envejecimiento.[44] En ella se especificaron una serie de propuestas que es preciso tener en cuenta en este breve itinerario de la educación social y las personas mayores. Se afirmó, por ejemplo, que el bienestar social era un derecho de todas las personas, y se reconocía la contribución de las

43. Véase la obra *Gerontologia*, publicada por el Institut Català de Noves Professions, de la Generalitat de Catalunya, Barcelona, 1992, pág. 32.

44. Consciente de la necesidad de hacer frente a los problemas derivados del progresivo envejecimiento demográfico, la Asamblea General de las Naciones Unidas, en su resolución 33/54 de 14 de diciembre de 1978, decidió convocar la Asamblea Mundial sobre el Envejecimiento, celebrada del 26 de julio al 6 de agosto de 1982 en Viena. En ella se aprobó el Plan de Acción Internacional, compuesto de 62 recomendaciones que abarcan la mayoría de los derchos de las personas mayores y que han servido de guía para todas las posteriores acciones sociales.

personas mayores a la sociedad. Se solicitó también una educación para toda la población acerca de los procesos biosociales del envejecimiento, así como una real participación de las personas mayores en la elaboración de las políticas sociales que les afectan directamente. Se pedía, además, favorecer la independencia funcional de estas personas, evitar la segregación de ciertas propuestas institucionales, fomentar la educación de los hábitos dietéticos, etcétera. Se trata de una evidente propuesta de educación social dirigida a las personas mayores. Posteriormente, mediante la Resolución 46/91 de 16 de diciembre de 1991, se aprobaron los Principios de las Naciones Unidas en favor de las Personas de Edad, cuyo objetivo ha sido «dar más vida a los años que se han añadido a la vida».

En una sociedad competitiva como la nuestra es importante recuperar la fuerza social de las personas mayores. Por ellos y por nosotros. Quizá por ello, entre los objetivos de la reciente celebración del Año Internacional de las Personas de Edad, se priorizó el asociacionismo de las personas mayores en defensa de sus propios intereses.

En otras palabras: un envejecimiento satisfactorio y saludable dependerá, cada vez más, de la socialización, es decir, de la capacidad para la participación ciudadana. No olvidemos que una sociedad sólo lo es en sentido estricto si favorece la inclusión y rechaza todo aquello que puede generar la exclusión social. Y la desvinculación de las personas mayores es una forma más de exclusión.

La educación social puede impedir que a partir de la teoría de la desvinculación se produzca un descompromiso de la sociedad respecto a la gente mayor, considerada «a priori» poco capacitada para la vida en sociedad, principalmente en las grandes ciudades. Con todo, no es suficiente que la sociedad se comprometa con las personas mayores. Debemos evitar, al mismo tiempo, que se legitime o justifique el descompromiso de algunos de nuestros mayores respecto a su entorno y los problemas de la ciudad donde viven.

Una característica de nuestra cultura «posmoderna» y «competitiva» es, como sabemos, el mito de la *velocidad*. «Progresa», «acelera», «más deprisa», «no a la lentitud» son algunos de los nuevos tópicos. Pero lo cierto es que tenemos una sociedad con dos velocidades: una rápida (la económica) y otra lenta (la social). Vivir deprisa, ir deprisa, ir más lejos, el culto a la velocidad, en suma, genera permanentemente la impaciencia de quedarse atrás, ya que el *tiempo* es el gran valor de nuestra *época*. No olvidemos, sin embargo, que tiempo y espacio son valores relativos. Uno y otro tienen, para las personas mayores, distinta importancia a la que pueden tener, por ejemplo, para un adulto que se inicia en el mundo del trabajo. La educación social debe respetar esa «personal» valoración del tiempo y velocidad por parte de las personas mayores.

Todos pertenecemos a esta época. Las personas mayores también. Por lo tanto no es correcta aquella expresión tantas veces escuchada en boca de algunas personas para referirse al pasado: «en nuestra época...». Nuestra época es la de hoy, y es la de todos, la de los jóvenes, la de los adultos y la de la gente mayor. Aunque la educación social no pueda cambiar ciertas cosas y ciertas características, sí es competencia suya intentar comprometer a las personas mayores con la sociedad de hoy, pero respetando su derecho a ir a diferente velocidad que el resto de la sociedad. Saber envejecer es aceptar las limitaciones sin que ello suponga una pérdida de libertad.

La educación social debe prever las situaciones de «conflicto» que puedan darse entre los usuarios de la sociedad, principalmente entre los sectores de población joven y las personas mayores. De la misma manera que los parques, plazas, jardines, etcétera, son de todos los ciudadanos, los centros educativos, los centros cívicos, los espacios comunitarios, etcétera, nos pertenecen también a todos, niños y niñas, jóvenes, adultos y personas mayores. En consecuencia, se debe facilitar el acceso de los mayores a los bienes de la educación, de la cultura, del deporte y de las actividades recreativas, al menos en igualdad de condiciones que el resto de los ciudadanos. Parece conveniente promocionar programas educativos en los que las personas mayores sean los maestros y los transmisores de sus conocimientos y experiencias.

En una sociedad cada día más longeva, la educación social debe facilitar que las personas mayores aprendan a pensar y a diseñar, de manera personal, su propia cualidad de vida. Pero la cualidad de vida de las personas mayores es un problema, en parte, de participación, de «ciudadanía». Las personas mayores pueden y deben aportar su experiencia y prestar un servicio a la sociedad. Ésa es también una actividad que debe asumir la educación social. Convencidos que el contexto es muy importante para poder envejecer de manera satisfactoria y para garantizar una cualidad de vida independiente, se deberían iniciar estrategias a fin de que las personas mayores participen activamente en la gestión de aquello que más les afecta: *dónde vivir y cómo vivir*.

A pesar de las anteriores reflexiones acerca de la función de la educación social en el ámbito de las personas mayores, es preciso ser conscientes de que nos encontramos ante un tema de difícil precisión y de ricos matices. En sentido estricto podemos afirmar que, como realidad profesional, la educación social en favor de las personas mayores apenas existe. En todo caso asoman experiencias, actuaciones esporádicas. Nos encontramos ante un campo profesional emergente... y también por estudiar.

Alexandra Withnall considera que ninguna definición de esa realidad llamada «personas mayores» es convincente, ya que una persona de 70 años y otra de 90 son dos realidades bien distintas. ¿A cuál de ellas nos referimos al hablar de participación o autorrealización? En otras palabras: el trabajo pedagógico en este campo es mucho... y estimulante. En primer lugar es preciso perfilar la categoría y realidad psicológica y social de las personas mayores, para a continuación determinar cuáles pueden ser los objetivos educativos y cuáles las características de los educadores sociales que trabajan en el campo de la gerontología. El problema radica en que, de no afrontar esta reflexión con prontitud, puede suceder que la educación social no esté preparada para dar respuesta a una necesidad social emergente: la de ofertar una auténtica ayuda educativa a las personas mayores.[45]

45. Un de los autores que, en nuestro país, ha abordado el tema de la reflexión y el discurso alrededor de las personas adultas y personas mayores con más precisión es el profesor Juan Sáez. A manera de ejemplo, citaremos el artículo «El discurso educativo en favor de las personas mayores: el papel de la reflexión», en García Mínguez, J. (comp.), *I Jornadas sobre personas mayores y educadores sociales*, Granada, Grupo Editorial Universitario, 1998, págs. 27-55.

La sociedad necesita de las personas mayores... y éstas de la sociedad. Una y otra son realidades inseparables, ya que como dice Aranguren (1992), la vejez es una autorrealización personal y social. Ahora bien, sin renunciar a la solidaridad, ya que sin ella no se es persona, se tendría que fomentar, o al menos respetar, el derecho de los mayores a disponer de una vida independiente. Con palabras de Antonio Elorza, diremos que:

> El concepto de solidaridad no es un mito, no es en absoluto mítica. Es absolutamente necesaria en el mundo de hoy... No es construir el paraíso, es huir del infierno.[46]

3.4. Temor, humor... y amor en educación social

Dadas las especiales características de las personas mayores y sus problemas, la educación social precisa en muchas ocasiones una buena dosis de humor. Ramon Llull decía que «se ha de educar con temor y amor». Nosotros pensamos que en educación social es preferible «educar con humor y amor».

La educación de las personas mayores se encuentra hoy entre dos modelos enfrentados. Por un lado convivimos con los principios de una sociedad de la inclusión, intentando integrar a los inmigrantes, a los diferentes. Pero al mismo tiempo observamos actuaciones propias de una sociedad de la exclusión: enfermos, ancianos, parados, los que no son como nosotros, los excluimos de muchas de las ventajas que ofrece nuestra sociedad. Y algo es evidente: o la educación social trabaja en favor de una sociedad de la inclusión o dejará de ser auténtica educación.

Carlos Barral, en sus memorias, recordando sus años de escolaridad escribe esta terrorífica frase: «Alejad de mí ese tristísimo pedagogo.» Los educadores hemos de recuperar el sonreír y hemos de educar la sonrisa, pues reír es una cosa muy importante y seria. Kant dice, como todos

46. Antonio Elorza es catedrático del Pensamiento Político de la Universidad Complutense de Madrid. La cita corresponde a un artículo publicado en *El País* el día 17 de septiembre de 1992.

sabemos, que la facultad estrictamente humana es la capacidad de ser educado. Pero no es menos cierto que reír es otra capacidad distintiva del hombre. Sólo las personas reímos, sólo nosotros somos capaces de manifestar ese estado de ánimo que nos predispone a estar contentos, a mostrarnos amables y solidarios.

Reír es un acto de comunicación, y en consecuencia, resultado de un proceso educativo. «Reír es un acto de la inteligencia», afirma Bergson. El hombre ríe porque piensa. «Dime cómo ríes y te diré quién eres» podría convertirse en un eficaz eslogan de publicidad social. Siendo así, ¿por qué, entonces, se relaciona la educación social con el temor y no con el humor? Reír es, habitualmente, un acto físico resultado de una operación intelectual. Reír es un acto fisiológico ligado a una situación de alegría fruto de un aprendizaje. Si aprendemos a leer, a escribir y a reír dentro de una cultura, hemos de educar con humor, aunque sólo sea por si acaso tiene razón el pueblo al afirmar que «la alegría alarga la vida».

Ser una persona mayor no es una situación dramática. Y reír no es malo o pernicioso, como afirmaba Jorge de Burgos a Guillermo de Baskerville en *El nombre de la rosa*, de Umberto Eco, convencido de que el libro más temible y peligroso era el *Libro de la Risa*. La educación social no debe hacer caso, tampoco, a Platón cuando, en *Las Leyes*, aconseja evitar el reír. Claro, él murió octogenario y, según cuentan, en toda su vida se le vio reír. El humor y la risa son facultades superiores a despertar y explotar educativamente. «Reír es un signo de libertad», decía Spinoza, y, si algo necesitan comprender nuestros mayores, es precisamente que pueden ser libres aprendiendo y riendo.

El humor, como recurso didáctico, tiene una función desdramatizadora, tiene una función lúdica, estética e intelectual. Einstein, que por cierto no lo pasó muy divertido en su periodo escolar, de viejo decía: «La enseñanza ha de ser como un regalo, no como una obligación». Educación adaptada al ritmo, los esquemas y ritmos ya asentados en las personas mayores, no permitir que los ancianos acepten los estereotipos acerca de la senectud, pedagogía de la compensación de facultades, etcétera, son principios a los que cabe añadir otro: a la educación de las personas mayores le sobra temor y le falta humor.

Los educadores nos debemos a la verdad, pero, «¿qué impide decir la verdad de forma más humorística?» se pregunta Horacio. Educar es hacer la vida más agradable, es aprender a vivir feliz, es hacer cultura riendo. No hay espíritu perfectamente formado si le falta humor. Lo sabemos: no hay gesto inocente ni pensamiento inofensivo, por lo tanto no es con el temor, sino con el humor como podemos ayudar a los mayores a ser más libres. La tercera edad tiene problemas, graves problemas, todos lo sabemos. Abordémoslos sin temor, y con un poco de humor. Las caras tristes son pedagógicamente poco solidarias.

Los educadores sociales no nos podemos permitir la insensatez de ir de «trágicos solidarios». Ir de trágico por la vida es cosa de poetas, no de educadores o de personas solidarias y comprometidas.

Bibliografía

Aranguren, J. L., *La vejez como autorrealización personal y social.* Madrid, Inserso, 1992.

Bopp, L., *Sentido y misión de la vejez*, Madrid, Studium, 1996.

Díez Nicolás, J., *Los Mayores en la Comunidad de Madrid. Estudio sobre las necesidades y recursos para la tercera edad*, Madrid, Fundación Caja Madrid, 1996.

Díaz Plaja, F., *El arte de envejecer*, Oviedo, Nobel, 1995.

Fernández López, E., *Psicología de la vejez*, Granada, Adhara, 1994.

Inserso, *III Congreso Nacional de la Organización de Mayores*, Madrid, Inserso, Fundación independiente, Fundación MAPFRE Medicina, 1998.

Kastenbaum, R., *Vejez, años de plenitud*, México, Harper & Row, 1980.

Lara, J. y Cubero, V., *Las personas mayores*, Madrid, CCS, 1993.

Limón Mendizábal, M. R., «La educación de las personas mayores», en Petrus, A. (comp.), *Pedagogía social*, Barcelona, Ariel, 1997.

Moragas Moragas, R., *Gerontología social. Envejecimento y calidad de vida*, Barcelona, Herder, 1991.

Sáez, J. (comp.), *La Tercera Edad. Animación sociocultural*, Madrid, Dykinson, 1997.

Sánchez Caro, J. y Ramos, F., *La vejez y sus mitos*, Barcelona, Salvat, 1982.

4
EL DEPORTE COMO FACTOR DE SOCIALIZACIÓN

4.1. Deporte: un fenómeno social y un factor socializador

Como es sabido, en sus orígenes, los Juegos Olímpicos estuvieron relacionados con los mitos y los ritos religiosos. De ahí que los triunfadores ofrecieran la victoria al dios Zeus y que su recompensa fuera, únicamente, una corona de olivo sagrado. A través de los Juegos Olímpicos los griegos pretendían crear conciencia de panhelenismo, desarrollar un sentimiento estético y prestar una especial atención al cuerpo humano. El deporte era para ellos un factor educativo y un recurso de mejora física y espiritual de los ciudadanos.

Con el paso de los años, los Juegos Olímpicos sufrieron algunos pequeños cambios. Así, por ejemplo, la victoria no sólo se dedicó a los dioses: era también un honor para el deportista, que pasó a ser considerado como un héroe y, en ocasiones, incluso, fue deificado. La ciudad de procedencia del campeón se sentía, asimismo, partícipe de la victoria de uno de sus ciudadanos. Además, la vida del deportista vencedor mejoró notablemente gracias a las pensiones vitalicias.

No deja de ser significativo, por otro lado, que el deporte moderno naciera en los «colleges» ingleses de la época victoriana. El historiador británico Tomas Arnold, director del colegio Rugby durante los años 1827-1842, creó una serie de deportes y organizó los primeros campeonatos a fin de que sus alumnos, a través de la competición deportiva, mejoraran su capacidad física, la responsabilidad y el «fair play», es decir, se socializaran a través del deporte.

Con ocasión de los Juegos Olímpicos celebrados en la ciudad de Roma en 1960, François Mauriac, premio Nobel de Literatura francés, definió el siglo xx como el «Siglo del deporte». En efecto, si en nuestra sociedad existe un «universal cultural», o sea, un fenómeno que despierte el interés de todas las sociedades, si hay un fenómeno de entidad multicultural, éste es el deporte. El deporte es un fenómeno universal, universal es su lenguaje y universal su atractivo en todas las sociedades.

Ello es así, posiblemente, porque como decía José María Cagigal (1996, pág. 17), el «deporte es una propiedad metafísica del hombre. Es decir, que dondequiera que se da el hombre se da el deporte; y sólo en el hombre se puede éste concebir». Quizá por ello, el deporte tiene funciones lúdicas y de salud, se relaciona con la competición, con la socialización, con la comunicación, con la política, la economía... y con la educación social.

El término «deporte» significó, originariamente, diversión, uso sano e inteligente del ocio. De ahí que, tradicionalmente, se le hayan atribuido funciones lúdicas y haya sido considerado también como un importante factor de cohesión social. El deporte es un conjunto de ejercicios corporales realizados con finalidades varias: entretenimiento, descanso de las actividades intelectuales, mejora de las condiciones físicas y de salud, medio para ganarse la vida, etcétera. En otras palabras: deporte es hoy un valioso factor del siempre complejo proceso de *socialización* del individuo.

El deporte puede ser un eficaz instrumento de *integración* y de *socialización* ya que puede facilitar que el individuo biológico se convierta en individuo social y asimile las normas y valores del grupo social. Ahora bien, con la mera participación deportiva no se garantiza la adquisición de los valores sociales inherentes al deporte. Son las condiciones de su práctica las que le confieren sus posibilidades socializadoras. El deporte deviene un positivo factor social si su diseño es el adecuado.

Como actividad fundamentalmente física, pero también intelectual y competitiva, el deporte puede aportar innegables beneficios físicos y psíquicos a los ciudadanos, sean practicantes o espectadores. Ahora bien, el predominio del deporte de alta competición, la obsesión por la victoria, el dramatismo del estadio como lugar de concentración deportiva, la fastuosidad con que celebramos el triunfo, la idolatría con que premiamos al superhombre campeón es lo que, en muchas ocasiones, distorsiona los auténticos valores sociales del deporte.

Las investigaciones acerca del deporte como factor de socialización pretenden demostrar que el deporte puede facilitar u obstaculizar el correcto aprendizaje de normas, valores y habilidades sociales. Pero lo cierto es que no se ha explicado, científicamente y de manera convincente, «cómo y por qué el aprendizaje social es mejor en unos deportistas que en otros».[47] Con todo, estamos convencidos: el deporte puede contribuir a un más racional orden social. Y puede servir de estrategia de *prevención social*. En nuestro contexto cultural y social el deporte es un inmejorable instrumento de socialización y de prevención educativa.

Según la Carta Europea del Deporte adoptada por el Comité de Ministros el 24 de septiembre de 1992, *deporte* es «todo tipo de actividades físicas que, mediante una participación, organizada o de otro tipo, tengan por finalidad la expresión o la mejora de la condición física y psíquica, el desarrollo de las relaciones sociales o el logro de resultados en competiciones de todos los niveles».[48] El deporte supone, pues, relación, convivencia, integración, aprendizaje de normas sociales. El deporte favorece, en suma, el *aprendizaje social*.

Desde que Durkheim (1976) afirmara que la educación consistía en una socialización metódica de la generación joven, el deporte puede ser definido como un eficaz recurso para que el *individuo biológico* se convierta en *individuo social*. La socialización no puede considerarse como un

47. Véase el interesante artículo «Papel de los agentes de socialización en deportistas en edad escolar», publicado en la *Revista de Psicología del Deporte*, Federación de Asociaciones de Psicología del Deporte, Universitat de Les Illes Balears, vol. 7, nº 2, 1998, págs. 295-310.

48. Véase el artículo 2 de la Recomendación nº R (92) del Comité de Ministros a los Estados Miembros sobre la Carta Europea del Deporte (adoptada por el Comité de Ministros el 24 de septiembre de 1992).

elemento facultativo, sino como algo «esencial a toda actividad deportiva, a toda política y a todo tipo de gestión que se realice en el campo del deporte».[49] La socialización a través del deporte incluye el «fair play», el «juego limpio», implica respeto al adversario.

El deporte socializador es, en nuestra sociedad, una actividad de todos conocida, aunque no siempre educativamente aprovechada, quizá porque está excesivamente contaminado de los modelos y principios del deporte federado y de competición. Quizá por ello corremos el riesgo de que las actividades deportivas puedan ser raptadas por otros intereses. Dicho de otra manera: es preciso que la educación social reivindique la función socializadora del deporte y reclame su adecuada función en el conjunto de la sociedad. De la misma manera que la «cultura no se conserva: se cultiva y se enriquece o se pierde» (Bunge, M. 1985, pág. 15), no podemos ignorar la importante función socializadora de ese universal denominado «deporte». Deporte que debe cultivarse, fomentarse y enriquecerse.

4.2. El deporte como recurso de educación social

Nadie que conozca los beneficios derivados del deporte puede poner en duda sus positivos efectos educativos y formativos. Sin embargo, como afirma Fraile (1996, pág. 3), con la «mera participación no se garantiza la adquisición de valores educativos». En otras palabras, la práctica deportiva, por sí misma, no parece que «infunda valores o cualidades morales deseables» (Devis, J., 1995, pág. 457). Son las condiciones de la práctica deportiva las que le confieren sus posibilidades educativas.

Como sabemos, la adquisición de competencias sociales es uno de los principales retos de la educación social. La integración social pasa hoy por la formación y el entrenamiento de habilidades sociales desde distintas metodologías, siendo, pensamos nosotros, la metodología deporti-

49. Véase «Introducción» del Anexo a la mencionada Recomendación nº R (92).

va una de las más eficaces para determinados sectores de nuestra población.

Si educar supone incidir en las estructuras cognitivas y afectivas del sujeto, si educar es facilitar un cambio en el repertorio conductual y adquirir las habilidades necesarias para integrarse en el grupo, el deporte no puede ser ignorado por la pedagogía social. El deporte posee un alto grado de motivación para los más jóvenes y puede ser un eficaz recurso para aprender a ganar y perder, para hacernos tolerantes. Si la educación es lo que recibimos de nuestros educadores y de los políticos cuando piensan que no nos educan, si es también fuera del aula donde se configura la personalidad, *la educación es hoy más que nunca función de toda la sociedad.*

La Constitución, la LODE y la LOGSE afirman que la escuela es una institución pública con voluntad de servir a todos los ciudadanos. En consecuencia, no tiene sentido que en algunas comunidades españolas el deporte escolar sea considerado como una actividad alejada de los objetivos educativos. Si practicar un deporte formativo es un derecho, si pretendemos «*compensar las desigualdades en la educación*», qué sentido tiene hacer integración en las aulas y fomentar, simultáneamente, discriminación en la práctica deportiva.

Dado que hacer deporte es un derecho constitucional y una actividad educativa más, ¿cómo justificar que el escolar poco competitivo, que la niña poco hábil o el niño obeso se vean obligados a dejar su grupo natural de amigos y sean rechazados a la hora de practicar deporte? El argumento no puede ser, por supuesto, la competitividad, el ganar. Ello supondría admitir una cierta violencia institucional por parte de las autoridades responsables del deporte socializador y educador.

¿Qué racionalidad pedagógica puede justificar, entonces, que hagamos integración de las diferencias en el aula, que defendamos la igualdad de sexos, que hablemos a nuestros escolares de los valores de las diferencias y de la interculturalidad, si después, en el campo de deportes, discriminamos al escolar no competitivo, al que tiene «la diferencia» de ser poco hábil en saltar o en introducir la pelota en una portería? ¿Qué diríamos del profesor de matemáticas si rechazara a los alumnos poco hábiles para los números y sólo dedicara su atención a los escolares que demuestran un alto nivel de comprensión de la matemática? Si la educación social pretende que los niños y niñas se integren de manera adecuada en la sociedad, es necesario coincidir con J. García cuando afirma que «los modelos organizativos actuales del deporte escolar necesitan ser revisados» (VV. AA. 1995, pág. 397).

4.3. Deporte para todos y educación social

A partir de los años sesenta, algunos de los países más desarrollados iniciaron una campaña en favor de la difusión del deporte popular. Se pensaba que el modelo de deporte federado dejaba al margen de la práctica deportiva a gran número de personas, ya que no todas tenían fácil acceso a una práctica socializadora del deporte. Para evitar esta circunstancia, en 1975 se aprobó la Carta Europea del Deporte para Todos, en la que se afirma que todas las personas tienen derecho a practicar deporte, sin que éste tenga que relacionarse con rendimientos o marcas.

El Deporte para Todos se fundamenta en la participación como principal criterio. Su objetivo es que todos los ciudadanos tengan derecho y posibilidad de practicar deporte, y que puedan hacerlo lejos de resultados, rendimientos y medallas. Según el Consejo de Europa, el Deporte para Todos abarca no solamente al deporte propiamente dicho sino que incluye también varias formas de actividad física, desde los juegos espontáneos y no organizados hasta un mínimo de ejercicio físico realizado regularmente.

El llamado *principio de normalización* propugna que toda persona, por encima de diferencias o capacidades, tiene derecho de acceso a todas las áreas de la vida. Y la educación social, la educación física y el deporte no pueden ser, por supuesto, una excepción. La práctica deportiva por parte de las personas discapacitadas puede ayudar, por otro lado, a que mejore su imagen social y a que aumente su independencia y autodeterminación.

Con la seguridad que el deporte puede convertirse en un eficaz recurso de autonomía y autosuficiencia social para las personas discapacitadas, en 1987 el Consejo de Europa redactó la Carta Europea del Deporte para Todos: personas incapacitadas, en la que se recomienda que el diseño de las instalaciones deportivas debe tener presente las especiales condiciones de las personas incapacitadas. Eliminar los obstáculos en los transportes públicos, en los parques, en los jardines, en los edificios públicos, en las instalaciones de recreo, etcétera. son decisiones que, junto a la práctica deportiva adaptada, facilitarán que el deporte no sólo sea contemplado como un espectáculo sino como un derecho de los ciudadanos.

Si la Administración es responsable de satisfacer las necesidades de todas las personas, entre las que se encuentra el practicar un deporte socializador, integrador y promotor de salud, nadie puede quedar excluido de este derecho. No se trata de excluir la noción de competitividad y de rendimiento, sino de relacionar éstos con un rendimiento autoprogramado, con un rendimiento autopropuesto en función a la calidad de vida y al bienestar del practicante.

En sentido estricto, el deporte es un recurso de la educación social y debe concebirse como un servicio público. Es preciso diseñar nuevas instalaciones deportivas y generar políticas deportivas más respetuosas con el derecho de todo niño y niña, de todo hombre y mujer a practicar deporte. El Deporte para Todos defiende una actividad deportiva al alcance de «todos los miembros de la sociedad». El deporte para todos es un nuevo espacio de la educación social.

4.4. Deporte escolar, competitividad y educación social

Digamos, en primer lugar, que por «deporte escolar entendemos toda actividad físico-deportiva realizada (con fines formativos y educativos) por escolares desde su incorporación al sistema educativo hasta la finalización del periodo de escolarización no universitaria».[50] El deporte

50. Véase el Decreto del Gobierno Vasco 160/1990, de 5 de junio, sobre deporte escolar. (El paréntesis de la definición es un añadido del autor.)

escolar incluye las actividades deportivas realizadas indistintamente dentro y fuera del centro escolar, dentro o fuera del curso escolar y en el ámbito de los clubes u otras entidades deportivas de carácter privado. Ahora bien, el deporte escolar debe estar integrado en el sistema educativo. Es decir, corresponde a los centros escolares determinar cuáles son sus objetivos y debe ser suya también la responsabilidad de todo aquello que le afecte.

Cualquier propuesta deportivo-escolar debe gozar de aquellas condiciones formativas propias de las actividades escolares. No tiene sentido recurrir a ambiguas estrategias semánticas (deporte escolar-deporte en edad escolar-deporte extraescolar, etcétera) para justificar algo que por elemental lógica está fuera de discusión: toda actividad que venga adjetivada como «escolar» debe responder a objetivos única y exclusivamente educativos y formativos.

Si la escuela es responsable de la educación integral de los escolares, no tiene sentido que una actividad de tanta incidencia formativa como el deporte se excluya del Proyecto Educativo del Centro. Hacerlo es, en sentido estricto, privar a nuestros escolares del derecho de practicar deporte dentro de su proceso formativo. No olvidemos que los niños no son de los clubes o las federaciones. En todo caso los niños son de su futuro. Y ningún centro escolar puede olvidarlo.

Gracias a una investigación realizada para el Consell de l'Esport Escolar de Barcelona podemos afirmar que el deporte escolar está bajo la responsabilidad de entrenadores y preparadores con deficiente o nula formación. De la misma manera que exigimos que un maestro o profesor esté en posesión de un título que lo acredite frente a la sociedad, deberíamos pensar cuán conveniente es que una actividad de tanta trascendencia como el deporte escolar sólo sea encomendado a personas debidamente preparadas.[51]

La responsabilidad educativa de un profesional del deporte escolar no es inferior a la de otro profesor. Sin embar-

51. Un 52,31% de los entrenadores y preparadores de baloncesto y fútbol escolar de la ciudad de Barcelona admiten no tener titulación deportiva alguna. Además, y ello resulta tanto o más sorprendente, casi un 35% afirman no tener ninguna experiencia como jugador de baloncesto o de fútbol. Por otro lado, sólo un 30% entiende que el principal objetivo del deporte escolar es educativo o formativo.

go, no exigimos a ambos la misma preparación y titulación, por más que la labor educativa de un monitor o entrenador sea tanto o más importante que la de un profesor de ciertas materias escolares. Ésa es la realidad... y a ella debemos atenernos. Estos datos son una prueba más de que, en muchas de nuestras ciudades, propiamente el *deporte escolar no existe*. Existe deporte practicado por escolares, pero no deporte escolar.[52]

A pesar de sus valores pedagógicos, el concepto de deporte es equívoco, en parte porque se está contaminando de una cierta obsesión competitiva. Aquella frase del desaparecido Cagigal: «Mucho deporte y mucha ignorancia de sus valores pedagógicos» nos parece tristemente vigente.[53] Al deporte como humanismo, al deporte como aprendizaje del saber ganar o perder, al deporte como recurso de educación social, se opone un valor contaminante: la *competitividad.*

No se trata de cuestionar los valores pedagógicos de la competitividad deportiva. Lo que sucede es que al deporte como factor socializador, se opone el principio de *competitividad.* El deporte es competitividad, por supuesto, y ésta puede ser un valor pedagógico, ya que con ella se lucha contra el adversario, contra el tiempo, contra el espacio y contra sus propias limitaciones. La competitividad nos da, a su vez, la oportunidad de juzgarnos, de verificar nuestras capacidades y dar pruebas de tolerancia frente a los demás y ante el ganar y el perder.

El problema reside en que el deporte escolar se está contaminando de una cierta «obsesión competitiva». Cuando la tensión del deporte no acaba en distensión, cuando el de-

52. Joan Durà, presidente del Consell de l'Esport Escolar de Barcelona, no duda en afirmar que propiamente el deporte escolar no existe, ya que no está bajo la responsabilidad docente de la escuela y no siempre los objetivos del mismo son estrictamente educativos. En todo caso, existe deporte practicado por escolares. Véase la revista *Portanveu*, editada por el Consell de l'Esport Escolar de Barcelona, n° 4, 2° semestre de 1995, Barcelona, pág. 25.

53. Véase Petrus Rotger, A., «Infants, esport i socialització», en *Portanveu*, Barcelona, Consell de l'Esport Escolar de Barcelona, n° 3, 1r semestre de 1995, págs. 10-13, y Petrus Rotger, A., «Violència i esport escolar», en *Portanveu*, Barcelona, Consell de l'Esport Escolar de n° 5, 1r semestre de 1996, Barcelona, págs. 14-16.

porte no implica compañerismo ni colaboración, cuando no se prioriza la participación y la diversión sobre el rendimiento, cuando la diversidad no se antepone a la especialización, cuando para ganar se puede engañar... no nos estamos refiriendo al deporte escolar y socializador en su auténtico sentido.

En edad escolar la competitividad apenas debería ser insinuada. Ya se encargará la sociedad de transmitir, por otras vías, la obsesión competitiva. El deporte como factor de socialización debe tener un enfoque preventivo, educativo. Si nos obsesionamos con la competitividad, resulta difícil despertar simultáneamente una actitud comunicativa y solidaria. Se trata de situar la competitividad en su justa medida. Se trata de no permitir que la función socializadora y educadora del deporte queden superadas y anuladas por la competitividad.

Consciente de este problema, la Recomendación 1292 de la Comisión Permanente del Consejo de Europa insiste en la necesidad de limitar el comienzo de la alta competición a edades entre 16-18 años. Las lesiones físicas y psíquicas derivadas de la tensión que supone tener que ganar a cualquier precio aconsejan adaptar los entrenamientos y la competición a la edad y estado mental de los niños.

El Consejo de Europa nos alerta y aconseja no convertir el deporte escolar en un problema pedagógico más. Se trata de regular el deporte en edad escolar y legislarlo a fin de preservar a los menores de entrenamientos intensivos y obligar a que éstos sean razonables y formativos. Se recomienda, además, prestar especial atención a la formación de los entrenadores por su responsabilidad moral sobre los menores.

El afán competitivo y la obsesión por ganar no es argumento suficiente para dejar a ninguno de nuestros jóvenes deportistas sin el derecho constitucional de practicar el deporte que prefieran. El principio competitivo y la victoria no pueden convertirse en alternativa al placer y al beneficio físico, psíquico o social que el deporte comporta para nuestros chicos y chicas. *En resumen: si pretendemos que el deporte se convierta, de nuevo, en el importante factor de socialización que en otros tiempos fue, no tiene sentido que corramos el riesgo de someterlo a los condicio-*

nantes de la obsesiva competitividad de los deportes espectáculo.

Ahora bien, la responsabilidad de ese problema es imputable a todos, es compartida. ¿Cuántos padres al ver llegar a su hijo o hija de una competición deportiva escolar le preguntan: te has divertido, lo has pasado bien? Todos sabemos que la pregunta más habitual es: ¿has ganado? Estas actitudes son las que generan en los escolares esa *cognición social* de ganador, que luego se convierte en argumento o justificación del deporte competitivo.

El objetivo del deporte no puede ser nunca conformar unos ciudadanos fanáticos o bárbaramente competitivos y obsesionados con el ganar. En todo caso, defenderíamos un deporte que buscara formar «ciudadanos competentes». Estamos convencidos, además, que desde el punto de vista de la «competitividad económica» tan propia de nuestra Unión Europea, todo ciudadano competente deviene, por necesidad, en un ciudadano competitivo.

4.5. Por una pedagogía del perder

Es necesario concienciar a los responsables deportivos de que la lógica del deporte crea el ganador y el perdedor. Ganar y perder son las dos caras, la cara y la cruz de la moneda del deporte. Sin ellas el deporte renuncia a sus factores constitutivos, aunque el ganar no es la única esencia del deporte, como no lo es de ningún juego infantil. Cualquier niño sabe que es más importante el hecho de jugar que el de ganar.

El deporte espectáculo, el competir y ganar, no puede ser el espejo donde se refleje el deporte socializador. Competitividad y violencia, por ejemplo, no pueden ser los valores en los que, por imitación, aprendan nuestros escolares. Ganar es importante, pero también lo es que nuestros preparadores y entrenadores asuman la eficacia de una «pedagogía del perder», ya que miles de niños deportistas salen derrotados, cada semana, como consecuencia de la lógica del deporte que practican. De hecho, en el deporte son más los perdedores que los ganadores.

No olvidemos que la derrota también educa, posiblemente más que la victoria cuando ésta viene de la mano de la obsesión competitiva, de no respetar el derecho que todo niño o niña tiene a hacer deporte... Todo escolar tiene derecho a practicar un deporte... aunque en uso de ese derecho su equipo no gane.

Es necesario, pues, que el deporte socializador recupere la derrota como elemento positivo, no depresivo. Aceptar la derrota equivale a elevar el umbral de resistencia frente a la frustración. Y no lo olvidemos: una de las características de nuestros jóvenes que presentan problemas con la droga o la violencia es su bajo umbral de resistencia frente a la frustración. Aprovechemos el deporte para educar a nuestros escolares a que acepten la «frustración» de la derrota. En eso consiste, también, la educación social.

La educación social es asumir los valores necesarios para el desarrollo de la persona. Es aceptar la realidad. Es admitir y aprender de los errores, es superarse personalmente, es aceptar las propias limitaciones y es también reconocer los valores del contrario. Perder sin frustración y sin violencia es tanto o más importante que ganar.

Sólo cuando nuestros escolares aprendan a ganar y perder sin frustración, evitaremos actos de violencia deportiva y social. La violencia reactiva en el deporte (es decir, la violencia como reacción ante la provocación de otro o como reacción frente a la frustración de haber perdido una pelota o un partido) no tiene sentido que se aprenda, que se enseñe y que se valore en el deporte escolar. Cuando en nuestras competiciones escolares se da una cierta institucionalización de la violencia reactiva no tenemos derecho a hablar, con propiedad, de deporte socializador.

Esa perspectiva del deporte entra en contradicción con la actitud de algunos entrenadores y de muchos padres que troquelan y contaminan la idea que del deporte va adquiriendo el niño en nuestra sociedad. No es extraño, actualmente, descubrir casos de fracaso escolar cuyo origen hay que buscar en la frustración generada en las actividades deportivas y en el comportamiento de aquellos entrenadores que, por la poca habilidad del joven deportista, le rechazan, viéndose obligado éste a renunciar a su grupo natural de amigos o compañeros.

De ahí que, cuando la función educativa y socializadora del deporte escolar queda sometida al afán competitivo y al principio de victoria, cuando *ganar* es el único principio que da sentido a la actividad deportiva, estamos renunciando a la esencia misma del deporte. No es lícito hablar de deporte escolar cuando, por ejemplo, falsificamos la edad de los alumnos para así tener más posibilidades de ganar.

Estamos convencidos: el deporte será un nuevo espacio de la educación social cuando pueda ser practicado por todos los escolares, sin excepciones derivadas de culturas, religiones o de una mayor o menor aptitud deportiva por parte del escolar. Y de ello, repito, somos responsables todos. Padres, educadores, políticos y autoridades, agentes todos ellos de socialización, debemos adecuar nuestros comportamientos a la función educadora del deporte (Cruz, 1997).

4.6. Derechos de la infancia frente al deporte socializador

En la mayoría de países europeos el segmento de población con mayor propensión a la práctica deportiva es el comprendido entre los 6-13 años (un 60%), seguido del sector de edad que va de los 14-19 años (un 55%). Es de destacar, no obstante, que los adolescentes tienden a abandonar o cambiar la práctica deportiva que con anterioridad había gozado de su predilección. Esa «infidelidad» alcanza cotas importantes: casi un 70% en EE.UU., atribuyéndose ese abandono a causas como el excesivo énfasis competitivo, la obsesión por la victoria, la habilidad personal, resistencia al estrés, etcétera (Weinberg y Gould, 1995, Weiss y Chaumeton, 1992).[54]

Desde los años setenta se observa, asimismo, una positiva valoración del deporte por parte de los padres y madres, que, lejos de oponerse a que sus hijos practiquen deporte, están a favor de la implantación obligatoria de la práctica deportiva en la enseñanza. A medida que la edad de los deportistas avanza, aumenta el protagonismo de los entrenadores, educadores y compañeros. Sin embargo,

54. Véase Duran, Marc, *El niño y el deporte*, Barcelona, Paidós, 1998, pág. 17.

como hemos afirmado con anterioridad, la responsabilidad de una actividad de tanta importancia como el deporte socializador no siempre está en manos de profesionales adecuadamente preparados (Petrus, 1999, pág. 40). Como dice la profesora Menéndez (1991), los responsables de la educación física (padres, educadores, pediatras, entrenadores, autoridades, etcétera) no somos capaces de encontrar el equilibrio entre aprendizaje, juego y competición.

En este sentido, la opinión de los pediatras es casi unánime: la práctica de un deporte es beneficiosa para los niños comprendidos en edad escolar obligatoria. Ahora bien, son muchos los médicos que se muestran reticentes respecto al entrenamiento intensivo en edades precoces. Como dijo Pierre Delmas ante la Academia Nacional de Medicina de Francia, el prestigio que aporta una medalla a un equipo, a un club o a una nación, no merece que sean puestos en peligro la salud y el futuro de un niño.

El valor educativo de la competición es indudable, pero el afán competitivo y la obsesión por ganar no es argumento suficiente para dejar a ninguno de nuestros ciudadanos sin el derecho de practicar un deporte socializador. Si el maltrato infantil se define como aquella acción u omisión que pone en peligro el futuro del niño, la educación social debe respetar las capacidades y motivaciones personales de cada niño y adaptar a ellas la actividad deportiva. Desde esta perspectiva y después de haber revisado las legislaciones, los diseños y las realidades del deporte escolar y socializador en muchas de las comunidades de nuestro país, estamos en situación de poder afirmar que:

1. Son frecuentes las situaciones en las que los derechos de los niños que hacen deporte no son respetados, e incluso son claramente violados. Todos los niños tienen derecho a no ser explotados por el deporte, así como escoger su futuro de manera más autónoma.
2. Es necesario reflexionar y evidenciar cuáles son los derechos de los niños ante el deporte, principalmente frente el deporte escolar socializador y el deporte de competición. Uno y otro deben respetar la educación integral y el mejor estado de salud posible de los escolares deportistas.

3. En muchas ocasiones, los niños son deportivamente explotados. Se ven obligados a realizar un deporte no adecuado a sus posibilidades físicas y psíquicas y no disponen libremente de su cuerpo. No siempre se respeta el *biological clock*, el «reloj biológico» de los escolares deportistas.
4. Es importante identificar y hacer público este abuso y formular los derechos a partir de los cuales pueda evitarse. Los escolares tienen derecho, por ejemplo, a vivir con la familia, sin que aparezcan nuevas y sofisticadas formas de «internado deportivo».
5. La responsabilidad de una actividad de tanta importancia como el deporte escolar y el deporte de competición debe ser competencia de personas adecuadamente preparadas y tituladas. Desafortunadamente, no todos los profesores titulados en educación física adscritos a un centro escolar asumen que deberían ser ellos los responsables del deporte escolar.

A partir de estas circunstancias y consideraciones, pensamos que es responsabilidad de todos reivindicar el cumplimiento de los siguientes derechos de la infancia respecto al deporte escolar:

1. Derecho a practicar un deporte socializador y educativo.
2. Derecho a jugar y divertirse a través del deporte.
3. Derecho a ser tratado con dignidad.
4. Derecho a ser entrenado por profesionales competentes.
5. Derecho a competir con iguales.
6. Derecho a hacer deporte con seguridad.
7. Derecho a disponer de tiempo libre.
8. Derecho a no ser campeón.[55]

No nos parece coherente convivir con un deporte que, lejos de ser un recurso educativo, se convierte en un problema educativo más. Aunque sabemos que un problema pensado es un problema con posibilidades de ser solucio-

55. Petrus Rotger, A., «Deporte escolar y nuevos derechos del niño», en *Pedagogía Social, Revista Interuniversitaria*, nº 14, diciembre de 1996, págs. 27-28.

nado, no por ello sería oportuno quedarnos en el mundo de la reflexión. Queremos y reclamamos un deporte al servicio de nuestros chicos, no que nuestros jóvenes estén al servicio del deporte. Es preciso que *la educación social reclame el derecho de todo niño en edad escolar a practicar deporte y no ser campeón.*

Bibliografía

Bunge, M., *Teoría y realidad,* Barcelona, Ariel, 1985.

Cagigal, J. M., *Hombres y deporte*, Obras Selectas, Volumen I, Comité Olímpico Español, Ente de Promoción Deportiva «José María Cagigal», Asociación Española de Deportes para Todos, Cádiz, 1996.

Consejo de Europa, *Carta Europea del Deporte*, Estrasburgo, 1992.

—, «Manifiesto Europeo sobre la Juventud y el Deporte», en *Sports information bulletin,* nº 5 (39), junio de 1995.

Consejo Superior de Deportes, *Código de Ética Deportiva,* Madrid, Consejo Superior de Deportes, 1997.

Cruz, J., «Factores motivacionales en el deporte infantil y asesoramiento psicológico a entrenadores y padres», en Cruz, J. (comp.), *Psicología del deporte*, Madrid, Síntesis, 1997.

Devis, J., «Deporte, educación y sociedad. Hacia un deporte escolar diferente», en *Revista de Educación*, nº 306, 1995.

Durkheim, E., *Educación como socialización,* Salamanca, Sígueme, 1976.

Fraile, A., *Una propuesta de Juegos Escolares para la Educación Primaria,* Valladolid, Facultad de Educación, Universidad de Valladolid, 1996.

Gómez Fuertes, J., «Deporte sin adjetivos, deporte con objetivos», en *Kirola Ikertuz,* en *Revista del IVEF*, Vitoria-Gasteiz, nº 11, primavera de 1996.

Mandel, C. y Hennequet, A., «Les pédiatres et le sport, une enquête nationale», en Mandel, C. (comp.), *Le médecin, l'enfant et le sport*, París, Médecine et Enfance, 1984.

Menéndez, C., «El deporte como contexto de socialización infantil y juvenil: implicaciones y errores», en *Actes de la VII Jornades de l'Associació Catalana de Psicologia de l'Esport*, Barcelona, ACPE, 1991.

Petrus Rotger, A., «El deporte como factor de socialización», en Tomás, J. (ed.), *Trastornos por abuso sexual en la infancia y la adolescencia. Valor educativo del juego y el deporte*, Barcelona, Laertes, 1999.

Quintana, J. M., *Educación social. Antología de textos clásicos*, Madrid, Marcea, 1994.

Sanvisens, A., «Educación, pedagogía y ciencias de la educación», en Sanvisens, A. y otros, *Introducción a la Pedagogía*, Barcelona, Barcanova, 1984.

Thomas, R., *Les choix dans la pratique sportive. Analyse des facteurs d'influence*, Tours, tesis doctoral inédita en Letras y Ciencias Humanas, 1986.

VV. AA., *La iniciación deportiva y el deporte escolar*, Barcelona, INDE, 1995.

Weinberg, R. S. y Gould, D., *Fundamentos de psicología del deporte y el ejercicio físico*, Barcelona, Ariel, 1995.

Weiss, M. R. y Chaumeton, N., «Motivational orientations in sport», en Horn, T. S. (comp.), *Advances in sport psychology*, Champaign, Human Kinetics, 1992.

Tercera parte

FORMACIÓN CONTINUA DE LOS PROFESIONALES EN EDUCACIÓN SOCIAL

Mercè Romans

1
FUNCIONES Y COMPETENCIAS DEL EDUCADOR SOCIAL

1.1. Funciones del educador social

El perfil profesional y las competencias que precisan los educadores sociales se están clarificando a medida que se van definiendo las funciones de dichos profesionales a través de la difusión de estudios sobre el tema, de la puntualización de tareas que las administraciones públicas hacen de los mismos, de las aportaciones provenientes de las asociaciones que trabajan en el campo de lo social y de la reflexión que sobre la práctica diaria realizan los propios educadores.

A pesar de las dificultades que entraña especificar las funciones de los educadores sociales, teniendo en cuenta la diversidad de realidades sociales y la complejidad de competencias administrativas que provienen de instituciones tanto públicas como privadas, bien sean de ámbito local, regional o estatal, diversos autores han aportado ideas y puntos de vista que se han convertido en un punto de referencia para reflexionar y avanzar sobre este tema. A. Petrus, por ejemplo, apoyándose en fuentes legislativas y en estudiosos como J. Trilla y J. M. Quintana (1986), intenta detallar, casi exhaustivamente, las funciones de los educadores sociales, que posteriormente sintetizaría en el siguiente decálogo (A. Petrus, 1993, pág. 206):

1. Función detectora y de análisis de los problemas sociales y sus causas.
2. Función de orientación y relación institucional.

3. Función relacionante y dialogante con los educandos.
4. Función reeducativa en su sentido más amplio, pero nunca reeducativa clínica.
5. Función organizativa y participativa de la vida cotidiana y comunitaria.
6. Función de animación grupal comunitaria.
7. Función promotora de actividades socioculturales.
8. Función formativa, informativa y orientativa.
9. Función docente social.
10. Función económico/laboral.

Basándonos en estos y otros autores, además de otras referencias como las de la Generalitat de Catalunya (1996),[56] nosotros enfocamos el estudio de estas funciones a través de una variable, la del medio donde el educador y la educadora social desarrollan su trabajo. Para ello, las identificamos dependiendo del que llamamos el «medio externo» y el «medio interno», señalando también las propias de gestión que se ejercen indistintamente en un medio o en otro. Esta variable nos parece importante ya que supone una diferencia en la orientación de la actividad que viene dada precisamente según el contexto en el cual se trabaja.

A partir de este preámbulo, exponemos a continuación:

1. Las funciones en el *medio externo* son aquellas que se realizan desde una institución hacia el medio abierto o exterior.
2. Las funciones en *el medio interno*, como aquellas que se realizan dentro de un centro o entidad.
3. Las funciones *de gestión* son aquellas que se desarrollan indistintamente en uno u otro medio.

56. Generalitat de Catalunya, Departament de Benestar Social, Sistema Català de Serveis Socials, *Condicions funcionals del serveis socials. Qualificació i perfils professionals.* Aprobado el día 13 de diciembre de 1996 pel Comitè d'Experts en Formació de Recursos Humans en l'àmbit dels serveis socials. Documento interno.

1.1.1. *Funciones a desarrollar en el medio externo*

En un medio externo pueden realizarse funciones educativas a través del trabajo dirigido a la atención de problemáticas individuales y/o a unidades familiares, o de la comunidad.

A. Individuales y/o unidades familiares

En cuanto a las funciones relacionadas con un plan individualizado y/o dirigido a las unidades de convivencia como familia, tutores, etcétera, podríamos señalar el:

a) Trabajo orientado a las personas interesadas:

—Las funciones de *información, orientación y asesoramiento* tanto a la persona y/o a su familia, de aquellas prestaciones y recursos sociales que estén a su alcance y puedan facilitar la intervención educativa, adaptándolos a cada persona, familia y casuística.
—Funciones *de elaboración, seguimiento y evaluación* del plan de trabajo educativo, bien realizado individualmente, bien con equipos multidisciplinares de la misma o de otras instituciones.
—Funciones relacionadas con la *intervención* propiamente educativa que llevará a cabo el educador social con la complicidad de la persona afectada y el respaldo del equipo en el que trabaja.

Todo trabajo educativo requiere una relación de colaboración e implicación de la persona que solicita los servicios, ya que la predispone a la toma de conciencia de las dificultades, al desbloqueo de las interferencias que interceptan su desarrollo, a una progresiva aceptación de sí misma, al proceso de integración social y a la obtención de capacidades y habilidades que le permitan una mayor autonomía e independencia personal.

b) Trabajo orientado a la prevención:

—Funciones de *detección y prevención* de situaciones de riesgo o de exclusión social de los usuarios, de sus familias o de los grupos en los que se mueven.

—Funciones de *recepción y análisis* de las demandas relativas a las necesidades sociales del área territorial que abarca la actividad a fin de darles una salida profesionalmente aceptable y coherente.

c) Trabajo relacionado con otras instituciones:

—Funciones de *derivación de propuestas* hacia otros servicios, siempre que fueran acompañadas de un plan de trabajo educativo, preferiblemente consensuado por la entidad que lo inicia y la que recibe el caso. De no existir este trabajo con el objetivo educativo, estimamos que queda convertido en un mero trámite que pasaríamos a contemplar desde la versión puramente de gestión administrativa.

B. Funciones relacionadas con la comunidad

Cuando nos referimos al trabajo comunitario, damos a entender tanto aquel que va dirigido a la propia comunidad, definida como unidad viva donde se desarrollan e interactúan aquellas personas que la conforman, como de los grupos específicos que se desenvuelven en el seno de la misma.

Este ámbito de actuación, más que cualquier otro, precisa del trabajo en equipo, pues las intervenciones comunitarias necesitan de las aportaciones de cada uno de los profesionales que, desde sus respectivas áreas de trabajo, puedan incidir en las vertientes educativas y/o prestacionales que en cada caso se requieran. Al trabajar con esta metodología debe evitarse un «todos a todo», con la consiguiente dispersión de responsabilidades. Para evitar confusiones de método y poder controlar los procesos de una manera eficaz será necesario consensuar qué persona del equipo actúa como referente, en cada caso, para coordinar de esta manera cada uno de los proyectos de intervención comunitaria.

La implicación en este tipo de procesos requiere, muchas veces, el desplazamiento y la visita de los profesionales a asociaciones y organizaciones posibles detectoras de necesidades susceptibles de ser atendidas por éstos. Salir de los despachos supone una actitud activa y una preparación que no siempre se ha conseguido. La falta de orientación en cuanto al proceso a seguir y al modelo metodológico a utilizar puede reducir el trabajo de los profesionales a la resolución de las necesidades de los ciudadanos que se acercan a los centros. Es lo que podríamos llamar «método pasivo», un método de trabajo que se basa en la recepción y que, según entendemos nosotros, estaría muy lejos de un trabajo preventivo y de una concienciación de la comunidad como coparticipadora en la búsqueda de soluciones para los miembros necesitados de la misma.

Un cambio en el estilo de trabajo requiere una voluntad individual de aprendizaje, una decisión del equipo en orientar la intervención desde otra perspectiva y un interés organizativo en facilitar a estos profesionales la formación que les aporte conocimientos o estrategias de cómo acceder a públicos comunitarios a fin de trabajar la prevención y detectar con ellos necesidades susceptibles de ser solucionadas conjuntamente.

Con respecto al trabajo con la comunidad podrían identificarse las funciones de:

Información, orientación y asesoramiento con el fin de:

—*Estimular* la detección y resolución de situaciones de riesgo o exclusión social y promover actividades hacia la prevención de la misma.
—*Animar* la elaboración de proyectos de intervención comunitarios con la participación de los usuarios o colectivos de personas afectadas en las mismas problemáticas sociales que se trabajen.
—*Favorecer* la participación de grupos y colectivos en tareas comunitarias locales, europeas e internacionales.
—*Educar* para la creación de escuelas de animadores comunitarios capaces de generar proyectos desde el seno de la propia comunidad.
—*Facilitar* la coordinación con otros grupos de trabajo y entidades que conforman la red social para trabajar con objetivos generales comunes.
—*Prevenir* problemas o situaciones que pueden derivar hacia la marginación y exclusión social.

Desde una perspectiva de *desarrollo comunitario*, se precisarán aquellas funciones que permitan el diagnóstico situacional, a partir del cual se implementarán las que irán enfocadas a la elaboración y apoyo de proyectos y planes alternativos a los que el educador podrá aportar su visión y colaboración desde la vertiente formativa. Éstas permitirían:

—*Detectar* la situación sociogeográfica y económica de la comunidad en la que se interviene.
—*Elaborar* y estudiar proyectos de desarrollo comunitario viables.
—*Animar* la búsqueda de alternativas locales a los problemas de paro, subempleo e infradesarrollo de la comunidad.
—*Estimular* compromisos de las personas afectadas por los problemas sociales.
—*Crear* lazos entre una cultura de base y el desarrollo económico y cultural de la comunidad.
—*Dinamizar* colectivos mediando en la configuración de equipos de trabajo y en el desarrollo de actividades cultural y económicamente productivas.
—*Educar* a líderes locales para que aprendan y asuman tareas y responsabilidades que permitan una autonomía plena de sus funciones y del desarrollo de la comunidad.
—Etcétera.

1.1.2. *Funciones a desarrollar en el medio interno*

Entendemos como medio interno aquel cuyo trabajo o servicio se realiza dentro de una institución. Y es evidente que, no siendo iguales todas ellas, la actividad educativa dentro de las mismas dependerá en cada caso del estilo del centro, de su filosofía, de la orientación prioritaria de sus objetivos, del público al que se atiende, así como de los planteamientos y creencias que se tengan sobre el trabajo a desarrollar y de la autonomía que disfruten los profesionales en el ejercicio de su profesión.

Está claro que existen múltiples diferencias entre, por ejemplo, un geriátrico o un centro abierto para la infancia y la adolescencia. Pero, a pesar del listado de diferencias que se encontrarían entre ambos, no eliminarían unos puntos comunes que responden al medio «interno» en el cual se pretende desarrollar la actividad educativa.

El trabajo del educador social en estos centros requiere de la definición, por parte de la institución contratante, de unas funciones que no siempre se perfilan con claridad. La imprecisión de las mismas deriva en las variopintas tareas que desarrolla el educador social y que suelen repercutir en su nivel de satisfacción y posiblemente en el servicio que se presta en el propio centro. Entre los primeros porque se dan cuenta que no realizan el trabajo para el que han sido preparados o contratados, y la institución porque cree que para tareas «varias» no precisan de profesionales tan cualificados. Si a todo ello añadimos que la ausencia de educadores en muchas instituciones se justifica precisamente en este desconocimiento de su labor, obtendremos como resultado lo que en la actualidad está sucediendo en muchas de ellas y es que todavía no cuenten con un profesional orientado a la educación social.

A pesar de las diferencias ya mencionadas, hemos intentando vertebrar algunas de las funciones comunes que pueden darse en el medio interno y que permitirían, por ejemplo:

- —*Elaborar* proyectos educativos adaptados a cada persona o grupo con el que se trabaja.
- —*Promocionar* actividades coparticipadas con los usuarios de dichos servicios.
- —*Estudiar* programas educativos de integración social.
- —*Coimplicar* a las familias de las personas atendidas.
- —*Supervisar* y evaluar los objetivos conseguidos.
- —*Trabajar* con el equipo del propio centro e integrarse en equipos externos y multidisciplinares.
- —*Coordinar* actividades con otros centros que ofrezcan servicios similares.
- —*Participar* en proyectos comunitarios locales, estatales, europeos e internacionales.
- —Etcétera.

Tanto en las actuaciones del medio externo como el interno, el educador social necesitará ejercer funciones relacionadas con la gestión. La orientación de estas funciones puede ser diferente si tenemos en cuenta que pueden llevarse a cabo desde dos perspectivas diferentes que serían:

—la gestión propia de la actividad educativa que se genere
—la gestión propia en la dirección o coordinación del centro.

1.1.3. *Funciones orientadas a la gestión*

Para llevar a cabo las funciones referentes a la gestión, será necesaria la contribución de todo el equipo sin descartar una distribución de funciones, teniendo en cuenta que será al educador social a quien corresponda la intervención más directamente educativa. Las funciones relacionadas con la gestión pasarían por:

—*Equilibrar* el servicio ofrecido respecto a los objetivos prioritarios de la organización y de los recursos que se dispongan.
—*Coordinar* los servicios estableciendo criterios y prioridades, tanto para el trabajo individual como para el familiar, grupal o comunitario.
—*Derivar* casos a otros servicios, trabajarlos en equipo o buscar alternativas a las necesidades planteadas.
—*Realizar* seguimientos y evaluar resultados con el equipo de profesionales cuando se trate de procesos de inserción.
—*Contactar* con instituciones y grupos facilitando el conocimiento de iniciativas y favoreciendo el contacto con grupos de personas con intereses comunes.
—*Gestionar* administrativa y económicamente el centro cuando se asuma alguna responsabilidad que implique dicha función.
—*Liderar* equipos de trabajo y potenciar al máximo el potencial humano en la asunción de tareas de gestión de los recursos humanos.
—Etcétera.

Las funciones que hasta aquí hemos detallado giran fundamentalmente en torno a cuatro funciones eje, sobre las que se organiza básicamente el desempeño de los educadores sociales, tanto en el medio externo como en el medio interno. Estas serían:

- —*La detección y análisis* de las carencias y problemáticas de las personas tanto a nivel individual como colectivo.
- —*La intervención educativa* en función de la persona o grupo con el que se trabaja y de los recursos existentes.
- —*La derivación coherente* y clara de los casos que precisen de la intervención de otros profesionales o instituciones especializadas, con la corresponsabilización y trabajo en equipo que cada caso requiera.
- —*La gestión propia* de la actividad educativa personalizada o del centro, siempre que se asuma una responsabilidad que así lo requiera.

Estas funciones, ni se darán al mismo tiempo ni se desarrollarán con igual intensidad, lo que implicará una priorización a partir de las necesidades existentes, teniendo en cuenta que la implementación de algunas de ellas no se convierte, necesariamente, en motivo excluyente para las otras.

Debido a esta multiplicidad de funciones, no es de extrañar que se pueda atribuir al educador social un perfil polivalente que se definiría como el resultado de las capacidades que le permiten intervenir profesionalmente en ámbitos distintos, sectores de la población diferentes y problemáticas diversas, empleando para ello las estrategias y metodologías más apropiadas a cada público y situación, siempre desde la vertiente específica de su trabajo, es decir, la relación con los procesos educativos.

Para poder realizar esta función educativa el educador social precisará de:

- —Un centro contratador en el que estén adscritos, tanto si su tarea educativa se desarrolla en un medio externo como en el propio centro.

—Un equipo de profesionales en el que integrarse.
—Una demarcación o territorio donde prestar los servicios.

En cada institución o centro contratador deberán definirse:

a) sector de la población donde se interviene
b) objetivos educativos a conseguir
c) recursos disponibles
d) metodologías a utilizar

a) Sector de la población donde se interviene

En lo que respecta a la población y a los trabajos educativos, cada institución o comunidad indicará al educador social aquellos públicos a los que tiene que dirigir su actividad, así como definir lo que se entiende como «educativo» de las actividades que se vayan a llevar a cabo.

b) Objetivos educativos a conseguir

Las funciones educativas que desarrolle el educador social dependerán de los servicios que preste o atienda la institución contratadora. Éstas pueden venir diferenciadas por las edades cronológicas de los grupos (infancia, adolescencia, etcétera) o de las problemáticas a las que se dedique (malos tratos, discapacitados, etcétera), etcétera. Sea cual fuere la particularidad de los colectivos con los que se trabaje, será indispensable definir los objetivos a conseguir, así como orientar las etapas del proceso educativo.

Para trabajar estos objetivos, los hemos agrupado bajo los siguientes criterios:

1. *Objetivos educativos orientados hacia el desarrollo integral de la persona* a fin de que ésta se implique en su pleno desarrollo a nivel fisiológico, psicológico y social:

—Enseñando a cuidar su desarrollo físico integral.
—Orientando un trabajo interno que le permita restablecer el equilibrio emocional descubriendo las propias capacidades y aceptando los límites personales.

—Aportando instrumentos de autoconocimiento del sujeto ayudándole a buscar los mecanismos para comprender su realidad y trabajarla adecuadamente.
—Facilitando el acceso a conocimientos que le permitan entender su situación y posicionarse respecto a la sociedad y a las otras personas.
—Colaborando en la adquisición de habilidades que le permitan el descubrimiento de su propio potencial, a través del cual poder aportar e intervenir.
—Etcétera.

2. *Objetivos dirigidos hacia la consecución de los aprendizajes que estas personas necesitan realizar para integrarse en la sociedad:*

—Potenciando la adquisición de conocimientos mínimos que le permitan la inserción en el medio.
—Facilitando el desarrollo de habilidades sociales para establecer relaciones positivas «normalizadas» con el entorno social.
—Favoreciendo el acceso a recursos y actividades que se consideren adecuadas a los objetivos.
—Apoyando la adquisición de hábitos como higiene, alimentación, aspecto físico, etcétera, para una mejor integración en la dinámica social.
—Etcétera.

3. *Objetivos orientados hacia el trabajo con entidades e instituciones:*

—Sensibilizando y persuadiendo a la comunidad para mejorar el proceso de socialización y de integración buscando el desarrollo de actitudes solidarias y constructivas.
—Favoreciendo redes informales de solidaridad.
—Coordinando actuaciones con grupos, entidades e instituciones que incidan en el mismo sector de población en el que se interviene.
—Asesorando a entidades e instituciones a fin de facilitar u optimizar su capacidad y eficacia preventiva e integradora.
—Potenciando y dinamizando grupos a partir de la organi-

zación de actividades o de otros medios más indicados al respecto.
—Detectando riesgos razonables de aparición de conductas y/o de reacciones generadoras de marginación social, a fin de evitarlas y prevenir un incremento de las mismas.
—Colaborando en aquellas iniciativas que contengan objetivos educativos claramente definidos.
—Facilitando y colaborando en la creación de nuevas iniciativas sociales.
—Etcétera.

c) Recursos disponibles.

El educador deberá disponer de unos recursos que le tienen que ser facilitados por la institución, mientras que otros tendrá que buscarlos o bien colaborar en crearlos. Para el ejercicio de su trabajo, este profesional necesitará conocer su funcionamiento y la explotación que puede hacer de los mismos así como investigar la existencia de otros servicios susceptibles de ser utilizados o reclamados como soluciones a problemas individuales o grupales. La organización deberá poner a disposición del educador social:

—Un centro equipado desde donde ejercer u orientar su actividad.
—Un equipo de profesionales con los que poder investigar, discutir y contrastar intervenciones.
—La ayuda de otros profesionales que presten sus servicios dentro del ámbito social.
—Una guía o inventario de recursos educativos de su ámbito de trabajo.
—La tecnología e instrumentos más adecuados necesarios para realizar sus funciones.
—Documentos internos donde se especifique su trabajo y el funcionamiento de la organización a través de la cual ejerce.
—Etcétera.

Otra de las funciones que creemos de interés mencionar respecto a los educadores es su contribución en el estudio y valoración de los recursos que se utilicen, así como su adaptabilidad a los fines que se persiguen analizando además el grado de acogida, no sólo cuantitativa sino cualitativa, que pueden ofrecer a los sectores de la población provenientes de servicios sociales. Se trataría además de conseguir la implicación de nuevas entidades en los proyectos comunitarios para recabar de ellas infraestructuras y recursos tecnológicos, así como el potencial de los equipos dispuestos a colaborar.

d) Metodologías a utilizar

Basándonos en documentos en los que diferentes instituciones públicas plasman las funciones y los perfiles del educador social, y reflexionando sobre otras fuentes de información, hemos elaborado el siguiente cuadro, donde se pueden observar aquellos aspectos que inciden en su trabajo educativo.

Entendiendo que este profesional trabaja a partir de unas realidades concretas, en unos contextos determinados y en unos ámbitos definidos, empleando para ello los procedimientos metodológicos que considere más adecuados, resumimos que:

OBTIENE INFORMACIÓN A PARTIR DE LA:
— Observación sistematizada.
— Detección directa.
— Información recibida:
- Demanda de la persona o grupo.
- Demanda de familiares, amistades, vecinos, etcétera.
- Detección de otros profesionales.
- La información recibida en el proceso de intervención.

TRABAJA EN CONTEXTOS:
— Medio abierto –lugares de utilización pública: calles, plazas, bares, salas de juegos, etcétera.
— Servicios en instituciones públicas/privadas: escuelas, centros cívicos, centros infantiles, empresas, hospitales, cárceles, geriátricos, etcétera.
— Las instituciones propias de Servicios Sociales.

REALIZA INTERVENCIONES:
- Individuales.
- Grupales.
- Grupos espontáneos.
- Grupos creados por el educador.
- Comunitarias.

ABARCA TODAS LAS EDADES:
- Infancia.
- Adolescencia.
- Juventud.
- Edad adulta.
- Vejez.

PROCEDIMIENTOS METODOLÓGICOS:
- Conocimiento, detección y análisis de necesidades y problemas sociales.
- Identificación de necesidades que requieran una intervención educativa.
- Valoración diagnóstica de la situación a trabajar.
- Selección de los objetivos operativos de carácter educativo aplicables a una determinada acción.
- Elección de la metodología de intervención educativa: niveles de intervención, estrategias, utilización de recursos, etcétera.
- Establecimiento de criterios de evaluación: indicadores, temporalidad, métodos de evaluación y recursos.
- Realización de las acciones pertinentes diseñadas según la metodología del plan de trabajo.
- Evaluación continua a fin de adaptarse a las nuevas situaciones, fruto de las intervenciones realizadas.
- Coordinación con otros equipos y/o servicios que incidan en la misma población.
- Evaluación periódica, con el equipo, del trabajo realizado para adecuar y reconducir las intervenciones.

Una vez descritas las funciones y tareas de estos profesionales, podríamos concluir que el educador social es el profesional de la educación social que debe traducir en objetivos educativos el cometido que la organización les confiere; que sus usuarios pueden ser personas, grupos e instituciones; que tiene definido un marco de actuación; que puede estar integrado en equipos de trabajo; que dispone de recursos institucionales públicos y/o privados y que requiere de una formación continua para optimizar su desarrollo personal y mejorar en el ejercicio de su profesión.

1.2. Competencias del educador social

Para realizar las funciones anteriormente anunciadas, el educador social precisa de una serie de competencias que irá desarrollando en el desempeño del trabajo que la institución contratante le encomiende. Muchos autores han apuntado ideas sobre las mismas, formulando de esta manera unos rasgos que podrían interpretarse como su perfil profesional.

Somos conscientes de la dificultad que entraña una definición única del término competencias. Desde el mundo de las organizaciones se observan un número creciente de prácticas, modelos y listas de competencias, mientras que en el mundo académico existen también numerosos estudios, teorías y micromodelos que establecen relaciones entre las características de las personas y el desempeño en el puesto de trabajo, lo que deriva en una variada y compleja red de interpretaciones sobre el mismo. Nosotros, cuando hacemos referencia a él, lo entendemos como el conjunto de conocimientos, habilidades y cualidades que permiten a una persona realizar bien las tareas encomendadas. Por lo tanto, no es un término entendido solamente como un perfil de un puesto, sino como la cualidad, «la competencia» en la realización del mismo.

Partiendo de esta complejidad, proponemos tres grandes tipos de competencias, susceptibles de ser mejoradas con el entrenamiento y la formación y que son: los conocimientos, las capacidades y las actitudes que precisarían los educadores sociales en el ejercicio de su profesión.

En cuanto a *conocimientos* podríamos distinguir los:

Conocimientos generales. Éstos pueden ser adquiridos mediante los estudios que cada país determinará para que un educador social pueda ejercer profesionalmente como tal. Entenderemos esta preparación como la formación profesional de base imprescindible para conseguir desempeñar, «con oficio», la educación social y que pueden ser aportados a través de estudios universitarios como la Diplomatura de Educación Social, en España, o a través de aquellos títulos reconocidos por las autoridades competentes como los válidos o suficientes para ejercer dicha profesión.

Conocimientos específicos. Éstos pueden venir definidos por las entidades contratantes, considerándolos un requisito imprescindible para trabajar según con qué colectivos, problemáticas, situaciones, etcétera. y que son susceptibles de ser aprendidos o mejorados a través de la formación continua, que ha de permitir al educador social afrontar nuevas actividades, optimizar su trabajo diario o prepararse para asumir nuevas responsabilidades. Dentro del amplio abanico de conocimientos, podríamos considerar como imprescindibles en el ejercicio de su profesión los siguientes:

—Conocimiento general y/o específico de las disciplinas básicas que se consideren necesarias para el desempeño de su trabajo y que servirán de plataforma a una formación continua que permitirá ir adecuando los conocimientos a las nuevas necesidades que irán surgiendo a raíz de los cambios sociales.
—Conocimiento del medio. Precisará conocer el tipo de población, niveles culturales, socioeconómicos, laborales y las necesidades sociales que de ellos se derivan; la dinámica asociativa, los recursos de los que puede disponer, y de la red social susceptible de colaborar en la creación y prestación de nuevos recursos.
—Conocimiento de metodologías y de un «saber hacer» para intervenir con las que sean más apropiadas para el sector de la población a las que se dirigen y a las problemáticas que en cada caso se requieran, adoptando aquellas estrategias y dinámicas que le acerquen a los colectivos que necesiten de intervenciones diferentes.
—Conocimiento de sus funciones para intervenir con conocimiento de causa en las tareas que le son propias, trabajando en equipo con profesionales de otras áreas y colaborando en la elaboración de respuestas adecuadas

e integrales a cada persona o colectivo que precise de ellas.

—Conocimiento de sus capacidades y limitaciones en el desempeño de su trabajo y de los mecanismos metodológicos donde recurrir para hacer frente a situaciones personales tanto individuales como colectivas que deriven de su práctica profesional. Este autoconocimiento puede permitirle también un afán de superación que optimice el «saber ser» en su práctica diaria.

Al ser conscientes de que el término capacidades es susceptible de interpretarse de formas diversas, hemos tomado como referencia el *Diccionario de Tecnología de la Educación 1991* que lo define así: «Término general para designar la cualidad, competencia, habilidad, etcétera, que posee una persona para realizar determinadas tareas o actividades». Y añade: «El término se emplea más frecuentemente en relación con el potencial innato de la persona, usándose el término habilidad o destreza cuando la posibilidad de ejecutar una acción deriva de un aprendizaje o entrenamiento previo». Según esta definición, las instituciones contratantes requerirían de los educadores sociales las capacidades de entender, dominar o utilizar unas competencias que pueden tener su origen en un potencial innato, pueden haber sido aprendidas por la repetida práctica del desempeño profesional de una manera intuitiva o pueden estar esperando la oportunidad de ser aprendidas, reflexionadas y contrastadas con otros profesionales, mediante procesos formativos. Aunque difícilmente todas estas capacidades se utilicen a la vez en un mismo proceso, es necesario conocer el potencial humano para incidir en su desarrollo, aspecto que repercutirá en una mayor sinergia en los equipos de trabajo.

Amparados en este discurso podríamos agrupar las capacidades en los siguientes puntos, es decir, que para realizar su cometido profesional el educador social debería tener:

a) Capacidad de elaborar proyectos educativos

—Capacidad para elaborar planes de trabajo educativos individuales, familiares o de grupo.

—Capacidades para la propuesta y elaboración de nuevos programas de colaboración educativa a individuos, familias y grupos del territorio.
—Capacidad de planificar y evaluar las actuaciones desde la perspectiva educativa.

b) *Capacidad de intervenir en el plano educativo*
—Capacidad de observación y análisis de los procesos educativos vigentes y del nivel de socialización de la comunidad.
—Capacidad de provocar la demanda, analizarla, elaborar el diagnóstico y devolverla al usuario o al grupo.
—Capacidad de intervención en la comunidad con estrategias participativas desde la perspectiva educativa.
—Capacidad de toma de decisiones y resolución de conflictos teniendo en cuenta las necesidades de los usuarios, la legislación vigente en cada caso y las orientaciones de la organización en la que se trabaja.

c) *Capacidad de trabajar en equipo*
—Capacidad de trabajo en equipo de forma interdisciplinaria en los diferentes aspectos de la intervención.
—Capacidad de coordinación con otros servicios profesionales.
—Capacidad de formación permanente.
—Capacidad de actualización formativa en diversos aspectos para estar al día en problemáticas emergentes, bien individuales, familiares o grupales.
—Capacidad para incorporar las nuevas tecnologías susceptibles de ser aplicadas en el ámbito del trabajo educativo.

d) *Capacidad de formación continua*
—Capacidad para diagnosticar las propias necesidades formativas.
—Capacidad para buscar recursos formativos.
—Capacidad para «aprender a aprender».
—Capacidad para ejercer el *feedback* en la propia formación.
—Capacidad para aprender de la propia práctica tanto de los aciertos como de los errores.

—Capacidad para aprender de la experiencia de los demás.

e) Capacidad para gestionar recursos

—Capacidad para el análisis y la utilización más adecuada de los recursos disponibles en el lugar donde se intervenga.

—Capacidad para la gestión de recursos sociales desde la perspectiva educativa.

A todas estas capacidades habría que añadir las propias de la gestión de recursos económicos y técnicos, así como la capacidad de liderar equipos siempre que se asuma una responsabilidad de dirección o coordinación de alguna entidad.

Dentro del amplio abanico de capacidades existen, según R. Pérez (1996), aquellas que están reguladas por una serie de pautas o normas que dan lugar a unas determinadas conductas cuyo aprendizaje y puesta en acción se requiere y se desarrolla a través del aprendizaje social. Estaríamos hablando de las llamadas *habilidades sociales* como la capacidad de comunicación, capacidad de trabajar en equipo, capacidad de negociación, etcétera, unas destrezas que no podemos obviar porque el educador necesita del entrenamiento en las habilidades sociales porque gracias a ellas podrá ejercer su competencia profesional con menor ansiedad. Recordemos que el ejercicio profesional del educador social se basa en la orientación, mejora, enriquecimiento y aportaciones a los procesos educativos de los demás, es decir que fundamentalmente su actividad laboral descansa en las interactuaciones con los usuarios y usuarias de los servicios, aspectos que requieren no solamente del conocimiento de técnicas, recursos y métodos sino también, y sobre todo, de la capacidad de empatía, escucha y respuesta en su relación profesional.

Tanto para el trabajo educativo dirigido hacia los demás como en el ejercicio del autocrecimiento personal se requiere del educador social unas «*actitudes*»[57] positivas, activas y solucionadoras de problemas. La predisposición relativamente estable de la conducta respecto al equipo, a

57. P. Fermoso recoge dentro de las variables de la conducta social,

las relaciones de servicio con el ciudadano/a y a la formación para optimizar así sus intervenciones, precisa de esta influencia positiva para un mejor desempeño de su trabajo, susceptible de que repercuta también en sus compañeros y en los destinatarios.

Si tenemos en cuenta, además, el enfoque básicamente educativo de sus intervenciones, es obvia la atención hacia estos aspectos así como todos los relacionados con la comunicación, pues no podemos perder de vista que estos profesionales se convierten en arte y parte de los procesos educativos.[58] De ahí que no estemos hablando solamente de conocimientos y capacidades técnicas sino también de habilidades sociales y de actitudes. Todas ellas deben conformar un perfil al que A. Petrus (1993, pág. 207) asigna unas características deseables en un profesional del ámbito social y al que nosotros creemos que la formación continua tiene mucho que aportar. Según dicho autor, es deseable que el educador social:

—Tenga un carácter optimista, dinámico y abierto hacia la colaboración y el trabajo en equipo.
—Desarrolle su actividad con creatividad, a fin de que encuentre salidas a multitud de situaciones diferentes y muchas veces imprevisibles.
—Tenga capacidad de comunicarse con los usuarios, compañeros e instituciones de una manera profesional, basando la relación en la colaboración y el respeto mutuo.
—Sea capaz de analizar las causas y consecuencias de los problemas sociales y tenga la sensibilidad suficiente

---

la motivación social y las actitudes, que define como «estados mentales adquiridos por experiencias, sistemas duraderos de evaluación y una organización estable de las creencias; en ellas se encuentran componentes cognitivos, emocionales y de aprendizaje». *Pedagogía Social. Fundamentación científica*, Barcelona, Herder, 1994, pág. 170.

58. El Ayuntamiento de Barcelona habla de los procesos en los términos siguientes: «... tenemos una doble referencia: —la intervención del profesional que ordena una serie de acciones encaminadas a conseguir unos determinados objetivos y la evolución y/o progresiva transformación de la situación sobre la que se interviene» (traducción nuestra). Ajuntament de Barcelona, *L'educador social en els serveis socials d'Atenció Primària Polivalent a l'Ajuntament de Barcelona.* Documento interno, 1995, pág. 7.

como para no escandalizarse ante las situaciones que los usuarios le planteen.

—Controle su emotividad y posea un grado suficiente de madurez para poder afrontar situaciones, incidentes o casos cuya resolución sea difícilmente comprensible o aceptable para uno mismo.

—Sea consciente de su nivel de estrés y tenga controladas las consecuencias que para él comporte la relación diaria con la problemática social, teniendo en cuenta las limitaciones existentes en la resolución de dichos problemas.

—Sea capaz de reflexionar y de mejorar su práctica profesional, de atender su salud integral y de encontrar estímulos en y fuera del propio trabajo que lo hagan más agradable y eficaz.

Las características descritas nos aportan el perfil de una persona profesionalizada en su trabajo, reflexiva en la actividad que lleva a cabo y consciente del aspecto «social» de sus intervenciones.

A partir, pues, de un bagaje de conocimientos, unas capacidades adecuadas a las funciones a desempeñar y unas actitudes optimizadoras, los educadores sociales podrán orientar los objetivos educativos para los cuales se les contrata, es decir, intervenir profesionalmente en los procesos educativos que interfieren en las actitudes, los hábitos y los conocimientos para que se conviertan en elementos facilitadores de la integración y participación en la red normalizada de relaciones sociales.

Si genéricamente admitimos con A. García (1991, pág. 85) que «uno de los componentes de los procesos educativos es el intento de transmisión de conocimientos y habilidades y la configuración de pautas conductuales para la actuación de los sujetos sociales, entonces habrá que convenir que los mecanismos históricamente implementados por las diversas formas de acción social han sido fundamentalmente mecanismos educativos; más incluso que ayuda material». De aquí que hablemos no sólo del conocimiento y uso de técnicas educativas, sino de todas aquellas dimensiones que convierten a la educación en una acción integral y no en simples apaños fruto de parchear los lados oscuros por donde aparece el roto social.

Teniendo en cuenta lo dicho hasta ahora, el educador social debería prepararse para desempeñar las competencias relacionadas con:

El saber se refiere al conocimiento. El educador social, tal como hemos apuntado anteriormente, deberá prepararse para adquirir aquellos conocimientos que le proporcionen el suficiente bagaje científico, legal, administrativo, etcétera, que le permitan justificar con objetividad el porqué de cada acción que realice, bien sea orientación, intervención, etcétera.

El saber hacer está relacionado con el desempeño de su función educativa, es decir, desarrollar aquellas capacidades que le permiten desenvolverse en su trabajo con cierta garantía de éxito. Son las llamadas competencias técnicas que deben permitir obtener las estrategias y habilidades necesarias para la aplicación acertada de los conocimientos.

El saber relacionarse se dirige hacia el conjunto de relaciones interactivas que se establecen en las intervenciones educativas. Ésta la situaríamos dentro de las habilidades sociales y, por lo tanto, dentro del saber hacer. Aunque dada su importancia en la educación social, le damos un tratamiento especial. Estas habilidades deberán permitir a los educadores una relación humana y profesional con los usuarios (clientes), compañeros y el personal de otras instituciones. La interacción social en estos casos es básica para conseguir la integración de unos, la colaboración de otros y la obtención de recursos de las administraciones e instituciones sociales.

Entenderíamos que las competencias relacionales deberían darse a tres niveles:

—*Hacia las personas a las que dirige su acción*. Tanto si lo hace individual como grupalmente, el educador social tendrá que conseguir unos objetivos educativos, de reinserción, integración, etcétera, que trabajará con el sector de la población necesitado de los mismos.
—*Hacia las organizaciones* tanto públicas como privadas, bien porque pueden ser ámbitos en los que se den conductas que requieran de la intervención de los educadores sociales, bien porque pueden ser utilizadas como recursos para tales fines, o porque son conocedoras de situaciones y necesidades.
—*Hacia el equipo de trabajo* con el que reflexionará, compartirá experiencias, aportará opiniones, tomará decisiones, derivará casos y coordinará los procesos en los que intervenga. De acuerdo con las teorías básicas del equipo de trabajo, el educador social como miembro del mismo necesitará consensuar la metodología y las normas de trabajo, además de asumir las responsabilidades que le correspondan y favorecer un clima de trabajo y compromiso con todos los miembros.

El querer se refiere a las características personales, estilos y actitudes de cada educador. El querer hacer o desarrollar una profesión de una manera u otra dependerá de la voluntad o el estado de ánimo de cada educador. Por esto es necesario «querer trabajar bien», «querer mejorar las cosas», «querer optimizar la propia actuación» como eje vertebrador de toda la actividad que se realice, ya que será esta actitud la que se convierte en indispensable para conseguir los otros tres elementos.

De ahí que la formación continua de los educadores sociales precise, por lo tanto, de *inputs* que les ayuden a cumplir con los objetivos educativos previstos en sus intervenciones. En este sentido necesitarán elementos de formación orientados hacia la tarea, otros dirigidos hacia las habilidades y otros dirigidos hacia su crecimiento y desarrollo personal.

1.3. Estilos de educadores

Si entendemos que la educación social no debe ser una mera e inconsciente colaboradora de una clonificación de los valores que una sociedad consumista, individualizadora y ajena a los problemas de los demás nos quiere imponer, sino la provocadora de alternativas que permitan, a través del trabajo conjunto y solidario, la consecución de mejoras tanto en procesos individuales como comunitarios, tendremos que pensar en un estilo de educador impulsador del cambio social. Pero este cambio del que tan ligeramente solemos hablar, proclamar y reclamar, comporta una serie de renuncias personales y organizacionales para las que son necesarias «muertes», «procesos de duelo» en aquellos aspectos que se dejan atrás, a favor de otras formas, o maneras de proceder que aparecen como nuevas.

¿Lleva a cabo la educación social este papel transformador? Autores como P. Ayerbe (1995, pág. 35) se cuestionan dicho papel porque se apoyan en una serie de factores que se convierten en piedra de choque en contra de las acciones que desde la educación social se pretenden conseguir. Él mismo lo denuncia diciendo: «La educación social puede convertirse en una especie de colchón, de suavizador de las contradicciones existentes en el seno de la sociedad, camuflando y ocultando las desigualdades e injusticias sociales, intentando simplemente adaptar al individuo a las coordenadas sociales existentes».

Según el mismo autor, cabe dudar de esta acción transformadora de la educación social, por varios motivos que centra sobre los profesionales de la misma. Porque, según él:

- —Las situaciones de precariedad laboral de algunos educadores los haría dependientes de los empleadores evitando manifestar pensamientos y actos que pudieran molestar a las instituciones para las que trabajan.

—Se está construyendo en este momento el reconocimiento oficial de su profesionalidad. La imagen profesional del educador social, lo puede inducir a una prevalente prestación técnica de servicios, entendiendo que otras cuestiones de estos mismos servicios sociales pudieran interpretarse como una falta de profesionalidad.
—La huida entre dos estilos de educadores que irían de los perfiles de la filantropía y la benevolencia o la de los rebeldes o contestatarios puede soslayarse afianzando aspectos técnicos en sus competencias.

Estas aportaciones nos hacen reflexionar sobre la situación de precariedad de los servicios sociales, que se manifiesta en las contrataciones de los educadores sociales, por obra o servicio, y en las fluctuantes partidas presupuestarias que año tras año deben «conquistar» los responsables de los programas para cumplir los compromisos previstos. Si a esto añadimos los intentos de la educación social por desmarcarse de los servicios sociales como «beneficencia social», estaríamos de acuerdo en apuntar que nos encontramos ante una encrucijada que abre muchos interrogantes sobre la orientación que tomará esta profesión en el ejercicio de su quehacer diario.

Y es que la práctica de la misma no hace más que dibujar unos estilos de educadores, que al igual que en otras profesiones podríamos entrar a parodiar siempre con la pretensión de que este ejercicio pueda ser enriquecedor, y creemos que lo puede ser si cumple con el objetivo formativo desde el cual lo planteamos.

Caricaturizar estilos de actuación profesional puede ayudar a revisar los propios comportamientos porque las adjetivaciones utilizadas en estos ejercicios tienen como finalidad prioritaria la crítica constructiva. El aspecto negativo vendría dado si se juega a buscar al compañero o compañera para asignarle alguno de ellos y difícilmente reconocer con cuál o cuáles de estos roles uno puede verse más o menos retratado.

Para facilitar la exposición de los mismos los hemos agrupado bajo los siguientes estereotipos, lo que nos permitirá exagerar el rol, logrando de esta forma clarificar la intención. Los hemos definido en:

—*El educador social resignado*. Es decir, aquel que centra su punto de mira en los aspectos poco estimulantes de su profesión, se queja del mal funcionamiento de «todo» pero tampoco trabaja para mejorar las cosas. Destaca por su actitud pasiva. Expresiones como: «¿Qué le vamos a hacer?, ¡Esto siempre ha sido así!, ¡Nadie lo va a cambiar!, ¡Yo no puedo hacer nada!, ¡Nadie está por la labor!»... son sus exclamaciones favoritas. Diríamos que esta persona se arrastra en su profesión y que ha perdido ilusión en su trabajo. Difícilmente encontraríamos algún aspecto positivo en este tipo de actitud, pues no se trata del talante de un día aislado o de un momento determinado, sino de un comportamiento permanente.

—*El educador social tecnologizado*. Es decir, excesivamente aplicador de los recursos y con actitudes abiertamente descarnadas de «lo social». Destaca por un proceder rigurosamente técnico. Expresiones como: «el manual "X" dice que...», «se ha experimentado que...», «la aplicación en este caso según...». Los aspectos positivos en este tipo de actuación serían los de actuar en cada momento sabiendo los criterios científicos, legales, etcétera, que pueden apoyar una intervención. El aspecto negativo es la aplicación a pies juntillas de todos los cánones sin tener en cuenta que cada situación es diferente y que en muchas ocasiones hay márgenes que permiten una orientación diferente en las intervenciones. Por lo menos existiría la duda y la posibilidad de contrastarlo con otros profesionales.

—*El educador social conformista*. Es decir, un mero ejecutor de protocolos y prestador de servicios. Destaca por una actitud adaptadora. Sería la persona que ha encontrado la manera de trabajar sin grandes sobresaltos, es decir sin excesivas ilusiones y sin graves decepciones. Es la actitud de «vamos haciendo», «vamos tirando», «yo cumplo con lo que me han dicho que haga». Es lo que entenderíamos por mediocridad, que le permite estar al límite de lo profesional, es decir, nunca se le podría acusar de «no cumplir». Cumple lo justo y exacto para evitar problemas. Nunca utiliza el margen de libertad en la toma de decisiones que puede tener en su trabajo «que decidan los demás», «yo hago lo que me dicen», «que piensen ellos que para eso les pagan más que a mí». Como aspectos positivos diríamos que sería un perfil de fácil adaptación a situaciones diferentes, tanto en su contexto como en la relación con los compañeros y responsables, pero trabajar solamente con una actitud conformadora o adaptadora, lo encontramos excesivamente pobre para todo profesional y sobre todo un educador y educadora social.

—*El educador creativo.* Al que también podríamos llamar «realista» porque creemos que el realismo no es ajeno a una actitud proactiva, es un educador optimizador, es decir aquel que apoya alternativas innovadoras de mejora. Destaca por su actitud constructiva y optimista. Expresiones tales como: «vamos a ver cómo lo resolvemos», «¿por qué no nos proponemos un plan de acción a..., o para...», «analicemos este caso y pasemos a...» «¿cómo podríamos mejorar este protocolo?», «¿por qué no unificamos criterios de actuación en...», son actitudes estimuladoras de equipos. Una actitud positiva siempre mira hacia delante y tiene visos de actividad. Si tiene connotaciones creativas normalmente es proactiva, es decir, se adelanta a situaciones y prevé mejoras que pueden optimizar el trabajo del equipo. Un aspecto negativo en tal actitud la podríamos encontrar si estos educadores no fueran realistas, no fueran capaces de analizar las situaciones y se dejaran llevar por un entusiasmo exagerado que tampoco permite cumplir con los objetivos porque éstos no suelen ser prácticos. Una actitud optimizadora permite, desde la realidad, captar los desajustes y contribuir a la mejora del trabajo y de las relaciones con los usuarios, clientes, con los compañeros y con los responsables.

Difícilmente con estilos de trabajo cuyas actitudes estuvieran marcadas por la resignación, el conformismo y la excesiva tecnologización podríamos plantearnos un trabajo «de cambio» en el campo social, cuando en éste se requieren muchas dosis de realismo, optimismo y creatividad. Si pretendemos, y es la que apoyamos, una educación social favorecedora del crecimiento integral del individuo y del pleno desarrollo de la comunidad, estaríamos hablando de «educadores transformadores de la realidad social, sujetos activos y reflexivos».

En este sentido, deberían formarse, parafraseando a Giroux (1991), *educadores transformativos*, a fin de que sean capaces de integrar el pensamiento crítico a la práctica diaria, huyendo de esta manera de la ausencia de reflexión sobre las intervenciones que se convierten en pesadamente rutinarias, para pasar a ser profesionales reflexivos de la función educativa de su práctica social.

Y siendo que estos educadores son uno de los recursos humanos que la sociedad exige y que las administraciones e instituciones ofrecen, necesitan de una formación continua y de unas características humanas específicas que les hagan capaces de dar respuestas creativas y ofrecer nuevas vías de solución en las situaciones diarias de su desempeño profesional, a fin de que sean facilitadores activos de una sociedad más justa, más equilibrada, es decir, «más social». Por este motivo entendemos, tal como apunta A. Martínez (1995, pág. 28), que «la profesión de Educador Social exige, no sólo una preparación amplia, flexible y plural, sino unas características personales específicas que hagan posible el desempeño de este complejo rol. Su formación deberá articular la polivalencia necesaria para asumir diversas funciones y roles y la necesaria especialización exigida por las diversas áreas de actuación», además de todas aquellas actitudes, que en el ejercicio de su profesión deben ser potenciadoras de su desarrollo y del de las personas con las que trabajan y para las que trabajan.

1.4. Problemas de una nueva profesión

Quizá uno de los factores que mayor incidencia tenga en el ya mencionado problema respecto al desempeño del trabajo del educador y educadora social sea precisamente el de la indefinición de sus funciones, fruto de la recién estrenada profesión. Y no es que su cometido práctico se inicie ahora, porque en algunas comunidades y bajo el amparo de instituciones públicas y privadas era ya una realidad, sino en su «profesionalidad» entendida y aceptada socialmente como tal.

Esta novedosa existencia hace aflorar problemáticas que denuncian la falta de claridad, definición y justificación de sus tareas e intervenciones educativas, lo que suele provocar incidencias laborales. Nos atreveríamos a afirmar que esta indefinición, y así lo expresa M. Romans,[59] es la causa de numerosos conflictos y la que acarrea posteriores desajustes y mayores insatisfacciones en el desempeño profesional. Y esta afirmación, en forma de queja, la han expresado los propios educadores en varias ocasiones, así como personas que detentan responsabilidades en este campo y que reconocen una falta de claridad en el desarrollo de las funciones de estos profesionales. Y no es que no se haya escrito sobre ellas, pero quizá las diferencias entre el papel y la realidad hacen más difícil, inviable o ininteligible esta coincidencia.

Cuando se perfila una nueva profesión, aparecen una serie de factores que inciden en el trabajo social y que acarrean no pocas e inesperadas situaciones fruto de los desajustes de funciones y tareas, que denuncian el poco y corto asentamiento profesional en este sector.

¿Qué características podríamos apuntar al respecto?

1. La indefinición del campo de trabajo y de las diferentes versiones sobre el concepto de «intervención educativa».
2. El solapamiento de tareas con otros profesionales.
3. La especialización, todavía no muy concreta de conocimientos en algunas áreas y sectores que precisan de intervenciones más especializadas.
4. Las tensiones entre los «veteranos» sin estudios universitarios y con experiencia de trabajo y los universitarios con estudios y sin experiencia en este campo.
5. El desgaste psicológico producto del trabajo y el contacto directo con personas que sufren problemas de inadaptación, exclusión social, perturbaciones, etcétera.
6. Las irregularidades en las contrataciones tanto a niveles de retribuciones económicas como de permanencia en los centros.

59. Romans M., *La educación permanente y la formación continua en el ámbito de los servicios sociales,* Universitat de Barcelona, 1999, tesis doctoral inédita.

7. Los problemas de relación y coordinación entre instituciones públicas y privadas o entre administraciones locales o centrales.
8. La defensa del ámbito de trabajo frente a otros nuevos perfiles cuya actividad se orienta hacia el mismo campo de acción.
9. La inestabilidad de los puestos de trabajo dependientes casi siempre de los recursos públicos que a este fin se destinen.
10. La poca rentabilización de esfuerzos realizados, cuando los mismos objetivos educativos provienen de administraciones distintas y con orientaciones no coincidentes.

A estos puntos señalados, podríamos añadir otros tantos como los perfiles que provienen de los nuevos ciclos de formación profesional y que vendrán a sumarse a este número de nuevas profesiones en el área social y que intentarán hacerse un hueco en este campo de trabajo, lo que comportará una redistribución de los espacios actualmente existentes y, por lo tanto, reorientaciones continuas a las que la formación continua también deberá responder.

Pero uno de los problemas que puede tener planteados esta formación, debido a la juventud de la profesión, es precisamente la indefinición del rol de educador en el ámbito social, la difícil concreción de los objetivos educativos en el desempeño de su trabajo y, por lo tanto, la imprecisión de las tareas educativas, es decir, la puntualización de las que se consideran o no susceptibles de ser implementadas por dichos profesionales. A partir de la resolución de estas cuestiones se pasaría a la definición de las competencias educativas que deberían ejercer los educadores sociales tanto en lo que respecta a los colectivos, como a las problemáticas asignadas, así como al grado de intervención que les correspondería, a fin de que ésta fuera personal y socialmente significativa. Es decir, señalar los límites de su trabajo, definiendo lo que se considera o no pertinente al desempeño profesional, a fin de que la formación pudiera aportar las técnicas y estrategias necesarias a su labor educadora.

Cuando tratamos este tema son muchas las cuestiones que, al respecto, los educadores sociales se formulan, en un intento de interpretar aquello que se entiende o está definido como el trabajo del educador y en lo que en la práctica éste se convierte. De ahí que se formulen muchas preguntas, algunas de las cuales hemos recogido a modo de ejemplo: ¿qué entienden las entidades contratantes por «educación social»? ¿Son tan escasos los recursos que el «educador social» hace de todo menos de educador? ¿Se considera todavía la educación social como un lujo siendo prioritarias algunas cuestiones más significativamente administrativas o de gestión? ¿Se limita el trabajo del educador social al ámbito de la infancia, la adolescencia y la juventud? Las respuestas a estas y a otras tantas preguntas, de rabiosa actualidad, nos darían pie a considerar que quizá debería definirse, o al menos reflexionarse, a partir de la práctica, el papel del educador y educadora social, para confirmarlo, o reconducirlo y, una vez consensuado, exigir una formación que diera respuesta a las necesidades de su quehacer diario, bien para optimizar sus intervenciones, bien para reorientar posibles o deficientes intervenciones educativas.

En esta línea de redefiniciones aflorarían posibles desajustes en los considerados aspectos educativos de las intervenciones, lo que daría pie a estudiar el tipo de actividades educativas realizadas hasta hoy, así como las posibles alternativas que pueden aportar los educadores sociales a los colectivos y a las problemáticas en las que ellos intervienen o deberían intervenir, a fin de que a partir de sus experiencias llenas de aciertos, posibles desaciertos y multitud de dudas pudieran ser reflexionadas y contrastadas en los cursos y actividades formativas. De ahí que para poder planificar esta formación, se precise primero de una profundización del «perfil educador» y una definición de sus funciones y tareas sobre las que se pudieran consensuar una serie de características propias a las que responder desde sus competencias y a las que la formación colaboraría a optimizar.

Con estas premisas no sería tan difícil «acertar» con la formación necesaria para el ejercicio de la profesión ni programar los procesos de seguimiento en la puesta en práctica de la misma, lo que facilitaría una precisión en el desempeño profesional, evitaría enfrentamientos y problemas que se achacan al intrusismo laboral y habría un crecimiento y una profundización de la profesión muy necesaria y satisfactoria para los que han hecho la opción de ejercerla.

Bibliografía

Actas II Fòrum Europeu, *Educar en la diversitat per a la transició a la vida activa autònoma*, Barcelona, Petra, 1992.

Adan, F. J. y Mazo, J. L., *El educador en medio abierto*, Bilbao, Zelan, 1989.

Aguilar, M. J., *La acción social a nivel municipal,* Argentina, Lumen, 1994.

Ajuntament de Barcelona, *Pla integral de desenvolupament dels Serveis Socials a la ciutat de Barcelona*, 1994-1995, Pla Municipal de Serveis Socials d'Atenció Primària, 1995.

Ajuntament de Barcelona, *L'educador social en els Serveis Socials d'Atenció Primària Polivalent a l'Ajuntament de Barcelona*, Pla Municipal dels Serveis Socials d'Atenció Primària, Documents de Desenvolupament del Pla, 1995.

Ajuntament de Barcelona, *Pla Municipal dels Serveis Socials d'Atenció Primària. Balanç 1993-1996,* Barcelona, Direcció de Serveis d'Afers Socials, 1993-1996.

Ajuntament de Barcelona, *Pla Municipal dels Serveis Socials d'Atenció Primària. Barcelona i tu,* Ajuntament de Barcelona, Àmbit de Benestar Social, Àrea d'Afers Socials i Joventut, Impremta Municipal, 1995.

Alayón, R., *Defendiendo el trabajo social*, Buenos Aires, Humanitas, 1981.

Alemán, M. C., *El sistema público de Servicios Sociales*, Granada, Impredisur, 1991.

Allan, E. y Martínez, E., «Para profesionales en los servicios sociales en España», en *Revista de Treball Social*, nº 118, junio, Barcelona, 1990.

Álvarez, F., «La crisis del trabajo social», *Claves,* nº 34, 1993.

Associació Professional d'Educadors Socials (APESIB), *L'educador social a les Illes Balears. La figura de l'educador especialitzat*, Document, Palma, 1994.

Ayerbe, P., «Algunos problemas profesionales en la educación social», en *Claves de Educación Social,* nº 0, 1995.

Bonal, R., *La pedagogia al carrer. Teoria i pràctica de l'educador de carrer,* Barcelona, Claret, 1991.
Bueno, J. R., *Hacia un modelo de Servicios Sociales de Acción Comunitaria*, Madrid, Popular, 1991.
Bujanda, I., «Educadores sociales alienados», en *Claves de Educación Social*, nº 2, diciembre, 1996.
Cacho, X., *L'educadora i l'educador social a Catalunya,* Associació Professional d'Educadors Socials a Catalunya (ASPEC), 1998.
Camo, D. y otros, *Manual d'utilització de la documentació per al treball social d'atenció primària*, Generalitat de Catalunya, Departament de Benestar Social, Institut Català d'Assistència Social, 1990.
Caride, J. A., «Acción e intervención comunitarias», en Petrus, A. (comp.), *Pedagogía social*, Barcelona, Ariel, 1997.
Casado, D. y Guillem, E., *Introducción a los Servicios Sociales*, 7ª ed., Madrid, Popular, 1997.
Cembranos, F. y otros, *La animación sociocultural. Una propuesta metodológica*, Madrid, Popular, 1998.
Chopart, J. N., «Les conversions des travailleurs sociaux», en Martinet, J. L., *Les éducateurs aujourd'hui*, Toulouse, Privat, 1993.
De Miguel, S., *Perfil del animador sociocultural,* Madrid, Narcea, 1997.
Diputació de Barcelona, Congreso de Servicios Sociales Municipales. Conferencias y ponencias, Sitges-Barcelona, Diputació de Barcelona, Ministerio de Asuntos Sociales y Federación española de Municipios y Provincias, 1995.
Domènech, R. y Porcel, A., «Supervisión en Trabajo Social», en *Servicios Sociales,* en 5a. Escola d'Estiu de Serveis Socials de la Diputació de Barcelona, Barcelona, 1994.
Escarbajal, A., «El animador sociocultural como educador», en Sáez, (comp.), *El educador social,* Universidad de Murcia, 1993a.
Escarbajal, A., «Animación sociocultural y servicios sociales, dos trabajos "diferentes" para un mismo objetivo», en *Pedagogía Social*, Revista Interuniversitària, nº 8, març de 1993(b).
Escudero, J. M., «¿Qué es eso de la intervención educativa?», en *Intervención en Educación Especial,* Murcia, ICE de la Universidad de Murcia, 1990.
García, A., «Trabajo social y necesidades pedagógicas» en *Pedagogía Social*, Valencia, nº 6 de marzo 1991.
Generalitat de Catalunya, *Dret dels Serveis Socials. Legislació Bàsica del Sistema Català de Serveis Socials,* Barcelona, Departament de Benestar Social, 1994.

Generalitat de Catalunya, *Condicions funcionals dels serveis socials. Qualificació i perfils professionals.* IV— Serveis Bàsics d'Atenció Social Primària, acuerdo aprovado con fecha 13 de diciembre de 1996 por el Comitè d'Experts en Formació de Recursos Humans en el ámbito de Serveis Socials, Sistema Català de Serveis Socials, Benestar Social, 1996.

Giroux, H., *Cruzando límites. Trabajadores culturales y políticas educativas*, Barcelona, Paidós, 1997.

Guasch, M., *La acción educativa en el ámbito de la inadaptación social. Un modelo de intervención en libertad*, Barcelona, 1996.

Lázaro, A., «Homologación del estatuto profesional del educador especializado a nivel europeo. Prospectiva hacia el año 2000», *Menores*, nº 13-14, 1989.

Martinell, A., *Configuració dels antecedents professionals de l'educador especialitzat-social a Catalunya (1920-1990) des d'una perspectiva històrica,* Universitat de Girona, 1994, tesis doctoral inédita.

Martinet, J. L., *Les éducateurs aujourd'hui,* Toulouse, Privat, 1993.

Mena, J. y Recasens, J., *Estudi sobre els educadors en medi obert d'atenció primària a Catalunya,* Barcelona, INTRESS, 1991.

Moix, M., *Introducción al Trabajo Social,* Madrid, Trivium, 1991.

National Institute for Social Work, *Trabajadores sociales. Su papel y cometidos*, Madrid, Narcea, 1995.

Núñez, L., *Educación y trabajo*, Sevilla, Preu-Espínola, 1991.

Núñez, V., «El educador especializado», en Sáez, J. (comp.), *El educador social,* Murcia, Universidad de Murcia, 1993.

Orte, C., «La profesionalización del educador social, un proceso complejo y diverso», en Congreso Estatal del Educador Social, *Presente y futuro en la educación social,* en Murcia 1995, Madrid, 1998.

Panchón, C., *Manual de pedagogía de la inadaptación,* Barcelona, Dulac, 1997.

Pérez, R., «Habilidades sociales y técnicas de afrontamiento del educador social dentro de un marco del trabajo social», en S. Yubero y E. Larrañaga, *El desafío de la educación social*, col. Humanidades, Universidad de Castilla La Mancha, 1996.

Petrus, A., «Educación social y perfil del educador social», en Sáez (comp.), *El educador social*, Murcia, Universidad de Murcia, 1993.

Quintana, J. M., «La profesionalización de la Pedagogía Social», *Revista de Pedagogía Social*, nº 1, 1986.

Rodríguez, I., «Situación actual del educador social en España», en Ayerbe, P. (comp.), *Educación e infancia en dificultad social*, Ibaeta Pedagogía Lazkao, PAX Argitaletxea, 1994.

Vintró, E., «Participación de las personas en los servicios sociales municipales de las grandes ciudades. Los grandes retos de la participación», en Congreso de Servicios Sociales Municipales. Conferencias y ponencias, Sitges-Barcelona, Diputació de Barcelona, Ministerio de Asuntos Sociales y Federación española de Municipios y Provincias, 1995.

Yubero, S. y Larrañaga, E. (comps.), *El desafío de la educación social, Col. Humanidades,* Murcia, Universidad de Castilla La Mancha, 1996.

2
LA FORMACIÓN CONTINUA EN EL MARCO SOCIAL

Si algo caracteriza el mundo actual es que está en transformación constante. Y, si bien es cierto que no es el nuestro el único momento histórico en el que se han producido cambios, lo es en cuanto, además de ser «nuestro momento histórico», éstos reúnen una serie de condiciones que los hacen verdaderamente diferentes, como son su rapidez y frecuencia, la diversidad de campos en los que se dan y las consecuencias derivadas de ellos que afectan, en este caso, a numerosos y diversos colectivos.

2.1. Factores determinantes del cambio social

¿Qué factores podemos considerar determinantes de este cambio social? Las últimas décadas del siglo XX han sido testigos de importantes transformaciones políticas, sociales y económicas que señalan el final de una época y los inicios de otra. La caída de regímenes comunistas en los países del centro y este de Europa, de África y de Asia, la emergencia de nuevos países de rápida industrialización, el desplazamiento del poder y la actividad económica desde el Atlántico al Pacífico, los problemas de la baja tasa de natalidad y aumento de la esperanza de vida planean en los países de la vieja Europa. Sin olvidar que el aumento del desempleo y las dificultades en la creación de nuevos puestos de trabajo, la aparente industrialización de países avanzados y la supuesta desconexión entre la llamada economía real o productiva y la economía financiera son algunos de los fenómenos destacados del final del siglo que acabamos de dejar.

Los países más desarrollados han experimentado, estas últimas décadas, un profundo cambio estructural, cambios que algunos autores han identificado como la llegada de la sociedad posindustrial, pues viene marcada por una incorporación masiva de las nuevas tecnologías y un cambio tecnológico permanente. Este hecho ha supuesto un notable impacto en la sociedad, pues estas innovaciones se traducen en cambios que afectan directamente a la vida de las personas en todos los ámbitos de su vida, bien sea personal, familiar, profesional o social.

Y una peculiaridad de este movimiento viene dada precisamente por la temporalidad del mismo. La expresión «*antes el tiempo era más lento*» nos acerca a la realidad social en la que los cambios vividos por una sola generación no se hubieran dado antes en muchas de ellas. La lejanía de las personas adultas respecto a su niñez y juventud no depende tanto de los años cumplidos como de la incapacidad de proyectar sus realidades vividas a este nuevo marco social que las innovaciones han convertido en obsoletas, tanto en las formas como en los discursos. Lengrand, ya en la lejana década de los setenta, lo expresaba diciendo que el mundo en la actualidad ya no se parecía a la imagen que los hombres tenían del mismo porque se les había vuelto ininteligible.

Esta aceleración que afecta a las personas y a las sociedades puede producir verdaderas catástrofes sociales, si somos arrastrados por ella, en vez de adaptarnos o intervenir adoptando estilos de vida que no rompan el equilibrio interior del ser humano. Visión ésta que veinte años atrás anticipaba también Toffler (1978, pág. 46), cuando decía: «el ritmo creciente del cambio en el mundo que nos rodea perturba nuestro equilibrio interior, alterando nuestra experiencia misma de la vida. La aceleración externa se traduce en aceleración interna».

Ante el reto de la temporalidad de los cambios y sus consecuencias, la comunicación de la Comisión Europea sobre el programa de Acción Social 1998-2000[60] reflexiona

60. Programa de Acción Social 1998-2000, Comunicación de la Comisión Europea, Bruselas, 20 de abril de 1998.

sobre los factores que inciden en el cambio social, que se convierten, al mismo tiempo, en «desafío social» cuando se pretende evitar las consecuencias, no tan positivas de los mismos, sobre todo en aquella parte de la población que corre el riesgo de ser excluida socialmente. Para profundizar en ello nos hemos basado en los siguientes puntos:

—*El fenómeno demográfico.* El aumento de la población ha sido constante, aunque las previsiones de crecimiento no parecen tan alarmantes como se pensaba. Las tendencias demográficas apuntan hacia una población que está envejeciendo, lo que significa que empieza a existir una cierta desestabilización en el equilibrio existente entre la población activa y los jubilados, sobre todo cuando este fenómeno, debido a las jubilaciones incentivadas, se anticipa en el tiempo hasta ahora requerido para ello. Esta mayor esperanza de vida necesitará de esfuerzos complementarios para hacer frente a la totalidad de sus consecuencias, en las que se tendrá que abordar, además, la creciente participación femenina en la población activa y los cambios en la vida familiar, así como el cuidado de las personas mayores dependientes, cuando normalmente estos servicios recaían en la mujer y quedaban bajo la cobertura familiar. Estas nuevas situaciones exigirán unas mejoras y continuidad de los sistemas de protección social y la búsqueda de redes sociales que coordinen y den salida a nuevas formas de atención a la población. La formación continua podría aportar algo más que una atención social a la población. Su objetivo debería consistir en preparar a las personas para la jubilación dándoles instrumentos para que organizaran activamente sus vidas, ofreciéndoles vías de participación social y motivando colaboraciones necesarias e imprescindibles en el desarrollo comunitario.

—*Las nuevas tecnologías en la sociedad del conocimiento y de la información.* Las nuevas tecnologías y su aplicación en el ámbito de los conocimientos y de la información habían creado una positiva expectativa por lo que suponía de democratización en su distribución. Se percibía, tal como apuntaba A. Toffler (1978), que la distribución de conocimientos debería ser mucho más democrática que cualquier otro factor tradicional del poder. Pero, otras visiones más realistas no apuntan precisamente hacia esta misma versión. Según J. C. Tedesco (1998),[61] «La hipótesis más general sobre la cual se apoyan estas revisiones, consiste en sostener que una sociedad basada en el uso intensivo de conocimientos produce simultáneamente fenómenos de más igualdad y de más desigualdad, de mayor homogeneidad y de mayor diferenciación». Estas nuevas tecnologías, que traban los entresijos de nuestros quehaceres cotidianos y que están permitiendo que una parte de la población, gracias a las redes de comunicación, pueda ejercer la enseñanza a distancia y el autoaprendizaje, dejarán de lado a sectores de la población que por diversos motivos no accederán a ellos y quedarán atrapados en otra serie de analfabetismos que los mantendrán excluidos, incluso, de aspectos rutinariamente significativos de la vida diaria.

El hecho de que internet se popularice tendrá unas repercusiones todavía imprevisibles. Otros fenómenos, como la internacionalización de la información, han tenido unas consecuencias muy cercanas en el tiempo y tan conocidas como poco estudiadas; es el caso, por ejemplo, de la influencia del comportamiento de estrellas televisivas y de la vida pública no solamente sobre los niños y los jóvenes sino también sobre la población adulta. La mundialización de la información, este acercamiento a la idea de aldea global, será cada vez más factible, pues las pantallas permitirán reducir distancias y la cada vez mayor interacción con los medios permitirá una real comunicación de unos y verdaderos problemas de incomunicación de aquellos sectores que queden rezagados por rechazo o por falta de posibilidades de ser usuarios de las nuevas técnicas.

—*Cambios en el mundo laboral.* El mundo laboral está cambiando día tras día, lo que conlleva una adaptación rápida de los empleados y una carrera sin fin para los que quieran acceder a un puesto de trabajo. La competitividad en la que se ven envueltas las empresas precisa

61. Ponencia en el II Congreso Estatal de Educación Social, Madrid, 5-7 de noviembre de 1998.

de la flexibilidad de las plantillas, mientras que la seguridad en el puesto, les permite aprovechar el potencial de conocimientos ya adquiridos y proyectarlo hacia nuevas formas de organización del trabajo y de promoción de nuevas condiciones del mismo.

El tiempo libre, desconocido en épocas pasadas, cuando incluso se trabajaba los domingos y los intervalos de descanso sólo eran concebidos como una recuperación de fuerzas para volver al trabajo, se convierte actualmente en una realidad que evoluciona como fruto de los cambios estructurales de la sociedad y que deviene en una fuente de indefinidas expectativas de futuro. Las vacaciones pagadas y el aumento de días festivos, que disfrutan de una corta pero conocida tradición, el tiempo de trabajo dedicado a la formación, las jornadas de trabajo reducidas, las treinta y cinco horas de jornada laboral semanal que empiezan a contemplarse, nos indican que estamos todavía en los comienzos de una etapa en la que, sin duda alguna, la educación tendrá algo que decir.

Y es que, la cara de la crisis nos lleva a otras lecturas diferentes del tiempo libre, como son las vacaciones forzosas por baja producción, las prejubilaciones, el desempleo, los periodos de trabajo en alternancia, las ofertas de trabajo sólo en épocas de mayor demanda, etcétera. La idea, no de educar en todo el tiempo libre sino, según dice J. Trilla (1993, pág. 81), de «potenciar lo que de educativo tenga el ocio en sí mismo», sería uno de los desafíos de la educación. El arte de crear más que consumir o la capacidad de la persona de proveerse de medios para arrancar satisfacción, placer y descanso, es uno de los retos de la educación respecto al ocio. Las alternativas a las salidas fáciles y consumistas como el juego, el alcohol, las drogas, etcétera, que llevan al deterioro de la persona, son factores que una educación social debe prever y trabajar.

—*La crisis de modelos de vida y relaciones.* La sociedad, cuyos modelos de vida parecían estar cuidadosamente codificados, donde los consejos de cómo solucionar los problemas pasaban de generación en generación, donde las clases sociales estaban bien definidas, donde las relaciones jerárquicas y machistas se dejaban sentir en la familia, en el ámbito de trabajo y en todos los espacios sociales en todas sus formas de relaciones, ha sufrido una transformación radical. Las sociedades disponían de códigos y escalas de valores que se transmitían de generación en generación, a través de la educación en la familia, la escuela y la Iglesia, mientras las fidelidades a creencias religiosas, políticas y sindicales eran vividas día tras día, protegidas por la continuidad que se convertía en rito.

Actualmente, la creciente autonomía personal y la independencia de las personas en doctrinas y filiaciones han creado una rica pluralidad de expresiones que debe ser aumentada y protegida por el respeto a las vivencias de cada uno. Una sociedad pluralista está aceptando también otros tipos de relaciones afectivas, de convivencias más o menos legalizadas y una mezcla de relaciones donde el color, la raza y las diferencias de costumbres y países van dejando de ser una barrera infranqueable. J. Delors (1996), al considerar como cuarto pilar básico de la educación el aprender a vivir juntos, señala la importancia de la coexistencia en la pluralidad, en la solidaridad y en la armonía de la convivencia pacífica. Lo que no escapa a estos planteamientos son las nuevas *relaciones de clases*, que primero, según apunta M. Castells (1998, pág. 378), hay que identificar para luego distinguir sus diferentes significados. De acuerdo con la teoría de la estratificación social, el nuevo sistema, según este autor, «se caracteriza por una tendencia a aumentar la desigualdad y la polarización sociales», es decir, un aumento simultáneo tanto de la base social como de la cúspide de la misma. Ello repercutiría en una *exclusión social* de una parte de la población. Y, a su vez, esta eliminación vendría determinada por la adquisición o no del conocimiento y la información que son las bases de los nuevos modelos de producción, siendo la educación una cualidad imprescindible porque la innovación surge de esta red de trabajo colectivo realizado por multitud de trabajadores en continua interactuación.

—*El deterioro del medio ambiente.* Desde hace algunas décadas, el crecimiento y riqueza de los pueblos se han desarrollado con poco respeto a los principios impuestos por la madre naturaleza, expoliándola sin muchas contemplaciones y eso ha comportado un medio sucio, contaminado y más generador de enfermedades que de salud. El deterioro del medio ambiente, fruto de las emisiones de gases y residuos del mundo industrializado, pone en peligro una y otra vez la calidad de vida de las personas y de las fuentes de su alimentación: el mar, la tierra, los ríos, los lagos, el aire que respiramos, el suelo. Las políticas muchas veces obtusas para obtener compromisos viables vuelven a dejar en manos de los ciudadanos la conciencia y la mejora a niveles casi insignificantes de este deterioro. La educación en los hábitos de conservación y respeto a la naturaleza, la salvaguarda de los bienes naturales y su explotación, dirigida a resolver las necesidades básicas, debe contribuir a una toma de conciencia que consiga arrancar políticas más comprometidas al respecto.

—*El derecho universal a la educación.* El derecho universal de la educación, su extensión gratuita en las enseñanzas básicas; la implementación de las nuevas tecnologías en el ámbito educativo, la extensión de la educación a lo largo de la vida de la persona, la expansión de la educación de adultos; el aprendizaje de lenguas nacionales y extranjeras, la posibilidad de escoger itinerarios curriculares, el aumento de nuevas diplomaturas y más pluralidad de estudios curriculares, la gran expansión de la educación no formal y su reconocimiento en ámbitos de educación reglada; el inicio y extensión de la formación continuada en las empresas y lugares de trabajo, la educación ocupacional, preparando a las personas para adquirir una primera, segunda o tercera ocupación; la contemplación de la educación informal por la influencia cotidiana en la vida de las personas, la utilización de los medios de comunicación en la educación; la contemplación de la educación en ámbitos marginales como cárceles, calle, residencias, fundaciones, hospitales; el inicio de medidas de evaluación de la calidad en la enseñanza; todo ello nos habla más que de un cambio educativo, de una transformación de los sistemas tradicionales de aprendizaje. Porque, tal como apunta Drucker (1996, pág. 220), «La escuela ya no puede contentarse con ser un lugar que se encarga de quienes aún no tienen edad de trabajar, cada vez más tendrá que estar asociada a los adultos, además de a las organizaciones que les dan empleo. Y esas organizaciones también —empresas y organismos gubernamentales, instituciones no lucrativas del sector social respecto a sus voluntarios— tendrán que convertirse de forma creciente a la vez en asociadas de las escuelas y en instituciones de enseñanza aprendizaje».

La escuela ha dejado de ser el único lugar de preparación para la vida activa, porque la vida misma se está convirtiendo en una escuela de aprendizaje. De esta realidad no podemos deducir una fagocitación de la segunda por la primera, sino una coexistencia porque ambas se necesitan. De la primera son imprescindibles los fundamentos básicos donde ir integrando los nuevos aprendizajes, de la segunda recibimos experiencias, información y el estímulo para la continua puesta al día de los conocimientos y sus aplicaciones en los ámbitos donde nos desenvolvemos. De ahí que los tradicionales conceptos de «enseñar» y «aprender» estén quedando desfasados porque implican situaciones puntuales en el tiempo, en contenidos limitados y en ámbitos tradicionalmente establecidos. En este mundo cambiante, donde las nuevas tecnologías han afectado e incidido en la sociedad que las ha desarrollado, los conceptos de «aprender a aprender», de aprender a innovar, de aprender a cambiar, han pasado a ocupar un lugar privilegiado del servicio educativo.

De esta forma, y en este comprometido entresijo de realidades actuales se hace cada vez más difícil el intento diversificador entre educación y formación. La educación, como término mucho más amplio, no puede perder de vista las exigencias prácticas de la formación, al igual que ésta ha de tener en cuenta las perspectivas a largo término. De ahí que sean incomprensibles las actitudes de autoprotección y cerrazón que demuestran algunos educadores tradicionales, sosteniendo que la educación no ha de estar sometida a las necesidades urgentes de la economía, sino que ha de buscar objetivos a largo plazo, lo que supone una ceguera considerable ante el cambio que se está generando. Y no se trata de exclusiones, es preciso superar la tensión entre la inmediatez sin que suponga anular una apuesta de futuro así como tener una visión futurista sin por ello dejar de dar respuesta a las necesidades que un mundo en continua evolución está exigiendo.

¿Cómo afecta pues, este cambio al propio educador social y al contexto social en el que vive?

¿Cuáles son las repercusiones que estos cambios provocan tanto en su vida profesional y social como a la de la población a la que dirigen su actividad profesional?

2.2. Repercusiones sociales en la sociedad del saber

Si seguimos el hilo de la historia de Occidente advertimos que se producen a lo largo de ella profundas transformaciones, a raíz de las cuales la sociedad, al descubrir nuevos valores, se reordena a sí misma, implicándose en reestructuras políticas y sociales y cambiando su visión del mundo, que acaba incorporando tanto en su arte como en sus instituciones clave. Después de cada cambio aparece un nuevo panorama, y difícilmente puede imaginarse el mundo anterior. Si en este momento se está viviendo una transformación que, según los expertos, no se completará hasta el año 2010 o 2020, es también arriesgado tratar de predecir los detalles de cómo será el mundo que está naciendo.

Durante más de cien años, tal como apuntan varios autores, los países desarrollados se han orientado hacia una sociedad de organizaciones basada en el trabajo y la lealtad de sus empleados, aspectos que en la actualidad están cambiando de sentido, porque estas naciones van evolucionando hacia una sociedad donde las relaciones entre las organizaciones y las personas que trabajan para ellas están siendo diferentes, como lo son también las relaciones de las organizaciones entre sí, porque se sitúan en un marco social diferente.

Antes de existir el empleado de estas organizaciones modernas «había sirvientes en la casa, y jornaleros en el campo, vendedores en las tiendas, aprendices y oficiales en los talleres de los artesanos, pero esas personas no trabajaban para una "organización", trabajaban para su "amo" o "ama"». (P. Drucker, 1996, pág. 66). Fue, hacia los años cincuenta, cuando los empleos se podían encontrar en grandes organizaciones; para los obreros y jefes, en las fábricas, los funcionarios en inmensos y burocratizados organismos gubernamentales, los enfermeros en hospitales en constante crecimiento y los profesores en unas universidades en ininterrumpida expansión, realidades tan convincentes que hacían predecir tendencias hacia este modelo, como el único posible a seguir en los años posteriores.

En cuanto a la industria, el modelo tayloriano se hizo dueño de las situaciones donde los jefes eran meros repetidores de normas que se debían cumplir y ejercían la función de supervisores, castigadores, porque el modelo de *homus economicus*, la teoría X según McGregor,[62] necesitaba de esta vigilancia para que la persona, que según la teoría básicamente se incentivaba con módulos salariales, no escapara o produjera menos en el trabajo, mientras se apoyaba en una doctrina empresarial que se basaba en el conformismo del hombre en la empresa y la lealtad a la misma.

Pero ahora, en el 2000, ante un mundo en transformación, que no se limita a España ni a Occidente sino que abarca el planeta entero, podría discutirse, dice el autor mencionado, si esta transformación se inició con el advenimiento de Japón como gran potencia económica no occidental, o con el primer ordenador. Pero Drucker, que en 1959 acuñó por primera vez el término *trabajadores del saber*, se inclina, como iniciadora de este nuevo concepto, por la Declaración de los Derechos del Soldado[63] que, según él, gracias a la entusiasta respuesta que recibió por parte de los veteranos señaló la transición hacia esta nueva sociedad.

En esta sociedad del saber, los conocimientos son «el recurso básico» para los individuos y para la economía en

62. La formulación de la «teoría X» (gestión autoritaria) y «teoría Y» (gestión participativa), fue propugnada por primera vez en su libro *The Human Side of Enterprise*, Nueva York, McGraw-Hill, 1960.

63. «La GI Bill of Rights (Declaración de los Derechos del Soldado) concedía a todos los soldados estadounidenses que regresaban a casa al acabar la Segunda Guerra Mundial el dinero necesario para asistir a la universidad, algo que no hubiera tenido ningún sentido sólo treinta años antes, al finalizar la Primera Guerra Mundial.» Drucker, P., *La gestión en un tiempo de grandes cambios*, Barcelona, Edhasa, 1996.

su conjunto porque se han roto, tal como dice S. Gómez (1997), los esquemas tradicionales de las clásicas empresas industriales donde una masa de trabajadores, poco cualificados, repetían hasta la saciedad los mismos movimientos en respuesta a las cadenas de montaje a las que estaban sujetos. En estos momentos los factores de producción pasan a ser secundarios, mientras se inicia la tendencia a trabajar para una organización, pero sin ser empleado de la misma: contratistas, trabajadores a tiempo parcial, eventuales y colaboradores para diferentes compañías a la vez son formas de una nueva situación que se presenta cargada de exigencias y capacidades que requieren un alto grado de educación.

En nuestra sociedad, las instituciones encargadas de ésta, como la escuela y la familia, han sido tachadas de conservadoras porque tratan de mantener la estabilidad y de impedir o, por lo menos, frenar el cambio. Frente a ellas el nuevo modelo de organización aparece como una fuerza desestabilizadora ya que tiene que estar organizada para la innovación, una innovación a la que se ha calificado de «destrucción creativa» porque se orienta hacia el abandono sistemático de todo lo establecido, lo rutinario, lo familiar y cómodo, tanto si se trata de un producto, un servicio o un protocolo, de un conjunto de conocimientos o bien de las relaciones humanas y sociales de la organización misma; en pocas palabras, tiene que prepararse para gestionar un cambio constante porque, por su propia naturaleza, el saber sufre constantes variaciones y lo que hoy son certezas, mañana pueden ser considerados verdaderos absurdos.

Todos estos cambios producidos en tantas esferas del ámbito laboral afectarán también a la composición social, que se manifestará, según M. Castells (1998, pág. 380), en tres grandes ámbitos: el primero sería *la* «fragmentación interna de la mano de obra entre productores informacionales y trabajadores genéricos reemplazables»; *el segundo se situaría en torno* «a la exclusión social de un segmento significativo de la sociedad compuesto por individuos desechados cuyo valor como trabajadores/consumidores se ha agotado y de cuya importancia como personas se prescinde»*; y el tercero hace referencia* a «la separación entre la lógica de mercado de las redes globales de los flujos de capital y la experiencia humana de las vidas de los trabajadores».

Este variable número de situaciones individuales y de configuraciones organizacionales afectará los contratos laborales del siglo XXI. Estos contratos se prevén ágiles, con capacidad de adaptación a un escenario cambiante, siendo la movilidad laboral uno de los pilares básicos de las empresas y uno de los problemas graves de los individuos y de la sociedad, a los que la formación y los educadores sociales como arte y parte en procesos, muchas veces, vividos por ellos mismos, se sienten, por su labor profesional, obligados a dar respuestas.

Este cambio constante en el mundo de las relaciones organizacionales y laborales genera tensiones, como consecuencia de unos intereses que podríamos denominar contrapuestos, como son:

—La necesidad de flexibilización de la plantilla laboral que requiere la empresa frente a la necesidad de estabilidad laboral de los individuos.
—La necesidad de mano de obra cualificada y las cuotas de analfabetismo funcionales, incluso en los países industrializados.
—La necesidad de la especialización y la demanda de polivalencias.
—La competitividad exacerbada y la necesidad de trabajo en equipo y de compartir saberes y experiencias.
—Los contratos eventuales y las exigencias de implicación de los trabajadores en la organización.
—La necesidad de permanencia de la empresa unida a la presión de cambios constantes.
—Etcétera.

La apertura de los mercados, las innovaciones tecnológicas y la flexibilidad organizativa son los tres aspectos fundamentales que han convulsionado el mundo económico, desplazando la producción de su tradicional y todopoderoso dominio para pasar al servicio de una sociedad cada vez más exigente. En este nuevo marco la profesionalidad, la rapidez de respuesta y la calidad de servicio, junto con la capacidad de adaptación a los cambios, son las claves de permanencia de las empresas y de los puestos de trabajo.

Pero esta nueva situación requiere un cambio en el modelo organizativo tradicional, que consideraba a la persona como un mero instrumento al servicio de la producción. Según S. Gómez (1997), ésta quedaba encerrada en su puesto de trabajo, alejada de entrada de cualquier movilidad funcional, de la flexibilidad y polivalencia y a los aspectos de crecimiento personal, como el afán de superación, y de sentirse útil y respetada, y de encontrar sentido en el trabajo que realizaba.

Este cambio en los sistemas y procedimientos repercute en las estructuras estables de las instituciones que se tambalean; las concepciones piramidales de las organizaciones dan paso a otros perfiles mucho más funcionales y flexibles, aspectos que comportan un cambio de mentalidad en sus directivos y en sus trabajadores, lo que requiere de la educación unos valores que aporten un mayor equilibrio en la familia, en el trabajo, en las relaciones interciudadanas, la comprensión y aceptación de otras realidades y la creación de mecanismos y lenguajes para interpretar los acontecimientos. Este nuevo concepto de organización trata de pasar a un nuevo paradigma donde los organigramas jerárquicos no sean el epicentro de la actividad ni los puestos de trabajo mutilen con su rutina a las personas; se trata de buscar el área natural de trabajo; se trata de cambiar la relación «una persona» con «un puesto», para pasar a un «equipo de personas» con un «conjunto de puestos», quedando configurada de esta manera el área natural de trabajo.

En este nuevo enfoque, la persona tiene un campo de actuación mucho más amplio y se convierte en el centro de la actividad empresarial, mientras que la organización y los agentes sociales, los educadores sociales entre ellos, deben estar orientados hacia las funciones de:

—Enseñar a convertir el saber en herramientas, productos y procedimientos.
—Ofrecer elementos de reflexión que ayuden a la comprensión de una concepción diferente del trabajo.
—Persuadir de que es necesario el esfuerzo del trabajador para pasar del ofrecimiento del esfuerzo físico a la oferta del trabajo del conocimiento.
—Demostrar, para aumentar la comprensión, que el traba-

jador tendrá que poner constantemente al día sus conocimientos si no quiere quedarse desfasado.

Los nuevos trabajos requieren de una sólida educación básica, de una especialización y de la capacidad para adquirir y aplicar nuevos conocimientos teóricos y analíticos, incluyendo además el entendimiento de una forma diferente de abordar el trabajo y de una actitud mental abierta; y sobre todo precisan de un hábito de aprender a aprender y de un aprendizaje continuado. Porque este nuevo sistema desplaza los trabajos, considerados tradicionales, que se desarrollaban básicamente a fuerza de experiencia y de esfuerzo físico, en favor de unas actividades de mayor capacidad mental para dar respuesta a una sociedad de «servicios». Para esta nueva realidad no es suficiente el patrón del aprendizaje por la experiencia, es necesaria también una renovación constante del conocimiento. De aquí que la formación continua se haya vinculado al puesto de trabajo pues se entiende que dicha formación permite reciclarse, ampliar conocimientos, realizar nuevos aprendizajes y pasar de los modelos estáticos basados en las tareas a otros más dinámicos basados en los procesos, aspectos que se están convirtiendo en exigencias y que, de alguna manera, se asocian también a la permanencia, no tanto del puesto de trabajo en sí, que puede desaparecer, como en otras tareas de la misma empresa o en otra organización.

La desaparición de algunos trabajos, la aparición de nuevas fuentes de empleo y la inestabilidad de los mercados nos dan a entender que la búsqueda de empleo no se realizará una sola vez en la vida. Así como antes el buscar empleo se situaba al finalizar la etapa educativa y prácticamente era un tema a olvidar, hoy en día se está convirtiendo en una actividad permanente, motivo por el cual incluso la formación para esta búsqueda no deja de ser continua, porque difícilmente habrá una sola y única entrevista de trabajo a lo largo de nuestra vida profesional, como tampoco habrá una manera exclusiva de enfocar el currículum.

Para poder responder a estos vaivenes, a estas inseguridades, con mayor conocimiento de causa, debemos contar con la formación continua, con el aprendizaje permanente.

Una formación continua puede prepararnos para responder a otro espacio profesional, si aquel que se ejercía ha desaparecido, motivarnos a buscar nuevas alternativas si las presentes se han agotado, y a entrenarnos para un cambio continuado de actitudes, valores y capacidades. Esta formación puede ayudar a configurar un desarrollo profesional y personal siempre que los aprendizajes se vayan integrando hacia aspectos positivos de la vida laboral, social y familiar.

Pero en esta responsabilidad del cambio también están implicadas las organizaciones tanto públicas como privadas, que tendrán que incorporar la gestión del cambio a su misma estructura, tendrán que aprender a explotar su saber; esto es, a gestionar los conocimientos y a desarrollar la siguiente generación de aplicaciones a partir de sus propios éxitos y de la reflexión y reorientación de sus desaciertos; y tendrán que aprender a reorganizar esta innovación como un proceso sistemático, teniendo en cuenta que en los cambios estructurales y de procedimientos anteriores se dio preferencia a la reducción de costes mientras no hubo preocupación por crear un nuevo saber hacer que dirigiera el cambio de los comportamientos tradicionales de los empleados. Este nuevo giro, que se mide constantemente con el factor «calidad», necesitará, tal como apunta García de Sola (1997),[64] de «una dirección transversal y no funcional y un trabajo en equipo y no jerarquizado; supone potenciar, no instruir, al subordinado; la calidad y eficiencia sustituyen a productividad y eficacia; son inseparables la fuerza pensante y la laboral siendo la conjunta la que entiende su trabajo».

Esto implica que las demandas son y serán diferentes y la pregunta se dirige a saber si son o no coincidentes con la formación que se recibe en las escuelas, institutos, escuelas profesionales y también en la universidad, desde donde saldrán y se seguirán formando los profesionales que deberán dar respuestas a las nuevas inquietudes sociales.

Porque los educadores sociales como «trabajadores del saber» precisarán:

64. «La meta de la excelencia», en *El País Negocios,* Gestión & Formación, 30 de marzo de 1997.

—Prepararse y tendrán ante sí la responsabilidad de hacerse comprender por otras personas, requiriendo, además, la integración de nuevos conocimientos especializados en su propio trabajo. Pensemos, por ejemplo, cómo en el campo del trabajo social es imprescindible el enfoque multidisciplinar en el desarrollo de políticas y en la resolución de problemáticas tanto grupales como individuales.

—Aprender diferentes estilos y metodologías de trabajo en equipo así como integrarse y saber qué esperar y qué aportar porque no sólo las ciencias y las tecnologías crean nuevos saberes, sino que las innovaciones sociales son igualmente importantes, lo que implicará una visión actualizada de las repercusiones de dichos cambios.

—Estar al día en cuanto a conocimientos y formas relacionales humanas y sociales dentro y fuera del marco laboral ya que serán necesarias, tanto para el trabajo que en aquel momento desempeñe el trabajador, como para la búsqueda de un nuevo empleo debido a las situaciones cambiantes del mercado laboral.

—Conocer las repercusiones personales, familiares y sociales de la precariedad del trabajo eventual. Surgido hace unos cuarenta años con el fin de cubrir bajas temporales en puestos considerados de baja cualificación como los de recepcionista, cajero de supermercado, etcétera, ha pasado a ser una modalidad de trabajo que afecta incluso hasta los niveles de mandos y dirección.

—Trabajar en servicios o proyectos contratados por una empresa, un hospital, una universidad, un ayuntamiento, un organismo gubernamental, que encarga toda una actividad a una empresa independiente especializada en ese tipo de trabajo. Un ejemplo de ello son los servicios de animación social que algunas empresas de producción u organizaciones públicas encargan a empresas de servicios especializadas en el campo social.

—Coordinarse con trabajadores/educadores de otras organizaciones, pues la puesta en práctica de muchos proyectos requieren la presencia de profesionales de otras áreas de conocimiento.

2.3. Actividad laboral discontinua y formación continua

Los cambios producidos por la integración económica de las naciones, la globalización de la economía mundial, la competitividad agresiva por la maduración de los mercados de los países desarrollados, la rivalidad con los mercados emergentes, la tecnología con más y mejores sistemas de comunicación que permiten la conexión de un creciente número de personas, los cambios de cultura, sistemas y estructuras en el seno de las empresas, las variaciones en los aspectos demográficos mundiales, los graves desequilibrios sociales entre países y un largo etcétera nos empujan hacia la configuración de un modelo diferente de sociedad, en la que la actividad laboral se estructura desde otras perspectivas. Y es precisamente: «porque el trabajo va desapareciendo como actividad continuada, que la permanencia en el empleo y la búsqueda del mismo estén requiriendo de una formación continua». M. Romans (1999).

No es de extrañar, pues, que en este vaivén social en el que desaparecen oficios y despuntan nuevas profesiones que requieren de capacidades diferentes, existan actualmente muchas personas en el paro y demandas sin atender porque faltan técnicos especializados para cubrir estos puestos. De la misma forma que da lugar a que haya unas personas que no encuentren trabajo relacionado con sus estudios y otras que estén contratadas para hacer trabajos de una categoría o responsabilidad inferior a la que son capaces, tal como lo expresa Díez Hochleitner (1998)[65] cuando dice: «la oferta de gente adecuadamente o muy preparada es cada día mayor y en muchos casos superior a las oportunidades de empleo e incluso de trabajos esporádicos», lo que nos demuestra que está cambiando el mercado de la oferta y la demanda y difícilmente nos acercaremos a soluciones si no existe entendimiento entre ambas, problema éste que agravaría aún más la inserción en el mundo laboral, aunque la formación no sea la única garantía de acceso a él.

65. R. Díez Hochleitner en una entrevista realizada por J. Hervás, en *AEDIPE*, nº 4, tercera época, Madrid, 1998, págs. 58-66.

Existen, además, nuevos valores que se están integrando en las organizaciones como son: el liderazgo, el trabajo en equipo, los equipos multidisciplinares, la dirección por valores, etcétera. La necesidad de buscar referencias comportamentales más duraderas por encima del cambio que incesantemente irrumpe en las vidas de las personas y de las organizaciones, apoyados sin duda en las nuevas tecnologías, como elementos auxiliares de la dirección, son puntos relevantes en estos primeros años del nuevo siglo. Pero estos nuevos valores no nacen ni crecen sin trabajarlos. Ello supone un verdadero giro, que las organizaciones están llevando a cabo, ya que si bien no puede afirmarse su puesta en marcha generalizada, tampoco pueden negarse los esfuerzos realizados en esta dirección. La evolución es difícil y supone dar unos pasos que, al igual que en todos los procesos, requiere de los medios y esfuerzos necesarios para desarrollarlo e informar y formar al personal, a fin de que se sienta implicado en el mismo.

Y estos cambios existen porque los conocimientos son diferentes y porque se han diversificado las maneras de hacer las cosas. Quizá uno de los aspectos más difíciles de integrar en ellos sean las diferentes maneras de proceder en el trabajo que, en las organizaciones de corte tradicional, eran hasta hoy consideradas como «no deseadas». Estos nuevos procesos suponen un giro de mentalidad muy difícil de hacer, sabiendo que no podrán llevarse a cabo si los trabajadores no varían su actitud y su manera de pensar porque, tal como dice I. Farreras (1997, pág. 165),[66] «se está pasando de solicitar una mano de obra disciplinada y preparada para realizar de manera escrupulosa únicamente aquello que corresponde a su puesto de trabajo, a solicitar trabajadores con una mayor participación y aportación de iniciativa personal», lo que supone un aumento en la autonomía personal, difícil de conseguir cuando los modelos anteriores habían sido antagónicamente diferentes.

66. Informe de las Comisiones en la Conferencia Paneuropea sobre la educación y la formación de adultos, celebradas del 12 al 14 de diciembre de 1996, Generalitat de Catalunya. Departament de Benestar Social, Direcció General de Formació d'Adults, 1997.

Un buen ejemplo de ello se halla en la importancia que se da a la creatividad, a tener ideas propias, a sugerir cómo mejorar el propio trabajo y a aportar ideas de cambio en el funcionamiento de la actividad, aspectos que en las organizaciones punteras se buscan y se premian. El requerimiento de estas innovaciones nos recuerda que el aprender no sólo se lleva a cabo ampliando conocimientos y aplicando y desarrollando habilidades, sino que comporta, sobre todo, la potenciación de las actitudes y valores de la persona que le permitan afrontar por sí misma los nuevos retos, conocimientos y aprendizajes para los que precisará del apoyo de la formación continua, porque en esta nueva situación y basándonos en un resumen de S. Gómez (1997):

—Se rompe la rigidez del puesto de trabajo y con él la monotonía y la rutina.
—Se amplía el contenido del puesto y, por lo tanto, se da pie a nuevas perspectivas.
—Se forma a la persona y se le ofrece campo para su desarrollo personal.
—Se dan oportunidades para que las personas demuestren sus capacidades y habilidades.
—Se estimulan y premian la iniciativa y la creatividad.
—Se consigue mayor visión de conjunto, no sólo la del puesto-trabajo.
—Se orientan las personas hacia el trabajo en equipo.
—Se trabaja por proyectos, estimulando las aportaciones creativas y optimizadoras de procesos.
—Etcétera.

Según este modelo, se gana en flexibilidad, motivación, conocimientos e integración. Pero, ¿está el personal preparado para cambiar de modelo? No debemos olvidar que la participación en un cambio de esta naturaleza exige unos grados de confianza y un respeto a los procesos que suelen ser lentos. No se trata de procesos unilaterales, sino que ambas partes, organización y trabajadores, deben estar implicados. Sería ilusorio pensar que una persona con una formación inicial para un puesto, cierto grado de experiencia y consolidados hábitos en sus relaciones con la organización, traducidos en ejecutar órdenes, de repente se encuentre preparada para implementar activamente un sistema participativo. Serán necesarios unos pasos programados de información y motivación para que las personas a quienes afecte el cambio quieran y sepan involucrarse en él.

Para estos cambios que afectan a los trabajadores dentro y fuera de las organizaciones, unos porque tienen trabajo y otros porque lo buscan, serán necesarios una mayor preparación de la población, unos dirigentes que crean en la persona, unos sindicatos flexibles, dialogantes y entendedores del presente más que anclados en versiones del pasado, unos consultores, educadores abiertos, reflexivos y dinámicos que sean capaces de aprender y, por lo tanto, de colaborar en este cambio de orientación, relaciones y valores del trabajo, contando para ello con diferentes medios y colectivos.

Es indudable que se implementan nuevos modelos y aumentan las organizaciones dinámicas, mientras que otras manifiestan talantes más rezagados y remolones. Ahora bien, se observa una sensibilización al respecto cada vez mayor que podría quedar en una simple utopía si pretendiéramos avanzar a base de hacer y repetir cursos de formación, porque la manera de hacerlo podría devaluar el propio cambio. Se trataría de orientar hacia actividades que provoquen transformaciones más profundas a fin de abarcar, en su globalidad, la manera de entender y hacer efectivos y menos traumáticos estos procesos.

Las necesidades de formación, cada vez más evidentes para conseguir unas estrategias de crecimiento y mejora, están impulsando unas respuestas realmente innovadoras que no dejan de cambiar el panorama de la formación, debido en parte a los planes de formación continua en las organizaciones. Gracias a ella se está poniendo a disposición de las empresas y los trabajadores, aunque todavía no es suficiente, un nuevo sistema de formación profesional reconociendo el papel central de los agentes sociales y contando con la responsabilidad directa de los propios protagonistas de la actividad económica. La aparición de la formación en las empresas está resultando decisiva para concienciar a los empresarios sobre la importancia de los planes formativos para la mejora de la productividad y la competitividad. Se puede decir que es una apuesta de futuro para el desarrollo económico en muchos países, aunque no alcance el mismo nivel de crecimiento en todos ellos.

La formación continua pretende, pues, tanto la mejora de las competencias y cualificaciones como la recualificación de los trabajadores ocupados, que permitan compatibilizar la mayor competitividad de las empresas con la formación individual de los mismos. De ahí que entre los objetivos se destaquen:

a) la preparación para la adaptación y evolución permanente de las distintas profesiones y contenidos de los puestos de trabajo
b) la mejora de las competencias y cualificaciones para fortalecer la situación competitiva de las empresas
c) la promoción social de los trabajadores
d) la prevención de estancamientos profesionales
e) la ayuda a sectores en dificultades
f) la anticipación a las consecuencias de la puesta en marcha del mercado interior europeo
g) la preparación de los trabajadores para hacer frente a las nuevas exigencias respecto a los retos de la globalización
h) etcétera.

Esta nueva manera de entender la formación supone que su presencia se debe dar no sólo en los inicios o preinicios laborales, sino a lo largo de toda la vida del trabajador. De esta manera abarcaríamos los cinco principios siguientes:

—La formación inicial o básica, que con el bagaje de la formación general y profesional daría entrada a conseguir un lugar de trabajo.
—La formación para la primera ocupación o para aquellos que la han perdido y quieren incorporarse de nuevo al mundo laboral.
—La formación hacia la prevención de reestructuraciones tecnológicas o estructurales en el seno de las empresas.
—La formación para el desarrollo de las competencias y la optimización del trabajo diario.

—La formación hacia la promoción de los trabajadores y trabajadoras de cara a potenciar sus capacidades y acceder a nuevas áreas de responsabilidad.

Si entendemos que la formación debe conseguir también el crecimiento integral de la persona, no podemos orientarla solamente hacia el perfeccionamiento de destrezas profesionales. Una formación completa debe recoger la riqueza de conocimientos generados por el trabajo y mejorar las actitudes que nos acercarían a la idea de que el trabajo es algo más que productividad para generar ganancias. Entonces podríamos decir que la formación habría apostado por el desarrollo total, gracias al cual la persona puede optimizar sus capacidades, despertar sus inquietudes y descubrir nuevas facetas y potencialidades que muchas veces desconoce. Este crecimiento personal aumentaría el patrimonio de las organizaciones, que verían cómo su capital humano revertiría en la propia institución sus conocimientos y su creatividad.

2.4. La formación continua en la Administración pública

¿Por qué, nos preguntamos, la Administración pública necesita o está sujeta también al cambio organizacional y precisa de la formación continua?

La presencia del Estado en la vida económica de muchos países europeos ha sido un factor decisivo. Esta presencia pública se debe a razones muy diferentes: desde la extensión de un sistema de asistencia sanitaria y prestaciones sociales controladas por el gobierno, hasta la intervención de éste en muchos sectores de la economía que, apoyada intelectualmente por las entonces indiscutidas ideas keynesianas, dieron a los gobiernos criterios claros y supuestamente bien fundamentados para intervenir en la vida económica de manera prácticamente infalible, pasando por la creencia de que la presencia del sector público en ciertas empresas era necesaria para su continuidad.

Mientras que el intervencionismo público en la vida económica creció rápidamente en los años sesenta, durante la crisis de los años setenta se pusieron de manifiesto dos limitaciones graves de esta conducta del Estado: la creación de importantes deficiencias en el funcionamiento del sistema y la necesidad de crecientes impuestos para poder financiar un gasto público desbordante. De ahí que el Estado del bienestar entrara en crisis, no tanto porque sus ideas fueran cuestionadas, sino porque las crecientes necesidades financieras de los gobiernos, presionados por los grupos neoconservadores para deslegitimizar y desmantelar los servicios públicos, hicieron que éstos eliminaran paulatinamente numerosas actividades económicas promovidas por dichas administraciones.

La desregulación de numerosos sectores de la economía, la prohibición explícita por parte de la Unión Europea de subsidios y otras ayudas públicas a empresas privadas y la lenta pero progresiva privatización de empresas y servicios públicos han supuesto una reducción del tamaño del sector público. Por otra parte, la introducción de criterios de eficiencia de las actividades públicas ha conducido a una mayor profesionalización de este sector y, en algunos casos, a una gestión conjunta sector público-sector privado de algunos servicios importantes. Este modelo intervencionista de economía de mercado dominante en los países europeos entra en crisis en los años setenta para asumir un nuevo papel.

Esta nueva realidad no necesariamente debe pasar por el desmantelamiento del Estado del bienestar, sino que deben encontrarse formas alternativas que permitan ejercer al ciudadano sus derechos en condiciones adaptadas a la sociedad actual y adecuadas a la realidad socioeconómica del momento. Se trata por lo tanto de que, ante esta erosión del Estado, entren a tener mayor protagonismo los gobiernos locales y regionales, pues el acercamiento de estas instituciones respecto a la ciudadanía las hace más sensibles a las problemáticas cotidianas de los mismos, mientras que las dinámicas de sus aparatos burocráticos suelen ser menores y por lo tanto más flexibles. En este sentido y tal como dice Canals (1996, pág. 40), se trata de que el sector público sea más pragmático y «actúe de acuerdo con el principio de la subsidiariedad: aquello que pueda hacer una organización de orden inferior (familias, empresas, ayuntamientos, regiones), no debe hacerlo el sector público central, pues no lo hará de manera eficiente».

Al hilo de este discurso, Drucker (1996, pág. 78), nos anuncia: «que en los próximos cincuenta años, las escuelas y las universidades cambiarán y lo harán de forma más drástica que como lo hicieron desde que adoptaron su forma actual, hace más de trescientos años, cuando se reorganizaron en torno a un libro impreso». Estos cambios, según el autor, los impondrán no sólo las nuevas tecnologías, los ordenadores, los vídeos y las emisiones vía satélite, sino las exigencias de una sociedad basada en el saber, en la cual el aprendizaje organizado se convertirá, para los trabajadores del saber, en un proceso que durará toda la vida; y porque se desarrollarán nuevas teorías sobre la forma de aprender de los seres humanos, pues no sólo la ciencia y la tecnología crean el nuevo saber, sino que las innovaciones sociales hacen igualmente aportaciones importantes.

La Administración pública, que tiene el reto de la modernización, necesita en una buena parte de la cualificación de sus empleados para poder llevarla a cabo. Una formación profesional, tanto inicial como continua, puede ayudar a las administraciones a ser más eficaces en sus funciones y para ello precisará de una:

—Adaptación permanente a la evolución de las profesiones y al contenido de los puestos de trabajo y, por tanto, de mejora de las competencias y cualificaciones indispensables para incrementar la eficacia y la calidad de los servicios que prestan las administraciones públicas y el personal a su cargo.
—Promoción que permita a los profesionales de dichas administraciones evitar el estancamiento en su desempeño profesional.
—Adecuación e integración de las previsiones de los planes de empleo, entendidos como mecanismos de planificación estratégica de los recursos humanos.

A estos retos la Administración pública tiene que hacer frente teniendo en cuenta que todos los países desarrollados tienen la necesidad de disponer de un sector público eficaz y adecuadamente dimensionado, que los costes de la no modernización suponen una pérdida de competitividad, mientras que la legitimidad del sector público ya no se da por supuesta, pues los ciudadanos y las empresas la están interpelando constantemente, en su objetivo prioritario, el de servir al ciudadano, y todo ello se exige compatible con una escasez de recursos.

Es evidente y fácil de constatar que la Administración pública está cada vez más sensibilizada de su función como administradora de servicios, entendiendo que servir al ciudadano con la mayor calidad y eficiencia posibles forma parte de uno de sus objetivos básicos y prioritarios en esta entrada de siglo.

Las administraciones más cercanas al ciudadano, como son los ayuntamientos, llevan algún tiempo abordando aspectos concretos de la reforma de su funcionamiento para mejorar la calidad del servicio que prestan, aunque a pesar de los esfuerzos por entrar en procesos más dinamizadores no dejan de arrastrar los lastres de las anteriores burocracias. Son cambios, como decíamos anteriormente, que requieren sin lugar a duda una perspectiva diferente de la propia cultura organizativa de la corporación como primera medida, y también la mejora de los servicios por parte de quien los dispensa, es decir, de los trabajadores de las administraciones.

Un ayuntamiento al servicio del público es algo más que una idea. Se trata de impulsar la prestación de servicios considerando al ciudadano como un cliente que tiene unos derechos, lo que requiere, en la viabilidad de su aplicación, una serie de atributos que hagan posible este servicio. En este sentido, se precisarían unos cambios que acercaran la Administración a los ciudadanos como:

—La simplificación de los procesos administrativos para conseguir agilidad y rapidez en los servicios.
—El impulso de redes sociales que permitan codecidir y cogestionar las prestaciones de los servicios.
—Una mayor transparencia en las decisiones tomadas, especialmente en aquellas que afectan de una manera directa a los ciudadanos.
—La formación del personal que atiende a los ciudadanos

a fin de que sepan escuchar y facilitar la resolución de sus necesidades.

—La mejora de los accesos de los ciudadanos a los servicios de la Administración, bien sea en sus horarios, ubicaciones, formas de comunicación, etcétera.

—Etcétera.

Esta nueva perspectiva es recogida también por J. López y A. Gadea (1995, pág. 40), cuando dicen: «Los ayuntamientos deben reinventarse a partir del punto de vista de los ciudadanos. Éstos no pueden seguir siendo considerados como un expediente. La nueva cultura organizativa a impulsar en los ayuntamientos receptivos debe considerar a los usuarios de los servicios municipales como verdaderos clientes, con derechos y necesidades a satisfacer». Porque, tal como dice A. Gore (1994, pág. 8),[67] «los gobiernos eficaces y emprendedores insisten en la satisfacción del cliente. Escuchan atentamente a éstos —a través de encuestas, grupos de interés y otros métodos similares—. Reestructuran sus operaciones básicas para satisfacer las necesidades del cliente, para crear incentivos que lleven a sus empleados a considerar al cliente como lo principal».

Ahora bien, la satisfacción de las necesidades de los ciudadanos y ciudadanas debe ir precedida de criterios de calidad: se trata de trabajar con los menos errores posibles, ya que éstos son fuente de insatisfacción para los trabajadores y los usuarios y representan un coste adicional del servicio. Para prevenir estos errores es necesaria una formación de los empleados públicos para que desarrollen mecanismos de autocontrol de los procesos. Se trata de que el servicio al cliente sea considerado como función transversal que derribe la compartimentación de departamentos y servicios a fin de que todos ellos, con su mayor riqueza a partir de la teoría del capital humano, se pongan al servicio de los ciudadanos.

Esta prevención de errores y este cuidado, respetuoso, esmerado y eficaz trabajo con el cliente de la Administra-

67. Actual vicepresidente de Estados Unidos. *Crear una administración pública que funcione mejor y cueste menos*, Vitoria, Instituto Vasco de Administraciones Públicas, 1994.

ción pública, cobran especial importancia para el personal de primera línea, que está en contacto directo con él, como son los educadores sociales. Este personal en contacto directo con el público debe estar preparado para gestionar el error y el conflicto a fin de no tomar decisiones erróneas en la resolución de problemas que afecten a la calidad del servicio, en el momento en que éstos aparezcan.

Una calidad de servicio requiere hacer frente a la falta de preparación técnica, formándose para asumir responsabilidades en el ejercicio de la profesión, y supliendo la falta de motivación por la obediencia a las rutinas y burocracias anteriores con nuevos estilos de trabajo. Cambiar estos hábitos supone un cambio de mentalidad, una nueva manera de entender el trabajo; supone cambiar las prepotencias por el servicio; se trata de un nuevo estilo, un cambio de actitudes hacia uno mismo para encontrar satisfacción en el trabajo, así como entender el papel que representa dentro de la Administración y ésta en la población.

Tomando como referencia uno de los objetivos de las competencias de calidad basado en los «cero defectos» y orientándolo hacia el estímulo del trabajo bien hecho, veamos cómo puede hacerse practicable, en el ámbito de los servicios sociales. Traduciéndolo a partir de los servicios que los educadores sociales dispensan a los ciudadanos, se convertirían en:

—Cero defectos: el ejercicio de la calidad en el servicio consistirá en hacer las cosas bien y no «más o menos bien» a la primera.
—Cero retrasos: el ejercicio de la calidad debe lograr una atención ágil y rápida de las demandas de los ciudadanos, facilitando la resolución a sus problemas.
—Cero papeles: el ejercicio de la calidad apostará por la utilización de los nuevos medios tecnológicos que permitan reducir procesos burocráticos y evitar muchos errores procedentes de pérdidas de expedientes, etcétera.
—Cero problemas: el ejercicio de la calidad procura evitar cualquier contratiempo que perjudique el servicio al ciudadano.

—Cero desatenciones: el ejercicio de la calidad se traducirá en una prestación de servicios basada en el respeto, la amabilidad y la eficacia.

Para hacer realidad esta aplicación de la calidad en la prestación de los servicios será menester la formación continua. Ésta tiene mucho que aportar ayudando a definir políticas y planes de formación para todos los empleados de la Administración pública, a fin de conseguir prestar un servicio de calidad. La sensibilización de las jefaturas hacia los empleados y de éstos hacia sus propios compañeros y los ciudadanos es uno de los retos actuales, en este principio de siglo, en el seno de las administraciones.

Y es que en las organizaciones públicas, al igual que en las demás, los recursos humanos son muy importantes porque son las personas las que establecen objetivos y diseñan estrategias, preparan proyectos, asignan recursos, distribuyen prestaciones y dispensan los servicios.

Dada la importancia del trabajo realizado por estos profesionales, no es menos cierto que requieren también de una formación para optimizar unos servicios a la ciudadanía de los que son prestadores. De ahí que sea precisa la coparticipación de todos los agentes, administrativos y sociales, para que el desarrollo de la formación continua en las administraciones públicas sea la mejor garantía para conseguir una mayor eficacia en cuanto a sus resultados. Porque el objetivo principal o la razón de ser de las mismas es ofrecer al ciudadano y ciudadana una serie de servicios públicos de calidad, en constante consolidación y modernización en el entorno próximo europeo y mucho más amplio si mencionamos el concepto de aldea global.

Esta formación continua, definida como el conjunto de actividades formativas que se desarrollan en las administraciones públicas, a través de diversas modalidades, debe ir dirigida a la mejora de la calidad de los servicios, así como a la formación individual, la motivación del empleado público y su promoción profesional.

En otras palabras, la política de la formación continua en el ámbito de las administraciones públicas debe intentar proporcionar a los empleados y a sus directivos un mayor nivel de cualificación profesional, a fin de que logren satisfacer los cinco objetivos siguientes:

a) Incrementar su formación, para mejorar personal y profesionalmente.
b) Adaptarse a los cambios motivados tanto por procesos de innovación tecnológica como por nuevas formas de organización del trabajo.
c) Permitir la movilidad profesional y el desarrollo de la carrera del empleado público, que contribuya a reordenar las actuales plantillas de las administraciones públicas.
d) Contribuir a la eficacia y calidad de los actuales servicios públicos, así como al desarrollo de otros nuevos.
e) Liberalizar los procedimientos de gestión e introducir nuevas relaciones laborales.

Aprovechar al máximo los recursos humanos y económicos disponibles es una obligación para la Administración pública que debe prepararse para el cambio, optimizando su gestión para dar un servicio de calidad a los ciudadanos. Sólo de esta manera podrá ofrecer unos servicios y colaborar en el Estado del bienestar, para hacer factibles unos derechos, aspectos que justifican su propia razón de ser.

2.5. La formación continua en la población con riesgo de exclusión social

La situación laboral actual nos recuerda que el acceso, la permanencia o la reinserción en la vida activa, es decir, la posibilidad de ser empleable, constituye el objetivo prioritario de cualquier ciudadano, sin distinción de edad, sexo o nivel profesional, porque ninguno de ellos tiene asegurada la permanencia en el trabajo que realiza, en el cargo que representa o en la organización que le contrata.

Si esta inestabilidad deja de ser patrimonio de una clase social determinada o de un sector marginal de la población para pasar a ser una situación susceptible de ser vivida o sufrida por cualquier persona, mucho más puede acentuarse o acrecentarse en aquellos colectivos que por algunas características determinadas pueden encontrar mayor dificultad en llegar a ser empleables. Léase: jóvenes desempleados de larga duración, colectivos del ámbito rural, algunos colectivos de mujeres, minusválidos, emigrantes, inmigrantes, etcétera.

La polivalencia, frente a trabajos que desaparecen, se pretende como un requisito indispensable cuando hablamos de no perder un puesto de trabajo, de acceder a él o de reinsertarse de nuevo. Esta capacidad de desarrollar diferentes cometidos o simultanearlos temporalmente requiere dos condiciones básicas: las aptitudes necesarias para poder desempeñarlos y la actitud que permite esta disponibilidad, apertura y flexibilidad. Estas cualidades, que de no tenerlas o no adquirirlas pueden llevar al trabajador a la pérdida del empleo, son susceptibles de ser cultivadas en los programas formativos. Pero mientras que las personas empleadas tienen mayores posibilidades de formación, gracias a los planes de formación continua en las empresas, además de los aprendizajes que aporta la propia experiencia, las que no trabajan deberán realizarla por su cuenta, estando a merced de los programas ocupacionales que cada comunidad, según la política de inserción que oriente, lleve a cabo.

Bien es verdad que no todas las personas que han sido despedidas o que buscan empleo por primera vez o que requieren de una reinserción están en igualdad de condiciones. Aunque los dramas personales son de difícil valoración, aquí nos referiremos a las personas que por sus características personales, familiares y sociales y/o por sus deficiencias en estudios y niveles culturales todavía tienen más difícil, por no decir imposible, el acceso a un empleo.

¿Y qué le ocurrirá, pues, a esta parte de la población que no está tan preparada, y que se ve marginada de estos procesos formativos? Autores como E. del Río (1994), entre otros, han apellidado como «descualificados» y los «más vapuleados» a los sectores de la población con mayores dificultades de reinserción laboral y que ellos ubican en los dos últimos tramos de la escala de las acreditaciones. Como descualificados puede entenderse las personas que no tienen ninguna titulación y que quedan a merced del mercado de trabajo secundario y de baja o ninguna capacitación. Como los más vapuleados, por su falta de cualificación profesional, los autores sitúan al grupo de jóvenes que, además de no tener ninguna titulación, no tienen una capacitación profesional, o sea, que no saben hacer nada en especial. Estos jóvenes quedan fuera del sistema escolar, tanto en los programas de reinserción como en los programas educativos de compensatoria o para el empleo, así como también en los cursos de formación ocupacional y los planes de garantía social. Serían los desheredados de cualquier educación formal y no formal.

Este sector de la población es precisamente el que estaba destinado a una tipología de trabajos que requerían de la fuerza física y de un tipo de habilidades más cercanas al esfuerzo corporal que a la actividad mental. Si leemos los signos actuales sobre los empleos empujados por las nuevas tecnologías nos daremos cuenta de que los robots usurpan puestos de trabajo y que las tareas rutinarias, donde la persona no tiene nada que aportar, están en vías de extinción. Están desapareciendo aquellos trabajos que exigían, sobre todo, la fuerza física, pues se trataba de arrastrar, manipular, cargar, cuando ahora lo que se pide es mayor capacidad mental y más conocimientos, porque se trata de controlar, orientar y supervisar; antes se hacía funcionar las máquinas con el esfuerzo físico del hombre, ahora se trata de que la persona controle el funcionamiento y el desgaste realizado por ellas. Estamos hablando de nuevos trabajos donde el «capital humano» no sólo es valorado, sino que se espera de él su máxima potencialidad.

De este modo lo expresa R. Jiménez (1994, pág. 91) cuando dice: «Aunque la situación de la sociedad tecnológica es compleja y, aunque las reminiscencias de una sociedad industrial basada sobre la energía física, sobre el músculo de la mano, sobre el capital financiero, sobre las máquinas pesadas y monovalentes, sobre la organización rígida y sobre subestimación de la "masa" de personal humano son todavía presentes, no cabe ninguna duda de que se avanza a un nuevo modelo de sociedad que demanda más energía inteligente, más fuerza del músculo "cerebro", más capital humano, más herramientas polivalentes, una organización más participativa. Éste será el gran espacio de las ocupaciones de la sociedad del futuro, aunque no se pueda decir que ya lo sean en el presente».

Digamos pues, que esta nueva sociedad, no sólo se alía una vez más contra aquellos colectivos que padecen cierta marginación social, sino que se convierte en una amenaza para aquellos sectores de población que aun con niveles de estudios y años de experiencia pueden quedarse sin trabajo como consecuencia de reconversiones, fusiones y cambios estructurales de organización.

Es precisamente una característica de los actuales mercados comerciales el estar en pleno movimiento, lo que supone un traspaso de mano de obra, cambios de trabajo, oficios y profesiones. La falta de dinamismo en aspectos de formación continua puede comportar la pérdida del lugar de trabajo, al no estar preparados para posicionarse ante otras alternativas, por la desaparición del mismo. Es esencialmente la educación, que pone las bases en la infancia y la juventud, la que debe favorecer su proceso a lo largo de la vida en una interacción constante entre la teoría y la práctica, entre la actuación y la reflexión, entre lo que pasa y lo que se adivina como futuro, entre la realidad y el sueño. Tiene, pues, un reto permanente a lo largo de la vida de la persona, lo que le exigirá romper incluso lo que quizá ella misma había favorecido, la domesticación, la colonización y los paternalismos, obstáculos todos ellos para el crecimiento e independencia de los individuos. Lo que se entendía como reproducción de la sociedad deja de tener sentido porque esta transformación es constante.

El trabajo hacia nuevos aprendizajes, el ser de nuevo empleable, superar situaciones de fracaso o actitudes de «abandono» ante situaciones de este estilo teniendo en cuenta las repercusiones que afectan a los espacios personal, familiar y social es, desde luego, un reto para la sociedad en general y para los educadores sociales como profesionales de este ámbito y sobre todo para aquellos cuya práctica laboral está en el terreno de la inserción laboral.

Para afrontar uno de los problemas más graves como es el del desempleo E. del Río (1994, pág. 41) apunta: «... hay una primera fase fundamental, que consiste en entenderlo, interpretarlo, asumirlo como realidad presente y plantearse que no es una desgracia caída del cielo, sino que tiene sus raíces en decisiones político-económicas y en opciones de modelos de desarrollo donde se priman más unos aspectos que otros. Desgraciadamente, el nivel cultural, formativo e informativo, medio de nuestra población no está a la altura necesaria para conocer todos esos elementos y por tanto parece lejos de plantearse que tiene una parte de complicidad responsable en la actual situación, no tanto por colaborar, sino por ignorarla, consentirla y aceptarla como irreversible».

En este punto, la sociedad en general, las fuerzas políticas, los agentes sociales y los profesionales tienen mucho que decir y que hacer teniendo en cuenta que estos problemas tendrían que trabajarse desde las perspectivas siguientes:

—Sensibilizar a entidades y agentes con capacidad de promover políticas solidarias de inserción.
—Crear vías de acceso al mundo laboral que requieran mucha inventiva y creatividad para ocupar aquellos espacios de mercado que permitan la entrada a un sector de la población que difícilmente tendrá acceso por medios tradicionales.
—Trabajar aspectos de concienciación y colaboración hacia la sociedad que excluye a los sectores con mayores índices de marginación.
—Suscitar la motivación de las personas «sufridoras» de esta marginación, a fin de promover actitudes activas de inserción.
—Salir de políticas e intervenciones paternalistas para mirar las intervenciones de reinserción desde puntos de vista más prácticos.
—Buscar nuevos ámbitos de actuación, tanto para prevenir situaciones como para dar respuestas en los ámbitos adecuados.

Los educadores sociales están también coimplicados en buscar la complicidad del sector empresarial no sólo en facilitar el acceso al trabajo para estos colectivos sino también en la prevención de la pérdida de empleo para aquellos que lo tienen. En este sentido, C. LLano (1995),[68] refiriéndose a los aspectos sociales de la creación del empleo, recuerda el compromiso que las empresas tienen con la sociedad y mediante la lista popularmente conocida como de las cuatro «T». Explica en cuatro secuencias el trato a la persona cuando existen problemas en el ámbito laboral, pudiéndose prever despidos y desenlaces injustos y problemáticos. Estas situaciones se traducen como *transformación*: entendiendo que si un empleado no tuviera un nivel de rendimiento deseado en el desempeño de sus funciones, habría que darle la oportunidad de que cambiara para que su trabajo fuera más efectivo; *transferencia*: teniendo en cuenta que si la persona no lograra la mejora deseada en el puesto de trabajo habría que buscarle un puesto más adecuado a sus capacidades; *tolerancia*: valorando que, si después de las dos oportunidades anteriores los resultados no mejoraran, cabría adoptar una postura tolerante siempre que la aportación del trabajador fuera superior a su coste; *término*: solamente cuando la relación beneficio-coste se invirtiera, habiendo agotado todos los recursos anteriores, la empresa podría decidir rescindir el contrato laboral de dicha persona. Un compromiso de oportunidades al respecto podría menguar y evitar situaciones posteriores aunque para ello se necesita una mayor sensibilización de las empresas hacia el factor humano y social.

Unida al cambio, la educación habrá de favorecer la comprensión, la interpretación, la asimilación de acontecimientos, la utilización de nuevas capacidades y, desarrollando los aspectos críticos de los procesos y de las acciones, tendrá que preparar tareas de responsabilidad en una sociedad en vías de desarrollo, ayudar a aceptar los cambios, llenándolos de instrumentos intelectuales, científicos y técnicos que les permitan ser participativos en la evolución de las estructuras e instituciones. La educación permanente ha de contribuir al cambio de actitudes que requiere, sobre todo, el paso de lo estable a lo inestable, de la

68. «Aspectos sociales de la creación del empleo», *IESE*, nº 58, Universidad de Navarra, Revista de Antiguos Alumnos, Barcelona, Estudio y ediciones IESE.

permanencia a la caducidad, de la similitud entre el hoy y el casi irreconocible mañana.

Todos estos cambios suponen un trabajo en los comportamientos en las personas, si entendemos que no sólo se han de dar respuestas, sino que se debe avanzar en los acontecimientos, si las personas quieren ser elementos activos de los procesos. Se trata, pues, de:

—Avanzar hacia el diálogo y la concertación, en lugar de favorecer la confrontación.
—Favorecer la participación para ir disminuyendo el autoritarismo en todas sus formas.
—Priorizar el trabajo en equipo en lugar del individualismo.
—Conseguir mayor responsabilidad en los compromisos y menos obediencias.
—Educar para la tolerancia en la ambigüedad.
—Trabajar para enfoques más dinámicos, en lugar de dar las cosas solucionadas.
—Interiorizar una cultura de valores más que una cultura basada en las cifras.
—Abordar más los aspectos cualitativos que los cuantitativos.
—Educar para el cambio como proceso activo, no como réplica pasiva.
—Valorar más a la persona por lo que es y no por lo que tiene.
—Discernir entre lo que se ha de cambiar y lo que no se ha de cambiar.
—Enseñar a «aprender a aprender», en lugar de enseñar para toda la vida.
—Educar los sentimientos y las emociones, no sólo el razonamiento.
—Pensar en las personas y no sólo en la tarea.
—Aprender de los aciertos y trabajar los errores como oportunidades de aprendizaje.
—Etcétera.

El cambio resulta tan cotidiano que no nos ocupamos seriamente de su naturaleza, de los efectos que comporta en las personas y en las organizaciones ni lo que significa como un movimiento hacia el futuro. Mientras que para unos se puede decir que será un espacio para el aprendizaje, el autoconocimiento y la comprensión, para otros, se convertirá en una declaración de ignorancia y por lo tanto de exclusión social.

En un arranque de optimismo, nos contentaríamos con creer lo que apunta J. Delors (1996) respecto a las organizaciones ultratécnicas del futuro. Según el autor, se pedirán más cualificaciones de base comportamental, por los déficits relacionales que habrá, que de capacidades intelectuales. Según él, capacidades como la intuición, el criterio, la capacidad de cohesionar un equipo, no son necesariamente cualidades exclusivas de los diplomados, aspecto que podría dar posibilidades de trabajo a personas poco o nada cualificadas.

Las premoniciones de los visionarios organizacionales nos dan las pistas de hacia dónde irán los novedosos desarrollos y, por lo tanto, las nuevas necesidades. Las tecnologías vanguardistas crearán puestos de trabajo diversificados y, por lo tanto, diferentes necesidades de formación. Pero, no es menos cierto que también arrastrarán nuevos analfabetismos, no de niveles escolares y de estudios, sino de habilidades básicas para desarrollarse en la sociedad de hoy, tan elementales como para adquirir el aprendizaje de sacar un billete de metro en una máquina expendedora. Y mientras que un mundo se acerca a raíz del conocimiento de los idiomas, los países, las culturas, los pueblos, las religiones y las tradiciones, por otro, los rechazos hacia los nuevos conciudadanos, el desprecio y la falta de respeto a sus maneras de hacer y de vivir acumulan otros puntos de marginación, todavía muy poco contemplados.

Apoyar, a través de las intervenciones educativas, la recuperación de valores perdidos como la confianza en uno mismo, la seguridad en la realización de las tareas, la capacidad de relacionarse con los otros, el nivel de autoestima sin dependencias o agresividades, en personas que tienen que vivir pendientes de una renta mínima, o de la caridad social, puede resultar difícil, aunque no imposible, pero para ello habrá que potenciar estímulos y reinventar estrategias de colaboración para la inserción en su primera o enésima vez al mundo laboral y social.

Bibliografía

Acebillo, P., «La planificación en la Formación Ocupacional», en Ferrández, A., *La Formación Ocupacional: realidad y perspectivas,* Madrid, Diagrama, 1992.

Aguirre, M., *Los días del futuro. La sociedad internacional en la era de la globalización*, Barcelona, Icaria, 1995.

Alcaide, M.; González, M. y Flórez, I., *Mercado de trabajo, reclutamiento y formación en España,* Madrid, Pirámide, 1996.

Aubrey, R. y Cohen, P., *La organización en aprendizaje permanente*, Bilbao, Deusto, 1995.

Badia, E., «Empleabilidad y emprendizaje», en *La Vanguardia,* 28 de junio de 1998.

Berger, P. y Luckmann, T., *Modernidad, pluralismo y crisis de sentido,* Barcelona, Paidós 1997.

Bermejo, B.; Domínguez, G. y Morales, J. A. (comps.), *Formación profesional ocupacional de un futuro inmediato,* Grupo de Investigación Didáctica, Universidad de Sevilla, 1996.

Cabra, M. A. y Lorenzo, R., «La constelación de las entidades no lucrativas: el tercer sector», en Rodríguez-Piñeiro, *El sector no lucrativo en España*, Madrid, Escuela Libre Editorial, 1993.

Canals, J., «Las empresas en una economía global», en *Globalización hacia la interdependencia*, Barcelona, Biblioteca IESE de Gestión de Empresas, IESE Universidad de Navarra, Folio, 1996.

Caride, J. A., «Diseño de políticas culturales y animación cultural de comunidades humanas», en Santos, M. A. (comp.), *Educación para la innovación y la competitividad, formación y ocupación en el año 2000,* Santiago de Compostela, Xunta de Galicia, 1990.

Castells, M. y otros, *Nuevas perspectivas críticas en educación,* Barcelona, Paidós, 1994.

Castells, M., *La era de la información: economía, sociedad y cultura,* vol. 3, *Fin de Milenio*, Madrid, Alianza, 1998.

Comisión Europea, *La política social europea. Un paso adelante para la Unión. Libro Blanco*, Bruselas, Oficina de Publicaciones Oficiales de las Comunidades Europeas, 1994.

Comisión Europea, *Crecimiento, competitividad y empleo. Retos y pistas para entrar en el siglo XXI. Libro Blanco*, Luxemburgo, Oficina de Publicaciones Oficiales de las Comunidades Europeas, 1994.

Del Río, E.; Jover, D. y Riesco, L., *Formación y empleo. Estrategias posibles,* Barcelona, Paidós, 1994.

Díez, R., entrevista a Ricardo Díez Hochleitner por J. Hervás, en *AEDIPE,* n° 4, tercera época, Madrid, 1998.

Drucker, P., *La gestión en un tiempo de grandes cambios,* Barcelona, Edhasa, 1996.

Esping, G., *Los tres mundos del Estado del Bienestar*, Alfons el Magnànim —IVEI (1990), 1993.

Fernández, M., *Educación, Formación y Empleo,* Madrid, Eudema Actualidad, 1992.

Fitoussi, J. P. y Rosanvallon, P., *La nueva era de las desigualdades*, Manantial, 1997.

García, J. y Martínez, A., *Pedagogía de la marginación,* Madrid, Popular, 1991.

Gelpi, E. y otros, *Trabajo, educación y cultura*, Valencia, Nau Llibres, Serie Educación Social, 1995.

Gómez, S., *La persona y el trabajo en la empresa del siglo XXI,* Barcelona, Biblioteca IESE, Folio, 1997.

Grupo Especial Directivos, *Diez claves que influirán en las empresas del futuro,* Madrid, Col. Management, 1997.

Howe, D., *La teoría del vínculo afectivo para la práctica del trabajo social,* Barcelona, Paidós 1997.

Jiménez, R. y Sanz, F., «Psicología de los destinatarios de la educación de personas adultas», en *La formación en educación de personas adultas*, tomo I, Madrid, Universidad Nacional de Educación a Distancia-MEC, 1994.

Jover, D., *La formación ocupacional, para la inserción, la educación permanente y el desarrollo local,* Madrid, Popular, 1990.

Kisnerman, N., *Introducción al trabajo social*, Buenos Aires, Humanitas, 1985.

López, J., *Los Servicios Sociales,* Madrid, Narcea, 1992.

López, J., y Gadea, A. *Servir al ciudadano. Gestión de la calidad en la Administración Pública,* Gestión 2000, 1995.

Montes, P., *Golpe de estado al bienestar. Crisis en medio de la abundancia,* Barcelona, Icaria, 1996.

Moreno, L., *Unión Europea y Estado del Bienestar*, Madrid, CSIC, 1997.

Romans, M., «Formación continua y empleo», en J., Ventura, *Perspectivas económicas de la educación*. Barcelona, Universitat Barcelona, 1999.

Rose, J., *En Busca de Empleo. Formación, paro, empleo,* Madrid, Informes, Col. Informes, Serie Empleo, Ministerio de Trabajo y Seguridad Social, Centro de Publicaciones, 1987.

Rubiol, G., «Documentos Servicios Sociales», en Casado, D. y Guillem, E., *Introducción a los servicios sociales*, Madrid, Popular, 1997.

Sen, A., *Nuevo examen de la desigualdad,* Madrid, Alianza, 1995.

Trilla, J., *La educación fuera de la escuela. Ámbitos no formales y educación social,* Barcelona, Ariel, 1993.

Trilla, J., citado por Petrus A., «Educación social y perfil del educador social», en Sáez J., *El educador social,* Universidad de Murcia, 1993 b.

Trilla, J., «Animación sociocultural y educación en el tiempo libre», en Petrus, A. (comp.), *Pedagogía Social,* Barcelona, Ariel 1997.

3
LA FORMACIÓN DE LOS EDUCADORES SOCIALES

La Diplomatura de Educación Social en España, tiene sus antecedentes en la formación inicial no universitaria de la que se habían dado diferentes experiencias en diversos lugares del Estado español. Pero será a partir de ésta cuando se inicie una educación generalista que permitirá ejercer a los educadores sociales como tales, es decir, como profesionales en su ámbito.

Aunque en esta educación encontremos una formación de base, inicial, un tronco común igual para todos ellos, existe una serie de factores como: la diversidad de tareas encomendadas, los estilos personales de trabajar, las motivaciones en la autorrealización y promoción profesional, las diferentes capacidades innatas y desarrolladas, la empatía o desinterés hacia unos campos de trabajo o sectores de población, la dirección de programas municipales o comarcales, etcétera. que reclaman como indispensable una formación continua que ha de venir a reforzar, ampliar y considerar aquellas especificidades que por razón del servicio, el educador social necesite.

Por lo tanto, la educación inicial y la formación permanente les ha de permitir dar respuestas y, en el mejor de los casos, prevenir las necesidades sociales de los ciudadanos. Buena prueba de ello es que las administraciones públicas y entidades privadas son cada vez más receptivas a la creación y/o contratación de equipos de profesionales expertos para asegurar la consecución de la formación continua, a la que la universidad también debe estar comprometida.

Entendemos que la universidad no acaba su misión dedicándose solamente a la preparación de los educadores sociales en su formación inicial, es decir, como si su objetivo educativo empezara y concluyera solamente con la diplomatura. Nosotros creemos que las universidades deben implicarse en los planes de formación continuada de dichos profesionales:

—Orientando programas formativos.
—Participando en la elaboración de planes de formación.
—Impartiendo docencia.
—Facilitando intercambios de educadores con otras universidades del Estado, europeas o internacionales.
—Dirigiendo investigaciones y apoyando estudios de campo de iniciativas sociales.
—Poniendo a disposición los recursos para foros, conferencias, jornadas, etcétera.
—Orientando políticas formativas.
—Abriendo espacios de investigación en nuevas formas y metodologías de intervención.

Porque el amplio campo del trabajo social es susceptible de recibir aportaciones que ayuden a orientar líneas de trabajo respecto a los diferentes ámbitos de intervención del educador social, a los sectores de la población a los que dirige su actividad, a los diferentes objetivos educativos a perseguir y, entre otras, a las funciones que se les asignan y las capacidades que se les atribuyen o que se desearía que tuvieran. Nos enfrentamos, por lo tanto, a un complejo entramado que precisa de la investigación y de la formación continua, en el que están implicadas no sólo las instituciones sino también el propio educador como agente social indiscutible.

El aprendizaje de cada una de estas habilidades tiene dos facetas: por una parte, se trata de que el propio educador conozca, mejore u optimice sus propias habilidades; por otra, que aprenda cómo «hacerlas aprender y mejorar en los demás» bien sea a personas individuales, a un grupo o a una comunidad.

Nos referimos, por lo tanto, a unos aprendizajes en dos versiones: la propia y la ajena; la propia es aquella que va dirigida hacia uno mismo y la ajena la que se dirige hacia los demás, pero sin querer suplantarlos. Con esto queremos decir que el trabajo del educador social «no consiste en hacer el trabajo que los usuarios y usuarias deben hacer», sino que deben saber enseñar lo que estas personas deben aprender a conocer, aprender a hacer y aprender a ser, ya que es en la interactuación donde se da el trabajo educativo. Sólo de esta manera podrán llegar a ser personas autónomas, porque habrán aprendido a aprender permanentemente, lo que las hará independientes en su desarrollo, lejos de las dependencias inútiles e infantiles de la excesiva protección intelectual y social.

Tal disposición y tal exigencia, ¿no da lugar a una ansiedad incontrolada sobre la preparación que precisa el educador? ¿Es que necesitará «formarse en todo»? No en todo, pero sí que lo requerirá en muchos aspectos, lo que exigirá el estudio de sus deseos y precariedades para no reducir su formación a una generalidad absoluta que tampoco le ayudaría demasiado. En este sentido habrá que prestar atención hacia qué áreas de conocimientos o qué competencias son susceptibles de ser trabajadas desde la formación continua.

Los contenidos, pues, podrán surgir de temas considerados prioritarios por la organización donde se trabaja, o bien obtenidos a través de las demandas realizadas por el propio colectivo de educadores y educadoras sociales. A partir de estos datos será preciso estudiar qué conocimientos y a partir de qué programas será necesario desarrollarlos para ajustar la oferta formativa al colectivo y así de este modo poder presentar una formación que realmente responda a sus necesidades.

De esta forma podrían darse respuestas a alguno de los problemas que existen en la formación continua de los educadores sociales como lo es el enfoque educativo de las intervenciones, aspecto que corresponde a su desempeño profesional y que no suele quedar muy explícito en los contenidos de los programas formativos, lo que se advierte que no está tratado suficientemente. Esta realidad nos invita a pensar que la formación que reciben, aunque sea específica en los contenidos, es generalista en cuanto a su orientación, ya que es compartida con muchos otros profesionales del campo de los servicios sociales. En la práctica esto quiere decir que, los educadores deben entresacar de los mensajes y contenidos de los cursos, los aspectos más educativos, para que puedan orientar alguna práctica a su quehacer diario. De ahí que para motivar su trabajo y facilitar su formación sería aconsejable que algunas de estas actividades fueran expresamente dirigidas a este colectivo y a la orientación de los aspectos educativos de sus intervenciones.

3.1. La formación continua de los educadores sociales

La importancia que tiene y el predicamento de que goza la formación continua en el momento actual, apoyada por los recursos económicos recibidos de los fondos europeos, ha permitido que una amplia variedad de entidades se dediquen a impartir formación y a organizar actividades dirigidas a este fin, susceptibles de obtener respuesta por parte de los educadores sociales. Estos programas suelen estar desarrollados por profesionales especializados que provienen del campo de la pedagogía, la medicina, la psicología, la Administración, etcétera. Muchos de ellos pueden acreditar a través de su práctica diaria la relación directa con el tema del que se espera que puedan aportar experiencia y reflexión, otros están trabajando en instituciones con proyectos innovadores y algunos de ellos pueden asegurar por sus referencias curriculares los conocimientos y aportaciones que pueden hacer al respecto.

De ahí que las organizaciones contratantes de los servicios de formación encuentren una amplia oferta formativa que orienta sus objetivos educativos hacia una exposición eminentemente basada en la multivariedad de conocimientos. Estas ofertas formativas se orientan básicamente hacia una de las competencias profesionales, la del conocimiento, mientras que otras, indiscutiblemente necesarias en el desempeño profesional del educador social, difícilmente se hacen explícitas. Nosotros entendemos que dichos profesionales necesitan también de otras competencias porque su trabajo se desarrolla bajo una multifuncionalidad de roles, de entornos, de colectivos y de situaciones problemáticas y ambientales. Para apoyar nuestro discurso tomamos como referencia las competencias profesionales descritas en el capítulo anterior y que a continuación describimos. Éstas se basan en:

1. Las habilidades conceptuales que están integradas por los conocimientos propios de la profesión. Se trataría de aprender a conocer, aprender a aprender para que los educadores fueran capaces de ir adquiriendo los conocimientos requeridos, en este caso para el desempeño del trabajo educativo. Un buen ejemplo de ello sería potenciar el ejercicio de la memoria selectiva, potenciar la creatividad, estimular el placer de aprender, descubrir, investigar, etcétera, que permitiera un desarrollo y una independencia intelectual.

Estas habilidades conceptuales, que suelen adquirirse dentro del currículo académico profesional, en la formación continua podrían trabajarse desde la:

a.1. *Formación en conocimientos*

—Profundizando en los elementos teóricos que provoquen la reflexión sobre la práctica diaria, a fin de tener claves de interpretación de las causas y consecuencias de los problemas sociales, que permitan orientar estrategias de acción, y fundamentar la conducta profesional, es decir, el papel de los educadores en sus intervenciones.
—Ampliando conocimientos sobre aspectos legales administrativos que puedan dar una seguridad y profesionalidad a las acciones realizadas, así como todos aquellos aspectos pedagógicos, psicológicos y antropológicos que ayuden a justificar el porqué de las intervenciones tanto en la manera de actuar como en dar respuestas al porqué de las soluciones emprendidas.
—Favoreciendo la formación en aquellos aspectos laborales que puede facilitarles su trabajo en relación a los grupos que demandan una rápida y urgente inserción laboral.

2. Éstas corresponden a las habilidades técnicas y suponen la capacidad de aplicar los conocimientos adquiridos. Con esta competencia el educador debería ser capaz de hacer frente a nuevas situaciones, a esta multifuncionalidad de roles en los que se ve inmerso al ejercer su trabajo, que bien pueden ser de negociación, mediación, resolución de conflictos, asesoramiento, coordinación, dinamización educativa, etcétera. Estas destrezas instrumentales deben permitir poner en práctica las habilidades conceptuales dotando a la persona de los conocimientos imprescindibles para la utilización de instrumentos y métodos que en la formación continua podrían trabajarse desde la:

a.2. *Formación en habilidades técnicas*

Definiendo estrategias que ayuden a consensuar objetivos, métodos de trabajo y elaboración de protocolos que simplifiquen procesos, unifiquen criterios y faciliten el trabajo en grupo, las acciones interdisciplinarias de los equipos y aseguren intervenciones menos espontáneas y más sostenidas con avales profesionales en los diferentes campos de intervención. Estrategias que deben favorecer el manejo correcto y adecuado de técnicas de diagnóstico y evaluación, así como de programación y tratamiento.

Formación en aquellas herramientas que permitan contactar con sectores de riesgo de exclusión social en medio abierto y que ofrezcan instrumentos para detectar y analizar sus causas, aspectos que, según nos apunta M. Romans (1999),[69] los educadores sociales reconocen una cierta incapacidad para poder realizarlo.

Formación en programas informáticos para tener acceso a los recursos susceptibles de ser utilizados, así como bases de datos que agilicen procesos y métodos de registro de la información válida y fiable que facilite estudios e investigaciones, elementos básicos si se quiere profundizar y optimizar la práctica de la intervención social.

69. Romans, M., *La educación permanente y la formación continua en el ámbito de los servicios sociales*, Universitat de Barcelona, 1999, tesis doctoral inédita.

3. Las habilidades de interacción o de comunicación, saber estar, saber ser o aprender a ser se refiere a las actitudes y comportamientos que debe ejercer como persona y como miembro de un equipo, en su realidad más próxima, y como miembro de la institución en la que trabaja. Éstas corresponderían a las habilidades de interacción social.

Puesto que la profesión se desarrolla en un medio social, el educador social deberá poseer las destrezas necesarias sobre las que sustentar la aplicación de los otros conocimientos que posea. Este tipo de habilidad les proporcionará la competencia social que en la formación continua se trabajarían desde la:

a.3. *Formación en habilidades de competencia social*

Desarrollar habilidades que permitan una adecuada comunicación con el usuario desde un punto de vista profesional y profundizar además lo que se requiere de ésta en relación con los diferentes colectivos, ámbitos y situaciones de la intervención.

En las situaciones normales y rutinarias de comunicación podría decirse que utilizando los procedimientos básicos de la misma serían suficientes para entenderse. En cambio se suelen dar otras ocasiones en que los profesionales precisarán de nuevas estrategias comunicativas, al tratar temas relacionados con la negociación, la resolución de conflictos y la mediación, que les deberán permitir afrontar situaciones que merecen de una especial atención.

Esta formación podría orientarse teniendo en cuenta:

—Los colectivos a los que se dirigen para que puedan adaptar el discurso y las intervenciones a los diferentes grupos que son atendidos por los educadores sociales, especialmente aquellos en los que encuentran mayores dificultades al afrontarlos, a fin de que sepan escoger y utilizar la pedagogía más adecuada a cada uno.
—Las problemáticas concretas, investigando qué aspectos de las mismas presentan mayor riesgo a la hora de intervenir, a fin de orientar estrategias que puedan favorecer

un entendimiento de las mismas sin dejar de valorar las consecuencias de tales intervenciones según los problemas tratados y las características del medio social donde se desarrollan.

—Los ámbitos de actuación, siendo sensibles en aquellos que requieren de habilidades especiales y que quizá no todos los educadores se ven con ánimos de afrontar. Léanse intervenciones comunitarias y grupales.

a.4. *Formación en actitudes y valores*

Esta formación les debe capacitar en conocimientos y estrategias para que puedan sistematizar bien una autorreflexión, bien una valoración, en encuentros de grupo, sobre: las actitudes en sus intervenciones tanto de carácter unipersonal como comunitarias, los valores educativos que promueven y sobre qué bases fundamentan sus decisiones y orientaciones así como los móviles que tienen al actuar individual y colectivamente.

a.5. *Formación para la revisión de la práctica habitual*

—Se precisa una formación que ayude a los equipos a desarrollar y controlar sesiones cuyo objetivo sea la supervisión, para que no se conviertan, con el tiempo, en meras reuniones de gestión o de tramitación administrativa. Creemos que para la revisión del desempeño profesional sería menester:

—Implementar sistemas de supervisión donde los profesionales puedan revisar sus intervenciones, clarificar sentimientos, rechazos, frustraciones y situaciones de bloqueos respecto a casos, personas, instituciones o situaciones con el equipo interno.

—Reflexionar y profundizar la actividad educativa de los educadores sociales, a fin de optimizar sus intervenciones y su práctica profesional. La formación debe ofrecerles espacios de reflexión, intercambio y evaluación de su desempeño profesional.

a.6. *Formación para el autocuidado del educador*

Son muchas las cualidades que se desearían para un educador social. Una simple enumeración de ellas nos recordaría la figura de un «superman» o una «superwoman», un poco lejana de las capacidades y deficiencias propias del ser humano. Aun así nos parece imprescindible destacar, en este apartado, además de otras habilidades ya nombradas en anteriores discursos y que nos parecen indispensables en el ejercicio de dicha profesión, la madurez, el equilibrio personal y el saber relacionarse funcionalmente con el usuario. Además de estas conocidas habilidades sociales, también lo son los conocimientos y las técnicas sobre todo en un trabajo de cuyo legado tradicional hemos heredado maneras de actuar basadas en la buena voluntad y la buena fe, de las que hemos de saber recoger aquellos aspectos positivos que nos han aportado pero sin perder de vista que estamos hablando de una profesión y que como tal, debe orientarse.

Ésta acarrea consigo unas tensiones que deberían comportar una vigilancia y un aprendizaje en el autocuidado del profesional, pues no deja de ser un trabajo muy absorbente que suele arrastrar una implicación personal y emocional nada despreciable. El educador social se convierte muchas veces en el punto de confluencia de las tensiones vividas entre familias e instituciones, entre individuos y grupos, entre el proceso de mejora y el de deterioro de un individuo que se estanca en su proceso de socialización. La lentitud en alcanzar resultados, la escasez en recursos de las entidades, los cambios de orientaciones en el trabajo debido a dictados políticos, las limitaciones personales y del equipo, las dudas sobre si lo que se hace es correcto y vale la pena hacerlo pueden convertirse en un foco de contradicciones que día a día van pesando en el desempeño de la profesión.

Para ejercerla pues, «profesionalmente», sería necesario adquirir formación sobre las técnicas básicas que permitan evitar o superar incidentes estresantes, situaciones problemáticas, reducir la ansiedad y afrontar con madurez las limitaciones personales, del equipo y de la organización.

Por este motivo serían deseables:

a) El aprendizaje de técnicas de prevención del estrés, para profesionales como los educadores sociales que están en contacto directo con problemáticas sociales.
b) La educación en el control de las emociones, a fin de poder intervenir de una manera más profesional y menos emocional, evitando que los sentimientos pasen por delante de lo que realmente sea mejor para el ciudadano y ciudadana que presentan el problema.
c) La mejora de la comprensión de los problemas sociales, que debe permitir una mayor objetividad de las situaciones, aportando lucidez a la hora de afrontar aspectos difíciles o de encontrar vías de solución y prevención en casos de exclusión social.
d) La asunción de las limitaciones del trabajo como aspecto básico e imprescindible en el desempeño de sus funciones, lo que requiere un grado de modestia y posicionamiento en la manera de hacer las cosas, en el estilo de la intervención y en la intencionalidad del educador social, que, más que «salvadores», son «facilitadores» de medios que posibilitan la inserción social de personas, grupos o comunidades, evitando y previniendo al mismo tiempo, los riesgos de la discriminación.
e) La mejora de la autoestima como elemento indispensable para reconocer las capacidades, los puntos fuertes y los puntos débiles que, como persona y profesional, posee un educador social. El reconocimiento de las deficiencias que permitiría describirlas, entenderlas y trabajarlas desde intervenciones formativas.
f) El conocimiento del marco legal del ámbito y colectivo con el que se trabaja, lo que les posibilitaría intervenir con conocimiento de causa evitando tomar decisiones propias de otros profesionales y entendiendo que existen unos límites que avalan y condicionan sus actuaciones.

3.2. Modalidades de formación continua

Siguiendo la «rutina» del mercado ofertador de formación continua, normalmente se cae en la inercia de asistir a cursos con el fin de satisfacer las necesidades formativas. Pero existen, sin duda alguna, otras formas de llevar a cabo un reciclaje profesional que, sin ánimo de agotar las diversas formas de acceder a la formación, proponemos, algunas de ellas factibles y deseables para el colectivo de educadores sociales, así como diversas orientaciones a tener en cuenta para las instituciones oferentes de la misma.

a) *Otras modalidades de formación*

—La formación con los propios equipos. Lo que equivaldría a no priorizar tantos cursos estándar, sino intentar la mejora de «procesos» diarios de trabajo y, en este caso, de intervención social.

—Convocatorias puntuales para tratar algún tema específico.

—Foros de debate y de recogida de información sobre algún tema de actualidad, de creciente interés, sobre alguna experiencia piloto o problema cuyo tratamiento haya sido significativo para el grupo de educadores.

—La supervisión aplicada al proceso de formación y al perfeccionamiento profesional colaborando en la reflexión y elaboración de aplicación de modelos, métodos y procedimientos relacionados con sus intervenciones individuales y/o grupales.

—Intercambios con otras organizaciones o entidades de la misma ciudad, provincia u otras comunidades y unidades equivalentes en otros países.

—La elaboración de alguna revista, hoja informativa, aportación de bibliografía, referencias de experiencias profesionales, artículos que pudieran ser de interés y fueran accesibles a todo el colectivo.

b) *Instituciones planificadoras y programadoras de la formación continua*

La responsabilidad de las organizaciones en la formación de sus empleados, tal como hemos referenciado en otro punto de este libro, nos invita a reflexionar sobre los aspectos que se deberían tener en cuenta cuando se plantean los objetivos de la misma en la elaboración de los planes de formación y en los diseños de programas. Al respecto, apuntamos algunos de ellos que hemos agrupado bajo los siguientes apartados:

b.1. *En cuanto a la integración de personas empleadas*:

—Promover estudios e investigaciones que ayudarán a definir el papel de los educadores sociales.
—Ofrecer formación sobre la filosofía de la institución y del estilo de trabajar de la misma según los nuevos conceptos de atención al usuario y a la calidad de servicio.
—Definir lo que se espera de los educadores y educadoras sociales y ayudarles a su inserción en los equipos de trabajo.
—Estimular la articulación de los servicios que prestan con los servicios de otros profesionales e instituciones.
—Facilitar la coordinación con otras entidades, a fin de rentabilizar recursos y medios, aprovechando la sinergia de esfuerzos y planteamientos elaborados por otros equipos de trabajo.
—Fomentar buenas relaciones profesionales con las instituciones cuya referencia básica es imprescindible en las intervenciones sociales, a fin de crear verdaderas redes de servicio con los usuarios de los mismos.

b.2. *En cuanto a los contenidos*:

—Investigar las necesidades sociales emergentes a fin de realizar una formación proactiva preparando al personal para dar respuestas adecuadas tanto a las nuevas situaciones como a las ya existentes, pero que no son atendidas actualmente por ellos.

—Habilitar protocolos para que los educadores sociales puedan aportar experiencias y solicitar la formación que necesiten en el ejercicio de su profesión, cambiando el procedimiento que, a veces, suele seguirse, de contratar los cursos que ofrecen las consultoras y buscar al colectivo interesado en hacerlos, para pasar a conocer las demandas y peticiones de formación continua de los profesionales y buscar a los formadores que puedan trabajarlos e impartirlos.
—Fomentar, a través de la formación, el interés por la investigación de nuevas situaciones y problemáticas sociales, de diferentes alternativas en sus tratamientos, y de otros métodos de intervención.
—Recoger las iniciativas y las colaboraciones que puedan aportar las personas que por su experiencia y reflexión puedan dar pautas de intervención a las demás y están dispuestas a ofrecer estos servicios.
—Ofrecer itinerarios de promoción para aquellas personas que quieran orientar su actividad hacia la formación, la gestión u otros aspectos profesionales dentro del ámbito de los servicios sociales.

b.3. *En cuanto al personal*:

—Sensibilizar a los directores de recursos humanos, coordinadores o responsables de formación para que se conviertan no sólo en promotores de la misma, sino también en estudiosos de los temas que, como organización, deben transmitir al personal contratado.
—Diseñar circuitos fiables para que la información, respecto a los temas formativos, llegue a toda la población de educadores y educadoras, además de la sensibilización de los responsables en cuanto a la difusión de la formación continua.
—Buscar formas de acceso a la formación para aquellos profesionales que prestan servicio en poblaciones aisladas, dando prioridad y facilitando la participación de los que, por su dispersión geográfica, están lejos de centros urbanos con mayores posibilidades y recursos formativos.
—Estudiar y promocionar nuevas alternativas de forma-

ción, nacidas y alentadas por la solidaridad y la conciencia cívica de los ciudadanos.

b.4. *En cuanto a las personas que imparten los cursos*:

—Las entidades contratantes de formación deben exigir a los profesionales de la misma, calidad en su trabajo para que realmente aporten a los educadores sociales conocimientos, estrategias y herramientas que puedan ser aplicadas en sus intervenciones, así como elementos de reflexión para que puedan optimizar sus actuaciones educativas.

3.3. Un chequeo a «mis necesidades formativas»

La excesiva rapidez en la que se dan los acontecimientos y las presiones a las que se ven sometidos la mayoría de profesionales en su quehacer diario no suelen permitir, o no se considera suficientemente importante, aunque no quiera reconocerse, el tiempo que debería dedicarse a la reflexión e investigación del desempeño de la profesión, siendo una de sus consecuencias la ausencia de observación y análisis de las necesidades formativas.

Partiendo de que existe el deseo y la voluntad de realizar este estudio, ¿cómo puede el educador social diagnosticar sus necesidades de formación?

Lo primero que deberá plantearse será la finalidad de dicha formación, y para ello sugerimos esta serie de preguntas:

—¿Tiene que ir orientada a optimizar su trabajo?
—¿Es necesaria para aprender nuevas habilidades?
—¿Tiene como objetivo la preparación para acceder a un nuevo puesto de trabajo?
—¿Debe responder a la preparación para asumir nuevas responsabilidades?
—¿Se precisa para profundizar en alguna dinámica?
—¿Interesa para introducirse en algún aspecto novedoso?
—Etcétera.

Conocer por qué y para qué formarse será necesario para realizar un análisis de la situación y obtener un estudio preciso de las ofertas sobre la misma.

A modo de ejemplo: para ayudar a hacer este análisis proponemos un ejemplo sobre la detección de necesidades formativas individuales que sirva de guía a nuestro discurso. Tomemos como referencia una jornada laboral de una educadora social y rellenemos esta ficha de trabajo.

Aspecto situacional

a. Qué actividades ocupan mi tiempo laboral.
....

b. Tiempo que dedico a cada una de estas actividades.
....

c. ¿Con qué colectivos trabajo?
....

d. ¿En qué problemáticas intervengo?
....

e. ¿En qué ámbitos desarrollo mi actividad profesional?
....

f. ¿Dónde se ceban mis inseguridades?
¿en los conocimientos?
¿en las estrategias?
¿en las habilidades?
¿en las actitudes?
....

g. ¿Cuál es mi relación con el equipo de trabajo?
....

h. ¿Cómo me relaciono con las demás instituciones?
....

i. ¿Estoy satisfecho/a en el ejercicio de mi profesión?
....

j. (añadir las que se crean necesarias para el análisis)
....

Escenario

Elena trabaja como educadora social en una Unidad Básica de Atención Social Primaria. Tomemos como referencia una jornada laboral, aunque no suponemos, en ningún momento, que sean todas iguales.

Inicio del trabajo a las 8 de la mañana.

—saluda a los compañeros de trabajo
—lectura de la agenda
—elaboración de un informe
—visita a un centro de enseñanza para...
—recepción de visitas programadas
—etcétera.

A partir de aquí vamos a realizar los siguientes pasos:

Primer paso: análisis

Cuando Elena hace un análisis de su actividad se percata de que, mientras en algunas de sus intervenciones se desenvuelve bastante bien, aunque es preciso identificarlas para afianzarlas, en otras descubre una reiterada insatisfacción o inseguridad coincidentes con el desarrollo de ciertas actividades, por ejemplo:

—La falta de información sobre el conocimiento de recursos comunitarios respecto a situaciones como las que se encuentra.
—Inseguridad a la hora de elaborar un proyecto, ya que le resulta difícil plasmar por escrito la actividad que se pretende desarrollar y la justificación de la misma.
—La intención de soslayar algunas actividades en las que tiene que dirigirse a un grupo porque tiene pánico a hablar en público.
—El desasosiego y cierto desánimo con el que repetidas veces acaba el día.

Segundo paso: información

Si Elena ha podido detectar estas necesidades es que realiza un análisis de los «tropiezos», «inseguridades» y «desconocimientos» que tiene cuando ejerce su trabajo. A partir de aquí se trata de realizar el paso siguiente:

—Respecto a la primera dificultad, ¿cómo puede obtener mayor información de los recursos que existen para este colectivo y que ella desconoce?
Seguramente que una de las respuestas a esta pregunta será que dichos listados pueden consultarse en alguna web. Lo que requerirá de ella un cambio de actitud si su relación con estos medios es un poco perezosa ya que tendrá que adquirir conocimientos informáticos para acceder a la misma.
—Respecto a la segunda dificultad. Si siente inseguridad a la hora de elaborar un proyecto necesitará adquirir conocimientos sobre técnicas de elaboración de los mismos, aplicarlas y reforzar los aspectos que presentan mayor dificultad.
—Respecto a la tercera dificultad, precisará de formación en técnicas y estrategias de cómo hablar en público, además de la consabida práctica mejorada con las aportaciones del *feedback*.
—Respecto a la cuarta dificultad, necesitará analizar las fuentes de tal malestar. Una formación de desarrollo personal y de conocimiento de uno mismo pueden ayudar a entender, o a acercarse a las fuentes originarias de este estado de ánimo. Las soluciones pueden ser muy diversas.

Es evidente que tomando como referencia sólo un día, no es suficiente para valorar las necesidades formativas, por lo que se requerirá un mayor tiempo de seguimiento y estudio del quehacer profesional. Este análisis podría hacerse desde la perspectiva de la secuenciación de actividades, que sería apropiado si la jornada laboral se desarrollara en tiempos y actividades estables, factores que no siempre son coincidentes en las jornadas laborales de los educadores sociales. En los otros casos, pues, habría que analizarlas desde el punto de vista de las actividades agrupándolas, por ejemplo, en:

1. Actividades dedicadas a la gestión:
   — elaboración de informes
   — derivación de casos
   — búsqueda de recursos
   — etcétera.

2. Colectivos a los que se dirige prioritariamente:
   — infancia
   — adolescencia
   — juventud
   — personas adultas
   — personas mayores

3. Problemáticas que desconoce:
   — inserción laboral
   — drogadicción
   — vejez
   — malos tratos
   — problemáticas sociales escolares
   — etcétera.

4. Ámbitos en los que le faltan técnicas de trabajo:
   — individual
   — grupal
   — familiar
   — etcétera.

5. Tipos de intervención:
   — dinamización
   — evaluación
   — desarrollo del proceso educativo
   — etcétera.

6. Actitudes que cree debería revisar, como:
   — comunicación con algunos compañeros de trabajo
   — relaciones con otras instituciones
   — las aportaciones al buen clima laboral
   — la aversión hacia algún colectivo
   — etcétera.

Tercer paso: ¿cómo resolver estas deficiencias?

Este ejemplo trabajado ha sido fruto del estudio personal de Elena. Si ella pudiera añadir a estos resultados el *feedback* conseguido en sesiones del equipo de trabajo, orientadas a este fin, sin duda alguna la confirmación de sus necesidades formativas estaría mucho más asegurada.

3.4. Orientaciones para acceder a la formación continua

Una vez obtenido el diagnóstico, cabe preguntarse ¿qué hacer para suplir dichas deficiencias?

No hay duda de que la reflexión-acción es el método que permite esta mejora continua del trabajo. Pero, tal como acabamos de anunciar, no deja de ser un método y como tal requiere de un ordenamiento y de unos pasos esenciales para que produzca los resultados esperados, lo que precisa también de un aprendizaje del mismo.

Otro medio es el de la supervisión en los equipos de trabajo, que debería ser también un elemento estimulativo de formación, además de proporcionar estrategias de reflexión y mejora de los procesos provocando cambios de actitudes a favor de la optimización del trabajo diario.

Por otra parte, la asistencia a conferencias, a debates, la lectura de libros, etcétera, no dejan de ser *inputs* formativos, que, aunque no supongan una sistematización de la formación, no dejan de ser elementos que ayudan a estar al día, a sacudir rutinas, a entender mejor los cambios sociales y a plantearse continuamente cuestiones que interfieren en nuestra actividad diaria.

Pero, con y sin trabajo en equipo, con y sin supervisión, el educador social, al igual que otros profesionales, acaba asomándose al «mercado de la formación», con el deseo de que éste responda a sus necesidades.

Las modalidades de formación en función de la persona que la precisa y el lugar donde puede realizarse suelen conocerse como: *formación interna* y *formación externa*.

Formación interna

La formación interna es la que se da en el seno de las organizaciones con la intención de facilitar y estimular el acceso a la misma. Y la importancia de ésta en el educador social, la define el Ayuntamiento de la ciudad de Barcelona (1995), cuando expresa: «es una necesidad clara para cualquier organización que trabaje al servicio de las personas, de los ciudadanos, en el campo social» porque las organizaciones dependen de estos profesionales para la prestación de los servicios y porque la sociedad en la que se quiere incidir es dinámica y requiere de la actualización permanente de métodos y estrategias para salir al paso con nuevas y mejores intervenciones. En este sentido, no sólo las administraciones públicas sino que también las empresas privadas adquieren el compromiso de la formación continua de sus trabajadores, elemento imprescindible para la mejora del servicio que ofrecen.

Así pues, muchas organizaciones desean implicar a sus empleados en una formación que creen indispensable para mejorar el servicio que, desde ellas, se ofrece. Los objetivos formativos que se plantean, entre otros, son: la profundización en conocimientos útiles para la práctica social, la adecuación a nuevos puestos cuando hay cambios de actividad o responsabilidades, formación sobre nuevas técnicas que la institución quiere implementar y la atención al personal que entra por primera vez a prestar aquellos servicios.

En el caso de la formación interna suele ser la propia entidad la que elabora los planes de formación, coordina las actividades e imparte con o sin ayuda de profesionales externos los contenidos previstos. Por esto es importante, en estos casos, responder los cuestionarios de diagnóstico de necesidades formativas, asistir a reuniones o entrevistas donde se barajan deseos y expectativas, o hacer llegar sugerencias de aquella capacitación que el personal cree necesitar.

Algunas veces la organización puede considerar de asistencia obligatoria algún tipo de formación, sobre todo si quiere homogeneizar, por ejemplo, un protocolo de servicio, o quiere que una misma cultura de atención al usuario/cliente/ciudadano llegue a todo el personal. En los demás casos, se suele ofertar un catálogo de actividades formativas en las que los trabajadores se inscriben con o sin requisitos previos que pueden especificarse a través de la categoría laboral, identificación con el trabajo que se realiza, otras actividades ya realizadas, etcétera.

En algunas ocasiones puede ser la propia organización la que sugiera y pida a un trabajador o a un colectivo que se prepare o especialice en alguna técnica, proceso, etcétera. Su finalidad iría dirigida hacia la ejercitación de una nueva responsabilidad, promoción laboral, o bien para pasar a ser formador interno de algún tema que se quiera divulgar o de algún nuevo aprendizaje que la organización estima debe incorporarse.

Formación externa

Tanto si se da o no el interés y la posibilidad de acceder a las propuestas de la formación interna en el lugar de trabajo, existe la formación externa que es aquella que se oferta y se realiza fuera de la organización.

Acercarse al «mercado de la formación» no es nada fácil dada la cantidad y diversidad de propuestas, lugares, títulos o reconocimientos que casi todas las entidades formadoras ofrecen, lo que no garantiza, tanto para los profesionales de los servicios sociales, como para muchos otros, la calidad en cuanto a los contenidos, la metodología, los programas y los resultados esperados.

Para que el esfuerzo en dedicación, tiempo y recursos económicos no frustre las expectativas, será necesario hacer un estudio previo del mismo. Para ello sugerimos los siguientes pasos:

1. *Consulta de la oferta formativa*

— Buscar en el centro de trabajo los expositores, webs, etcétera, donde suelen anunciarse actividades de formación. En caso de que no aparezcan pedir información al responsable de personal, de recursos humanos o coordinador de formación, si lo hay, de las actividades formativas que se ofertan tanto en el propio centro como de las que proceden de otras organizaciones.

— Consultar otras fuentes como, colegios profesionales, diputaciones, universidad, fundaciones, ayuntamientos, empresas de consultoría, etcétera.
— Estudiar los programas y *analizar si el contenido que se va a trabajar responde a los objetivos previstos.* Contemplar también si se anuncia la metodología de trabajo. Otro aspecto a tener en cuenta es si la actividad formativa requerirá tiempo complementario para realizar proyectos, memorias, visitas, etcétera, y la importancia de los mismos.
— Analizar los requisitos que se exigen para acceder a tal formación.
— Preguntar por el profesorado que lo imparte.
— Obtener, siempre que se pueda, la opinión de las personas que han realizado la actividad formativa en años anteriores.
— Además tendremos en cuenta si:
  - los horarios y el lugar de formación son compatibles con el horario laboral y o personal
  - se tiene permiso laboral para asistir y quién se hace responsable del mismo.
  - los permisos laborales para participar en actividades formativas son totales o parciales
  - ha de ser realizado en su totalidad, fuera del horario de trabajo
  - la organización permite la combinación de trabajo con otros compañeros y compañeras para asistir a las actividades formativas
  - deben recuperarse las ausencias en el trabajo al asistir a la actividad formativa
  - la actividad formativa puede ser sufragada en parte o en su totalidad por la institución en la que se trabaja
  - existe material complementario como dossieres, libros, etcétera, y si éstos se incluyen en la matrícula
  - la institución que imparte la formación es de conocido prestigio, aspecto a tener en cuenta también, si se quiere obtener una justificación para el currículum como un certificado de asistencia o participación

- la experiencia en los temas que ofrece tiene validez en el mercado de la formación y en el laboral
- si existe algún examen, evaluación o qué requisitos se consideran indispensables para la obtención de certificados, diplomas o para testificar el aprovechamiento del mismo.

Además de las organizaciones e instituciones ofertantes de formación para los educadores sociales, existen otras actividades estatales o internacionales, como las jornadas y congresos, amén de otras modalidades que pueden favorecer el intercambio de experiencias, tan enriquecedoras para este trabajo y para las que tendremos que hacernos unas preguntas similares a las que estamos trabajando.

2. *Desarrollo de la actividad formativa*

Una vez escogida la actividad, es importante desplegar una actitud positiva en el ejercicio de la misma, no sólo para aprender, sino también para disfrutar de aquello que se aprende.

¿Qué actitudes, pues, podríamos destacar en el transcurso de una actividad para que cumpliera su objetivo de formativa?

— Una actitud participativa, ya que es necesaria una implicación personal para afianzar los procesos de aprendizaje. Muchas de las actividades formativas parten de metodologías activas que requieren la complicidad de las personas que asisten, para que se conviertan en actores de su propio proceso formativo. Es así como a través de *rol play*, *brainstorming* y de otras dinámicas grupales, podrán reflexionarse, analizarse y transferirse multitud de situaciones a los lugares de trabajo.

— Una actitud constructiva respecto a las personas que asisten, ya que facilita la interacción y sinergia en el aprendizaje, buscando lo positivo de cada una de las aportaciones, evitando juzgar a los compañeros, buscar enfrentamientos, hacer grupos aparte o utilizar los liderazgos para excluir a los demás.

— Facilitar el trabajo del profesional, cooperando, participando y aportando ideas.
— Velar por el cumplimiento del programa, y pactar, si es necesario y posible, algún cambio de contenido, siempre que el grupo estuviera de acuerdo y la organización pudiera responder a la demanda.

3. *Al finalizar la actividad*

Cuando se acaba la actividad formativa, empiezan lo que antaño conocíamos como deberes, «quedan los deberes por hacer», y sabemos que si no se hacen, nada cambia.

Los nuevos conocimientos, las nuevas habilidades y el cambio de actitudes que habremos descubierto cuando realizamos la formación, tienen un objetivo muy claro y definido y éste es: su aplicación en el trabajo.

Pero su puesta en práctica requiere un cambio de actitudes y todo cambio es duro, difícil y se encuentran multitud de excusas que impiden realizarlo. El rosario de frases que hemos oído y pronunciado más de una vez aparecen sin darnos cuenta cuando se trata precisamente de esto, cambiar.

La sinceridad con uno mismo y con el equipo anuncia que los milagros no existen y que la optimización del trabajo diario consiste en conseguir pequeños retos y en introducir nuevas maneras de hacer las cosas que nos acerquen a la mejora de cada uno y de nuestra actividad.

Bibliografía

Ajuntament de Barcelona, *Pla Municipal dels Serveis Socials d'Atenció Primària. Barcelona i tu*, Ajuntament de Barcelona, Àmbit de Benestar Social, Àrea d'Afers Socials i Joventut, Impremta Municipal, 1995.

Armengol, C., *L'educador social i la seva formació*, Barcelona, Claret, 1993.

Asociación de Educadores Especializados de Catalunya, *Propuesta de formación de la comisión de trabajo*, Barcelona, 1988.

Ayerbe, P., «La formación permanente en la educación no for-

mal: los educadores sociales», en Gairín J., y Ferrández, A. (comp.), *Planificación y gestión de instituciones de formación,* Barcelona, Praxis, 1997b.
Buckley, R. y Caple, J., *La formación teoría y práctica*, Madrid, Díaz de Santos, 1991.
Caballo, V. E., *Manual de evaluación y entrenamiento de las habilidades sociales*, Madrid, Siglo XXI, 1993.
Centro de Formación de Educadores Especializados, «La formación del educador», en *Cuadernos de Pedagogía,* nº 55, julio-agosto de 1979.
Centro de Formación de Educadores Especializados, *Las intervenciones del Educador en la vida cotidiana,* Barcelona, ICE de la UAB, 1976.
Colomer, J. y Trilla, J., «Educadores y agentes socioculturales», *Cuadernos de Pedagog*ía, nº 162, 1988.
Comisión de las Comunidades Europeas, *Libro Blanco sobre la educación y la formación. Enseñar y aprender. Hacia la sociedad cognitiva,* Bruselas, Oficina de Publicaciones Oficiales de las Comunidades Europeas, 1995.
Company, F., *Educació i Formació a Europa després de Maastricht*, Barcelona, Crònica d'Ensenyament, 1993.
Cuadernos de Formación y Recursos Humanos, Madrid, Dirfo, 1996.
Dabas, E. N., *Red de redes. Las prácticas de intervención en redes sociales*, Buenos Aires, Paidós, 1993.
Delors, J., *Educació: Hi ha un tresor amagat a dins,* Barcelona, Centre Unesco de Catalunya, 1996.
Ferrández, A., «El formador: competencias profesionales para la innovación», en Gairín, Ferrández, Tejada, Navío (comp.), *Formación para el empleo,* Barcelona, CIFO, 1996.
Ferrández, A. y Peiró, J. (comps.), *Estrategias educativas para la participación social,* Barcelona, Humanitas, 1989.
Gallardo, M. y Morata, M. J., «L'animador sociocultural i la seva formació», Barcelona, Universidad de Barcelona, tesis de licenciatura, inédita, 1988.
García, M. y Gil, F., «Conceptos, supuestos y modelo explicativo de las habilidades sociales», en Gil, F., León J. M. y Jarana L., (coor.), *Habilidades sociales y salud,* Madrid, Eudema, 1992.
Goleman, D., *Inteligencia emocional,* Barcelona, Kairós, 1986.
March, E. y Picard, D., *La interacción social*, Barcelona, Paidós, 1992.
Marcon, P., «La formación de educadores sociales en Europa», en Muñoz, A., *El educador social: profesión y formación Universitaria*, Madrid, Popular, 1994.
Martinell, A., *Situación de la formación del educador especializado*

en España, Ponencia presentada en el I Congrés Europeu dels centres de Formació d'Educadors Especialitzats, 1989.
Martínez, J. C., «La formación del educador social: La perspectiva de la diplomatura», en VV. AA., *El Educador Social, presente y Futuro,* Bilbao, Muga, 1991.
Martínez, J. C., «La formación no universitaria en el ámbito del educador social», en *Congreso Estatal del Educador Social. Presente y futuro en la educación social,* en Murcia 1995, Madrid, 1998.
Martínez, M. A. y Gandía, M. J., «El educador social: funciones, perfil y formación», en *revista PANEL,* n° 13, Burgos, Escuela Universitaria de Burgos, 1993.
Midioni, S. y Zini, T., *L'Educatore professionale. Formazione, ruolo, competenze,* Roma, La Nuova Italia Scientifica, 1992.
Mintiaga, A., «Reflexión sobre las necesidades formativas del Educador Social», en *Congreso Estatal del Educador Social. Presente y futuro en la educación social,* en Murcia 1995, Madrid, 1998.
Mintiaga, A. y Gazulla, A., *Aportaciones del mundo profesional a la formación de Educadores Sociales,* 5ª. Escola d'Estiu de Serveis Socials de la Diputació de Barcelona, 1994.
Muñoz, A. (comp.), *El educador social: Profesión y formación universitaria,* Madrid, Popular, 1994.
Petrus, A., «Los estudios universitarios de educación social. Estrategias de actuación», en Muñoz, A., *El educador social: Profesión y formación universitaria* Madrid, Popular, 1994.
Quintana, J. M., «Trabajo Social y Pedagogía Social: Relaciones entre sus campos y competencias profesionales», *Revista de pedagogía Social,* n° 9, Revista Interuniversitaria, enero de 1994.
Rodríguez, I., «El educador en clave de cultura», en *Claves de Educación Social,* n.° 0 abril de 1995.
Sabater, F., *El valor de educar,* Barcelona, Ariel, 1997.
Sáez, J., *La formación y profesionalización de los educadores sociales,* Valencia, Nau Llibres, 1995.
Sáez, J. S. y otros, *El educador social,* Servicio de Publicaciones de la Universidad de Murcia, 1993.
Sánchez, E., *Formación y orientación laboral,* Madrid, Paraninfo, 1990.
Tizio, H., «La categoría (Inadaptación social)», en Petrus, A., (comp.), *Pedagogía social,* Barcelona, Ariel, 1999.

4
CÓMO OPTIMIZAR LA PRÁCTICA EDUCATIVA

La variedad de situaciones, respuestas, ámbitos y colectivos en los que ejerce el educador social no dejan de ser un preámbulo de la complejidad que encierra, y que en capítulos anteriores ya hemos tratado, una posible definición de «educador social». Y es que el concepto de educador social suele ser genérico, al ser tantas y tan diversas las funciones que se le atribuyen y los campos de trabajo susceptibles de ser intervenidos bajo una acción intencionadamente educativa.

Dos serían los componentes básicos de una definición consensuada sobre el educador social: educación y social. ¿Pero qué entendemos por «educar» y qué por «social»? Muchas de las definiciones dadas responden a las prácticas educativas de aquel colectivo que se describe, léase por ejemplo educación especializada, o de adultos, o animación sociocultural, a partir de las cuales se pretenden conseguir unos objetivos educativos.

Y si el educador social debe realizar una práctica educativa intencionada, ¿cuál es el concepto de educar que tiene el propio educador?

Ya sabemos que el término «educar» está repleto de antinomias más o menos aceptadas, cuyas interpretaciones no están exentas de justificadas polémicas. La variedad en la definición del «acto de educar» se traduce en una diversidad de prácticas educativas, de ahí pues la diferencia en la consecución de objetivos, métodos a utilizar y fines a conseguir.

Si a la ya polémica práctica de la educación, la situamos fuera de los ámbitos escolares o tradicionalmente conocidos como educacionales, su complejidad aumenta. ¿Por qué? Porque pueden darse muchas más situaciones en las que la concepción que de educar tenga el educador social se manifieste de una manera mucho más cruda, es decir, sin el cobijo que cualquier otra actuación tendría en un marco educacional diferente.

Aunque los límites podrían ser muy discutidos, de ahí las diferentes interpretaciones educativas, estaríamos de acuerdo en afirmar que, a un educador-maestro, difícilmente se le ocurriría efectuar la actividad que debe hacer el educando. Y en cambio, ¿cuántos profesionales del ámbito social, no acaban realizando la gestión o el protocolo que debería aprender a lograr un usuario de la misma?

Cuando se reflexiona sobre estos aspectos aparecen las consabidas justificaciones que consagran, una vez más, aquella actuación realizada por algunos de estos profesionales y que posiblemente no tendrían que hacer. ¿Quién no ha oído expresiones como éstas?:

—«es que no saben dónde es»
—«es que no se atreven a ir»
—«es que no se aclaran con el tema»
—«es que no pueden ir»
—«es que...»

Actuaciones todas ellas con las que los educadores se pretenden justificar, generando con estos comportamientos de, «yo lo hago porque tú no lo sabes hacer» cuya consecuencia es «como yo lo hago tú no lo sabrás hacer nunca», es decir, «siempre me necesitarás», más dependencias que aprendizajes. Cuando se dan estas circunstancias en las que el profesional resuelve las cuestiones que el otro, la persona a la que se pretende enseñar, tendría que aprender a gestionar, a hacer, a generar, ¿podríamos decir que se está educando?

El deseo de hacer las cosas bien o de hacer algo por los demás, que fundamenta muchas veces la «vocación» de esta profesión, puede traicionar la raíz de su misma esencia. A veces el no saber cómo «enseñar a que el otro aprenda», el tan recurrente factor tiempo, el trabajar bajo las premisas del todo o nada, es decir, o lo pueden solucionar del todo ellos solos o no pueden arreglar nada, el seguimiento de protocolos estrictos en la prestación de servicios en algunos centros, etcétera, pueden dificultar la búsqueda de soluciones o alternativas a estos cometidos. ¿No haría falta, pues, una metodología de acompañamiento para que la persona pudiera realizar el aprendizaje paso a paso y creciera en su autonomía?

Dentro de la misma línea de actuaciones que generan dependencias podríamos incluir muchas otras que, aunque no parecen tan evidentes, no dejan de acarrear parecidas consecuencias a las anteriores. Éstas se hacen explícitas cuando:

—imponemos nuestra manera de pensar, en vez de persuadir
—ordenamos nuestra manera de hacer las cosas, en vez de intentar entender las diferencias
—compadecemos en vez de buscar soluciones
—hablamos sin escuchar
—protegemos en vez de «potenciar», «provocar» o enseñar
—trabajamos con el «todo» o «nada» en vez de estimular independencias, aunque puedan parecer insignificantes
—etcétera.

Casi podríamos afirmar, sin temor a equivocarnos, que actuando bajo las premisas de los verbos «ayudar» y «hacer» es más fácil justificar, para el propio educador e incluso, mucho más, para la institución en la que ejerce, el cumplimiento de su trabajo, obteniendo además para los primeros la sensación de «sentirse más útiles e imprescindibles», mientras que para la segunda, el orden y la regularidad se imponen en el servicio que se presta. Pero, ¿es éste el fin de la educación? ¿No nos equivocamos cuando medimos la consecución de los objetivos por el termómetro de nuestro «sentirnos útiles», en vez de hacerlo por lo que realmente la otra persona ha conseguido?

Analizado de esta manera parece que perdamos de vista la importancia que pueda tener para el educador social alimentar su propio ego o crecer en su autoestima. Ellos, como cualquier otro profesional, deben poder obtener satisfacción de su trabajo y, de la misma forma que los demás trabajadores, ésta debe venir de la mano de lo que los demás, a través de ellos, como mediadores del acto educativo, han conseguido. De esta manera recordaremos de nuevo que la finalidad no se centra en el educador, aunque a través de la interactuación salga beneficiado, sino la persona, usuario, cliente, hacia la que se orienta la acción.

Un profundo repaso a nuestras actuaciones, decisiones, a la metodología utilizada al trabajar y a nuestros sentimientos nos puede dar pistas para analizar, en la práctica, qué entendemos realmente por «educar».

4.1. De la utopía a la realidad y de la realidad hacia la utopía

Las expectativas con las que un educador social inicia bien sus estudios, bien su profesión no están lejos de las manifestaciones que se relacionan con aquello que se quiere hacer, con lo que se quiere aportar y por lo tanto con lo que uno manifiesta sentirse bien al realizarlo. Es entonces cuando aparecen los quieros y los porqués de una dedicación:[70]

QUIERO

— conocer el campo de las relaciones sociales
— aportar un grano de arena dentro de esta sociedad y a la gente que más lo pueda necesitar
— aportar alguna cosa positiva a la sociedad y aprender a comprenderla
— ayudar a los que lo necesitan
— aprender a educar a la gente
— ayudar a que no haya tanta discriminación
— ayudar a la gente con problemas
— trabajar en algo que pueda ayudar a la gente
— desarrollarme para poder enseñar a otras personas
— etcétera.

70. M. Romans (1999). Expresiones recogidas al inicio de la Diplomatura de Educación Social y en sesiones de tutorías. Archivo particular.

PORQUE

- — desde que he empezado a trabajar lo he hecho en este campo y es el que me gusta
- — conozco a un educador social y me ha convencido
- — la persona es lo más importante y dedicarme a ella no tiene precio
- — está bajo el prisma de las humanidades y bajo el marco en el que vivimos está haciendo mucha falta
- — soy sensible en situaciones de injusticia social
- — me interesan las necesidades pedagógicas y sociales de nuestra sociedad
- — es imprescindible en la sociedad de hoy y me gusta la implicación con las personas
- — te realiza como persona y es una manera de ayudar a la sociedad
- — es mi vocación y siempre me ha gustado
- — de acuerdo con mis inquietudes personales y profesionales... intentar arreglar el caos social de la gente de mi edad
- — me siento impotente ante tantas situaciones injustas y creo que con los estudios y la dedicación podré disminuir considerablemente esta impotencia y hacerme útil en esta sociedad
- — que el altruismo define los estudios de educación social y yo me sentiría muy bien en ayudar a la gente y enriquecerme como persona
- — siento vocación para trabajar con las personas para mejorar sus vidas
- — creo que con estos estudios te has de sentir muy satisfecho de ti mismo y muy realizado profesionalmente
- — me gusta el trato humano
- — tengo experiencia en algunas actividades, colonias de verano, etcétera, y quisiera profundizar en este campo
- — porque su potencial social es inmenso
- — etcétera.

¿Estos deseos están lejos de lo que realmente acaba siendo el ejercicio diario de la profesión? ¿Son expresiones que nos recuerdan más a las del personal voluntario que a la de los profesionales? ¿Contienen más elementos de ficción que de realidad? ¿Son ingenuas? Es fácil afirmar que están llenas de buenas intenciones y de propósitos de acción. ¿Es esto reprochable? Sin duda alguna, el entusiasmo, la motivación y la percepción que uno tiene de un trabajo o de los estudios que han de permitir ejercer una profesión, no sólo no son lícitos, sino que casi anunciaríamos como imprescindibles. Lo que nos preguntamos es si, con el paso de los años y en este contacto directo con la realidad, estos deseos se erosionan, devalúan, acaban perdiendo su sentido o bien son capaces de madurarse e integrarse, lo que acabaría haciéndolos reales y, por lo tanto, a nuestro entender, posibles.

Si a estos deseos o motivaciones personales añadimos las características y cualidades que varios autores han descrito como adecuadas para el ejercicio de la profesión del educador y educadora social, nos situaremos entre dos polos que pueden medirse entre lo que llamamos deseable, (lo utópico) y lo que en la realidad diaria puede traducirse. De este modo nos encontramos que existe una distancia entre las cualidades que se dibujan como óptimas y las que, analizándolas desde un punto de vista negativo o de la práctica mediocre de la profesión, y por lo tanto mejorables, realmente pueden darse, de la misma manera que existe una distancia difícilmente medible entre los términos utopía y realidad.

Para ello hemos indicado en la primera columna aquellas cualidades exigidas o preferibles en el educador social, mientras que en la segunda, indicamos las actitudes que se contraponen a las deseadas en dichos profesionales.

Caricaturizando los dos extremos podemos interpretar sin lugar a dudas el claroscuro que va de la primera a la segunda posición, teniendo en cuenta que difícilmente se dan actitudes calcadas o tan netamente definidas como éstas, lo que nos permitirá deducir situaciones similares o derivadas.

A modo de ejemplo, proponemos unos ejercicios que pueden ser realizados bien individualmente, bien en grupo:

De la UTOPÍA (lo óptimo)	A la posible REALIDAD (lo mejorable)
Educador implicado	Huye de cualquier situación que implique algún valor añadido al trabajo a realizar.
Comprometido	Se rige estrictamente por el horario laboral.
Entusiasta	Está quemado.
Flexible	Impone la manera de hacer las cosas.
Responsable	Dice o decide «hacerlo todo» y se queja por ello (victimación).
Reflexivo	La actividad no le permite reflexionar, evaluar y modificar.
Abierto	Difícilmente acepta proposiciones de los demás.
Dialogante	Siempre que los demás coincidan con su forma de pensar.
Etcétera	

Un largo etcétera podría ser la solución a un sinfín de situaciones señalizadoras de otras actitudes que bien podrían ser añadidas o bien quedarían insinuadas dentro de algunas que ya hemos descrito. Es un ejercicio que aconsejamos puede hacerse en equipo o individualmente y que entendemos puede servir de material de revisión de la práctica diaria y de las indefiniciones que la misma conlleva.

Es posible que algunos educadores puedan sentirse identificados con alguna de estas características y lo más probable es que estén descontentos o sientan cierto resquemor ante tal situación. Si es sincero el diagnóstico, es posible que vaya acompañado de una actitud de mejora. En este caso, ¿qué se puede hacer?

Intentemos analizar la situación desde otro punto de vista. ¿Cuál es nuestra realidad? Y hacia dónde, o qué hacer para caminar hacia lo mejorable, hacia la utopía. Estas cuestiones nos acercarán a otro análisis que exponemos a continuación.

Coloquemos en la primera columna aquellas actitudes o actividades que pueden ser mejoradas, las realidades que cada persona o cada equipo atribuye al educador social «cansado», desmotivado, «quemado», y en la segunda columna las actitudes que señalamos como optimizadoras, factibles y realizables como camino hacia la mejora de la práctica diaria de la profesión.

A modo de ejemplo:

De la REALIDAD (situaciones observadas)	Camino hacia la UTOPÍA (situaciones deseables)
Ausencia de implicación	Reflexionar sobre la profesión escogida: educador social.
Falta de compromiso	Profesionalización excelente y entusiasta.
Está quemado	Vigilar las propias expectativas, analizar sueños y realidades.
Responsabilidad única.	Compartir, delegar, trabajar en equipo.
Ausencia de reflexión	Actitud de aprender de los aciertos y de los errores. Querer mejorar.
Falta de diálogo	Reconocimiento de las propias limitaciones. De los demás se aprende.
Excesivo dirigismo	Escuchar y compartir.
Falta de empatía	Entender las situaciones de los demás para prestar la colaboración más adecuada a las necesidades educativas.
Etcétera	

¿Cómo podemos iniciar un proceso de mejora?

La realización de un proceso de mejora, de optimización de la profesión necesitará de unos pasos que nos permitan no sólo empezar, sino también seguir con dicho proceso en una evolución constante entre los resultados obtenidos y la meta a alcanzar. Para ello será necesario:

Pasos a seguir:

— partir de un diagnóstico sobre el punto de conflicto o de insatisfacción en el que uno se encuentra
— querer, es decir voluntad de querer cambiar
— saber en qué se quiere mejorar
— buscar la estrategia y la metodología para realizar «pequeños cambios»
— averiguar los medios que se necesitan
— iniciar el proceso
— continuarlo siguiendo la secuenciación precisa
— evaluar el proceso de mejora
— integrar las mejoras conseguidas
— felicitarse por lo mejorado

Preguntas a plantearse:

— ¿qué acciones concretas queremos mejorar?
— ¿qué tipo de cambio nos proponemos?
— ¿qué medios implica la realización de este cambio?
— ¿qué mecanismos de motivación permanente necesitamos para llevarlo a cabo?
— ¿cómo articulamos el cambio en nuestro trabajo diario y en relación con el de los demás?
— ¿se precisa una implicación de la institución en este cambio y en qué medida?
— ¿cuál es el sistema de evaluación establecido para seguir y evaluar resultados?
— ¿cómo sabremos que lo hemos conseguido?

Hablar de cambio significa hablar de «proceso». Y serán precisamente estos profesionales quienes puedan percatarse de él en el ejercicio de su trabajo como educadores, tanto si ellos lo viven en «su camino» hacia la mejora, como si lo orientan o perciben a raíz del proceso educativo de los demás, ya que su actividad, eminentemente educativa, va dirigida al desarrollo personal y a la madurez social a través de que las personas alcancen hábitos de conducta social y un grado óptimo de autonomía y esto sólo puede hacerse a través de unas etapas procesuales.

4.2. El proceso de cambio

Precisamente cuando una persona, bien como estrategia individual, bien como acuerdo colectivo, inicia el proceso de cambio, empiezan a constatarse las dificultades que encierra pues las características que lo acompañan así lo determinan, y es que éste:

—No puede imponerse.
—No se consiguen, de un día para otro, las mejoras que se dibujan como objetivos.
—Los procesos son largos y lentos.
—Los inconvenientes provocan ansiedad y a veces descorazonamiento.
—Etcétera.

Esta dificultad en cambiar que podemos percibir en los demás no está ausente del proceso que seguirán el educador social y el equipo si pretenden mejorar su profesión. Uno de los mayores inconvenientes radica precisamente en la orientación que éste toma al afectar la manera de pensar y de hacer las cosas, pues exige de actitudes diferentes para conseguirse. Por este motivo la evolución requiere seguimiento y supervisión, de los que se obtendrán las pautas de los avances, retrocesos y de las vicisitudes en este camino hacia las nuevas maneras de proceder.

Realizar el cambio tanto en desarrollos personales de mejora como en procesos institucionales, supone vencer una serie de resistencias que tienen diferente contestación. Para los que se oponen al cambio son las barreras indiscutibles o los puntos de apoyo para evitarlo, mientras que los que trabajan a favor de él deben anticiparse a las mismas para gestionarlas y convertirlas en asequibles para conseguir los resultados esperados. Veamos cómo se manifiestan:

1. *Resistencia al cambio*

Un cambio suele convertirse en una amenaza para la persona o el grupo que por «costumbre» tenía una manera determinada de hacer las cosas y, por lo tanto, de satisfacer así sus necesidades. De ahí que la resistencia al mismo sea una reacción ante el desequilibrio inicial que puede suponer hacer las cosas de una manera diferente.

Son diversas las causas que pueden indicar una oposición a la innovación. Un aspecto diferenciador en todas ellas puede venir dado por la opción de que sea la persona la que decide el cambio o bien sea ella una víctima del mismo. Aun contando con esta significativa diferencia ¿quién no ha dicho o escuchado estas expresiones relacionadas con él?:

—es imposible
—ya se había intentado antes
—no todos estamos por el asunto
—yo ya lo hago bien
—son los demás los que tienen que cambiar
—no lo conseguiremos
—siempre se ha hecho así
—es culpa de esta entidad
—en la privada se solucionaría de otra manera
—en la pública ya se sabe
—etcétera

Y es que al cambio van unidas una serie de razones que se decantan bien hacia la aceptación, bien hacia el rechazo del mismo. ¿Y qué motivos pueden alegarse en contra de él?:

—El deseo de conservar la manera de hacer las cosas aunque ésta sea motivo de queja constante y pueda mejorarse.
—El miedo al fracaso y a la incertidumbre de que los resultados confirmen el éxito del cambio.
—El temor a invertir esfuerzos e ilusiones en algo que se entiende como mejor, pero que no ofrece garantías de éxito.
—Una falta de información sobre lo que se va a realizar.
—Ausencia de convicciones por carencia de argumentos que faciliten un mejor entendimiento del porqué de la innovación.
—El temor a disgustar a las otras personas que no se suman a la reforma.

—Una desconfianza en el cambio por falta de criterios que justifiquen claramente la inversión en el mismo.
—El miedo a que las modificaciones lleven incorporados unos compromisos de trabajo, no definidos claramente.
—El desconocimiento de cómo va afectar el cambio a cada persona en particular y al grupo en general respecto al trabajo, etcétera.
—Etcétera.

Y es que todos estos motivos no dejan de estar contaminados por miedos a lo desconocido, al posible fracaso, o son fruto de un estancamiento profesional, de la rutina con la que se trabaja o de una posible falta de información. Para evitarlos o reducirlos es necesario que las personas y los grupos se impliquen en la concepción del mismo, pues éstos tienen experiencia para hacer contribuciones significativas y es menor la resistencia en una decisión de cambio cuando se ha participado que, evidentemente, cuando éste quiere imponerse.

2. *Fases del cambio*

Aunque el cambio se plantee en grupo es necesario que cada educador analice el proceso de cambio en sí mismo con el fin de descubrir las fases a través de las cuales pasará y en las que el grupo también se verá implicado. Aun teniendo en cuenta que cada persona y cada equipo tienen reacciones diferentes respecto al mismo, describimos a continuación unas posibles fases por las que se suele pasar al iniciar un proceso de innovación:

a) La desestabilización

Es la fase inicial en la que la persona percibe por ella misma el miedo y el peligro del cambio. La ansiedad se hace presente, las reacciones son confusas y se encuentran dificultades para analizar la situación en la que se halla y la que se percibe como futura.

b) La inhibición reactiva

En este periodo la persona se ve dominada por reacciones que pueden interpretarse como defensivas o de huida.

De ahí que exprese deseos de aferrarse a su manera tradicional de trabajar y evite entender la realidad, lo que le llevará a tener reacciones o bien de apatía, separándose del proceso de cambio, o bien de enfado haciendo una oposición activa al mismo. Una manifestación de esta fase es la rigidez ante la innovación negándose incluso a estudiar posibilidades diferentes en su vida laboral, valores o aspiraciones.

c) La aceptación

Cuando los mecanismos utilizados se muestran ineficaces para frenar el cambio, la persona, al constatar su impotencia, puede darse por vencida. Si ésta es la actitud con la que se persiste, se puede entrar en una espiral de ansiedad, mal humor y desmotivación constante en el trabajo que llevará a trabajar con mediocridad e indiferencia, siendo la baja laboral una de las alternativas socorridas a esta situación y estado de ánimo. Puede existir otra reacción más constructiva y es la de conseguir superar este periodo empezando a reorganizar la vida y la manera de hacer las cosas, cambiando la percepción de la realidad, lo que ha de permitir una aceptación dinámica del mismo.

d) La adaptación

Ésta es la etapa en la que el verdadero cambio se hace evidente porque la persona es capaz de modificar la imagen que tiene de ella en relación con la nueva situación. En este momento estudia los recursos que posee y planifica pequeñas variaciones que le producirán nuevas experiencias y satisfacciones haciendo disminuir la ansiedad, una euforia desbordante o la depresión que suelen acompañar a las mismas.

3. *Manifestaciones de la resistencia al cambio*

Cada persona tiene diferentes maneras de «escapar» o de «retardar» el desarrollo del cambio tanto si tiene carácter individual como colectivo y tanto si ella decide la realización del mismo como si es una sufridora de algún proceso innovador que se da en el lugar de trabajo o en alguna relación que le involucre.

¿Qué manifestaciones aluden a esta resistencia? Sin pretender ser exhaustivos en las mismas, presentamos algunas de ellas a modo de ejemplo. Para describirlas las hemos agrupado bajo los siguientes puntos:

a) Manifestaciones que ponen la *duda* como estandarte:
— Fruncir el ceño acompañándolo de alguna expresión en la que se ponga en entredicho la posibilidad de llevar a cabo la idea.
— Dejar en ridículo a la persona que hace la aportación poniendo en duda su capacidad o conocimiento sobre el tema tratado.
— Felicitar exageradamente a la persona que aporta la idea de cambio para conseguir, por parte del grupo, la sospecha de tal contribución.
— Responder con un silencio absoluto la propuesta presentada, lo que da lugar a interpretaciones varias, pero difícilmente receptivas de la idea o de la persona que la ha sugerido.
— Etcétera.

b) Manifestaciones que sugieren *retraso* en la implementación:
— El cambio de tema de conversación, pidiendo un aplazamiento para estudiar el que se proponía.
— Modificar la idea a través de tantas enmiendas que la resultante no tenga nada que ver con la primera.
— Pedir un comité que vele por la propuesta.
— Dejar sistemáticamente para otra reunión la aprobación de una decisión.
— Etcétera.

c) Manifestaciones que apoyan su resistencia en la *organización*:
— Observar que la idea presentada no es coherente con la política de la organización.
— Demostrar que la implementación del cambio acarreará un dispendio gravoso en recursos económicos, técnicos o personales.
— Escudarse en otras experiencias que al final no se llevaron a cabo, o se quedaron a medio camino, es decir, que,

a fin de cuentas, no sirvieron para nada o así fue percibido o experimentado por quienes se refugian en este pretexto.
— Etcétera.

d) Ejercicio:
— ¿En cuáles de estas manifestaciones nos sentimos más identificados?
— ¿Qué estrategias solemos utilizar para evitar que se lleven adelante ideas novedosas, mejoras en protocolos o implementación de nuevas tecnologías en nuestro trabajo y en nuestras intervenciones? y ¿ por qué?
— Etcétera.

4. *Trabajar las actitudes respecto al cambio*

Si no se trabajan actitudes en pro de las mejoras para garantizar la continuidad y obtener beneficios sólidos y duraderos, se corre el peligro de que el cambio sea ineficaz, se diluya en el transcurso del tiempo, pierda el impacto producido y, después de tanto esfuerzo realizado, quede todo tal como estaba perdiéndose el valor del mismo como elemento transformador. Para evitar que esto suceda es preciso:

— Buscar información sobre los motivos y razones del cambio.
— Estudiar los pros y contras.
— Tener en cuenta el bien individual y el común.
— Reducir diferencias.
— Definir objetivos y compromisos viables.
— Negociar los procesos y el tiempo de los mismos.
— Buscar la implicación de todo el grupo.
— Marcar etapas poniendo fechas de inicio y finalización.
— Revisar la evolución del proceso.
— Evaluar lo que se consigue y consolidarlo.
— Estudiar lo no conseguido, para volver a formularlo.
— Felicitarse por los resultados alcanzados.

4.3. Cómo mejorar nuestras intervenciones

El ejercicio de una profesión requiere de continuas intervenciones que difieren unas de otras debido a la magnitud de la operación, a la especificidad del colectivo con el que se trabaja, al carácter urgente de la misma, o a la trascendencia de la actuación. De aquí que todas ellas requieran de un protocolo adecuado y difícilmente pueden existir «recetas» que nos indiquen cómo actuar, aspecto que nos anuncia la dificultad en su ejecución.

Las situaciones, aunque objetivamente pudiéramos afirmar que son las mismas, dejan de serlo porque las viven personas diferentes; factores como el tiempo y el ambiente, entre muchos otros, son cambiantes mientras se dan una multitud de circunstancias variables con procesos de significativas singularidades. Aun teniendo en cuenta todas estas dificultades, y quizá con algo de atrevimiento, hemos intentado concentrar las intervenciones, para su estudio, bajo unas tipologías lo que nos permitirá sugerir algunas orientaciones que puedan ayudar a reflexionar sobre las actividades (gestiones, informaciones, intervenciones, etcétera) que comúnmente realizan los educadores y educadoras sociales.

Para trabajarlas las hemos agrupado en actividades:

— rutinarias
— imprevistas
— problemáticas.

Entendemos por *actividades rutinarias* aquellas que no requieren de un esfuerzo añadido al ya consabido protocolo o proceso que habitualmente se realiza para llevar a cabo aquella actividad. Esta «rutinariedad» no está calificando las acciones de menos importantes porque éstas pueden tener cierto grado de relevancia en algún momento determinado. Por ejemplo: un impreso deficientemente rellenado puede convertirse en una negativa en la concesión de una beca; unos informes ligeramente redactados pueden tener connotaciones subjetivas, poco probadas, que pueden ser trascendentes en el momento de tomar decisiones sobre un proceso de adopción, de internamiento o simplemente de «suspicacia» sobre una persona; asegurar una información cuando no se tiene certeza de ella es otra ligereza que puede repercutir negativamente en el usuario, organización, compañeros, etcétera. Por lo tanto, entenderíamos por rutinario simplemente el aspecto burocrático, ya validado de un proceso.

Entendemos por *actuaciones imprevistas* aquellas que no pueden prepararse por falta de información, porque se producen a destiempo, era impensable una situación como la que se genera o porque su atención no era contemplada dentro de los planes programados, convirtiéndose en una sorpresa para el profesional, que necesitará poner en juego su creatividad y sus habilidades porque, evidentemente, tiene que darles una salida. No puede considerarse imprevisto un descuido, ni alguna actuación que ya estaba anunciada aunque fuera con mucha antelación. El olvido, el descuido, la falta de previsión de algunos percances, suelen ser sencillamente fallos de planificación, por lo que no podría dárseles la categoría de imprevisibles aunque, en el momento que se dan, realmente lo sean.

Entendemos por *actuaciones problemáticas* aquellas que requieren del profesional un alto grado de saber hacer y un máximo despliegue de sus habilidades de comunicación e interacción, ya que pueden alcanzar cierto grado de conflictividad. Solucionar problemas o buscar alternativas de salida a los mismos es el objetivo. Para ello necesitará velar para que una incidencia no derive nunca en un enfrentamiento. Un buen clima laboral, si pensamos en las relaciones laborales, saber escuchar y preguntar, si nos referimos a los usuarios, proveedores e instituciones con las que se trabaje, pueden ser factores que nos ayuden a prevenir o incluso, algunas veces, a impedir que se den situaciones, que de otra forma se convertirían en comprometidas, teniendo en cuenta que no es lo mismo resolver un problema que un conflicto.

Aunque a simple vista parece sencillo, sabemos que en la práctica este juego de situaciones es muy complejo. La peculiaridad de cada actividad e interacción puede llegar a convertir en conflictivas acciones rutinarias, así como traducir en rutinarias situaciones con cierto grado de imprevisibilidad, siempre que éstas se analicen y estudien.

¿Qué grado de acierto seríamos capaces de desarrollar ante tales situaciones?

Para dar respuesta a esta pregunta apuntamos tres características que, trabajadas sobre un gráfico, nos ayudarán a averiguar nuestra posición respecto a las intervenciones que realizamos. Para ello, las hemos calificado de:

— erróneas
— acertadas
— excelentes.

Entendemos por *actuaciones erróneas* aquellas en las que el profesional interviene desacertadamente. Puede equivocarse en el planteamiento de los objetivos, en la metodología utilizada, en el estilo de su interacción, en un proceso, en el planteamiento de alguna actividad, en ofrecer un diagnóstico equivocado, en las estrategias elegidas, etcétera. La rapidez en reconocer el fallo y la contraprestación del servicio correcto podrían ser una buena solución en estos casos.

Entendemos por *actuaciones acertadas* aquellas en las que el profesional «acierta» pero no por casualidad, sino porque entiende perfectamente una situación y sabe aplicar u ofrecer lo que ésta requiere. Una buena lectura de lo que ocurre en aquel momento, en aquella situación, persona o grupo, permitirá al profesional actuar de la manera más adecuada, es decir, interviniendo tal y como el momento y los usuarios lo precisan.

Entendemos por *actuaciones excelentes* aquellas en las que el profesional no sólo no se equivoca y acierta sino que su actividad se optimiza porque la intervención está adjetivada con la excelencia en el planteamiento, en el proceso y en la evaluación del mismo. La calidad en todas sus facetas está siempre en activo. Se podría hablar de un educador social competente.

¿Cómo son, pues, nuestras actuaciones? Representémoslas en este gráfico.

Supongamos que un educador social suele resolver acertadamente las actividades rutinarias; en las situaciones imprevistas, debido a su creatividad y al esmero que pone en solucionarlas, se acerca más a la excelencia, mientras que le cuesta desenvolverse en las conflictivas.

La representación gráfica del ejemplo sería la siguiente:

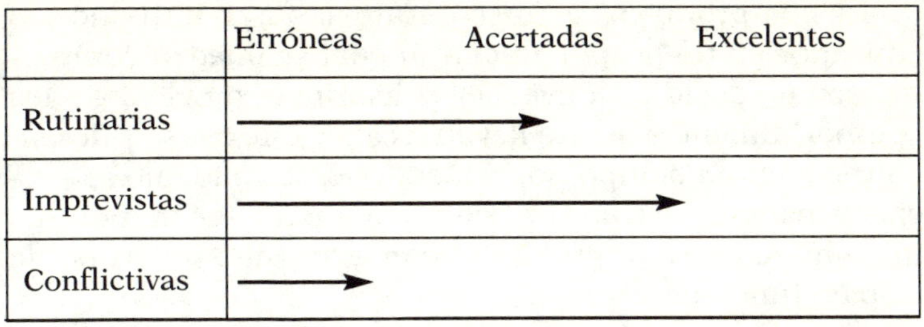

Para poder obtener una mayor apreciación del desenvolvimiento profesional en cada una de estas situaciones habría que definir una pormenorizada escala de actuaciones. En este caso, cada educador social, si lo realiza a modo de autoevaluación o consensuándolo si se hace en grupo, deberá buscar los elementos de análisis que señalen cuándo una actuación podría calificarse de errónea, acertada o excelente, de igual modo que el grupo necesitará ponerse de acuerdo al definir qué se entiende por actividad rutinaria, imprevista o problemática.

Un estudio objetivo de las actuaciones, sin olvidar los contextos, puede ayudar al educador social a eliminar culpas improductivas y así conseguir mediante la aplicación de técnicas apropiadas y el deseo de optimizar su práctica diaria, mejorar su estilo profesional aumentando también su grado de satisfacción y de autoestima.

4.4. Trabajo en equipo

Desde que nacemos, el ser humano está inmerso en una multivariedad de grupos, que a lo largo de su vida aprenderá a identificar y elegir convirtiéndose en elector de algunos de ellos unas veces, mientras que en otras gozará o sufrirá al ser escogido o rechazado por los demás, aunque ni sean iguales, ni su nivel de trascendencia sea el mismo. En este punto nos centraremos en el grupo de trabajo, elemento presente y optimizable o ausente y deseable en los centros o áreas de trabajo, dada su importancia en el desarrollo de las tareas y en el crecimiento humano de sus componentes.

El compromiso de un contrato laboral introduce al educador en un grupo, gracias al cual se pueden compartir, soñar, decidir, convencer y legitimar muchos de los comportamientos que se llevan a cabo. Integrarse y desenvolverse en un equipo no es fácil, pues, aunque no se precise capacidad extraordinaria alguna para ser uno de sus miembros, no se improvisa el conseguir que un grupo de trabajo funcione.

El trabajo en equipo presupone, pues, una serie de requisitos que hacen de él un elemento imprescindible en la optimización de la práctica diaria (M. Romans, G. Viladot, 1998). Saber el porqué de esta metodología, no dibujada como una vaga idea, sino planificada desde su concepción y seguida y valorada en su coordinación, dirección y supervisión convirtiéndose en una herramienta imprescindible para el educador social es lo que trabajaremos a continuación, pues suelen estar integrados en equipos de los que no sólo precisan un apoyo técnico, sino también humano y psicológico.

¿Qué supone esta integración? ¿Se trata simplemente que forma parte de una «cadena de compañeros» a los que pasar información, recoger opiniones, obtener servicios, etcétera? ¿Identificaríamos este modo de actuar como equipo de trabajo? ¿Se es miembro de un equipo porque la actividad se desarrolla bajo el mismo techo, en el mismo edificio, haciendo lo mismo? Recordemos, además, que estos profesionales atienden normalmente casos complejos que requieren la colaboración de grupos multidisciplinares para prestar servicios desde un punto de vista integral, ¿no tendríamos entonces que pensar en equipos de trabajo efectivos?

Para que éstos funcionen tienen que barajarse dos aspectos básicos, uno de ellos dirigido hacia la tarea a la que correspondería la consecución de objetivos y la otra orientada a la relación o interactuación entre sus miembros, factor que juega un papel determinante no sólo en el buen funcionamiento del equipo sino también porque garantiza la consecución de lo previsto.

Estudiando el primero de ellos, J. D. Steiner (1972) apunta que el éxito o la productividad de un grupo dependerá de la forma en que los participantes contribuyan a la consecución de los objetivos señalados. Según este principio distingue cuatro tareas:

— Disyuntiva: el grupo se beneficia de la aportación del miembro que considera más competente para la resolución de aquel problema. La persona va en representación del grupo. En este caso el equipo decide qué persona, debido a sus características o capacidades, debe actuar en nombre del grupo.
— Conjuntiva: las tareas se reparten de modo similar ya que son parecidos los trabajos a desarrollar. Los miembros mantienen una dependencia generada por la propia actividad y su producción se reduce a la de sus miembros menos competentes. Por ejemplo, en una carrera de relevos no se puede alcanzar mayor velocidad que la de su miembro más lento. En este caso el equipo debe esperar o colaborar con el miembro del equipo que tiene problemas para ayudarle a superar, a nivelar o compensar su diferencia.
— Aditiva: es aquella cuyo resultado final dependerá de la suma de la producción de los demás. Pensemos, por ejemplo, en un grupo de recolectores de algodón. En este caso se trata de sumar los esfuerzos realizados individualmente pero con un objetivo común.
— Elaborativa: en ésta se precisa la vertebración de las contribuciones de sus miembros, que no dependerán necesariamente de un experto, sino de cómo el grupo organice sus aportaciones, elija los métodos y se fije pautas de progreso en vistas a la consecución de los fines previstos. Los comités, jurados, las comisiones, por ejemplo, suelen funcionar en base de tareas esencialmente elaborativas. En este caso dependerá de la agudeza y flexibilidad que tenga el grupo en asignar trabajos, elegir procedimientos así como escoger las personas más adecuadas para desarrollar cada uno de ellos.

Un aspecto que añade una significativa diversidad al desarrollo de la tarea es el grado de incertidumbre de la misma, ya que dependerá del mayor o menor número de resultados que pueden darse, para determinar su diferencia. Así pues, según estudios realizados por éste y otros autores tienden a centralizarse aquellas tareas que albergan un número finito de soluciones en la resolución de problemas. Cuando en un caso X la ley o bien alguna prescripción señala el protocolo exacto de actuación, difícilmente el educador social gozará de un margen de maniobra. En cambio, cuando el número de alternativas es infinito, entra en juego la creatividad, aspecto que favorece un reparto más equilibrado, en la participación, de los miembros del grupo.

La segunda orientación respecto al equipo de trabajo es la de las relaciones interpersonales. En este tema, podemos encontrar una extensa bibliografía que va desde autores más clásicos hasta los más contemporáneos y en la que se recogen aportaciones no menos decisivas en el estudio de la dinámica de los grupos.

Para trabajar uno de los aspectos que creemos relevante en el ejercicio optimizador del trabajo diario de un educador social, como miembros de un equipo, hemos escogido las orientaciones que aportó W. C. Schutz hacia los años sesenta, ya que tienen en cuenta dos aspectos fundamentales en cuanto a la relación de cada persona con el mismo. Desde este punto de vista, el autor trabaja lo que entiende como necesidades de cada uno de sus componentes y cómo éstas se activan ante la presencia de los demás.

Las necesidades individuales con las que cada miembro se acerca al grupo serían:

— la de *inclusión*: en ésta se manifestaría el deseo de pertenecer al grupo y por lo tanto de que el grupo aceptara incluirlo en él
— la de *control*: que se hace explícita al querer ejercer algún tipo de autoridad
— la de *afecto*: que se manifiesta con la expresión de sentimientos de una manera activa o pasiva.

Estas tres necesidades nos sugieren una serie de preguntas cuyas respuestas nos darán el grado o nivel de inclusión que cada uno de los miembros desea respecto al grupo. Por ejemplo:

Inclusión: ¿quiero pertenecer a este equipo?, ¿en qué grado?

Control: ¿qué nivel de responsabilidad o compromiso estoy dispuesto a asumir?

Afecto: ¿cuál será mi relación con el grupo? ¿Qué clase de relación mantengo con cada uno de sus miembros?

L. López, y E. Yarto, (1997), tomando como referencia al FIRO (Orientaciones Fundamentales en la Relación Interpersonal) de Schutz (1858) representan, en un esquema, las interacciones entre estas tres necesidades y dos tipos de conductas: las expresadas y las deseadas. Esta interrelación viene justificada según el autor, porque toda persona que se integra en un grupo lleva consigo unas necesidades con dos perspectivas diferentes, la una dirigida a la relación con los demás y la otra referida a la situación grupal.

El esquema sería el siguiente:

	INCLUSIÓN	CONTROL	AFECTO
Conducta expresada	Intento incluir a otros en mis actividades e integrarme en las de los otros.	Intento influenciar a las personas. Digo a los demás lo que tienen que hacer.	Expreso mis sentimientos e intento un acercamiento personal.
Conducta deseada	Quiero que los otros me incluyan en las tareas. Aunque yo me esfuerce poco por incluirme en ellas, deseo que los demás me inviten a participar.	Prefiero que los otros me controlen e influencien. Espero que me digan lo que hay que hacer. Me siento más cómodo y seguro siendo un seguidor.	Deseo que los demás expresen sentimientos afectuosos y amistosos respecto a mí, aunque yo haga poco por facilitarlo.
Conducta realizada	Los esfuerzos de inclusión realizados.	El grado de control o pasividad desarrollado.	Los sentimientos afectivos que he conseguido o no desarrollar.

A esta descripción, añadimos la «*conducta realizada*» en la que se tendrían que medir los esfuerzos que se han llevado a cabo para conseguir la integración en el grupo, el grado de responsabilidad que se ha asumido o el grado de pasividad ejercida y la inversión realizada en la consecución de los sentimientos afectivos que se han querido desarrollar.

Constituirse en grupo de trabajo no supone de inmediato la consecución de una dinámica de grupo excelente ni de un grado de madurez aceptable. Son varios los autores como Bennis y Shepard que nos dejaron escrito hacia los años cincuenta una ya considerada clásica escala de etapas sucesivas en la que describían el proceso de desarrollo de un equipo de trabajo, desde su nacimiento, y en la que no se ocultaban las dificultades propias de un proceso de crecimiento.

Los grupos, al estar formados por personas no dejan de estar envueltos e influenciados por los procesos de crisis de cada uno de sus miembros, siendo por lo tanto susceptibles de «contaminarse» de los mismos. Esto conlleva un cierto grado de sufrimiento y tensión que provocan fases de ilusión, desilusión, dependencias, huidas, enfrentamientos así como resoluciones y catarsis. La metodología que el grupo desarrolle para trabajarlas así como el grado de madurez colectiva puede orientar su evolución hacia etapas de mayor consecución de objetivos y de crecimientos personales o bien a la segregación o disolución de los equipos.

Nosotros entendemos que, si el grado de satisfacción y lo que recibimos del equipo es mayor que lo que aportamos y por lo que nos «tensionamos», vale la pena intentarlo, mantenerlo y optimizarlo.

Bibliografía

Comas, A., «La voluntat de reciclar-se és indispensable per tenir estabilitat. La formació continuada al llarg de tota la vida, una necessitat imperiosa», en *Avui*, Barcelona, secc. 2 de enero de 1997.

Costa, M., «El modelo de competencia: Un nuevo estilo y una nueva técnica de cómo ayudar», en *Congreso Estatal del Edu-*

cador Social. Presente y futuro en la educación social, en Murcia 1995, Madrid, 1998.

Costa, M. y López, E., *Manual para el educador social. 1 Habilidades de comunicación en relación a la ayuda,* Madrid, Ministerio de Asuntos Sociales, 1994a.

Costa, M. y López, E., *Manual para el educador social. 2 Afrontando situaciones,* Madrid, Ministerio de Asuntos Sociales, 1994b.

Hernández, J., «La Supervisión como instrumento de intervención social», separata de la revista *Documentación Social,* n° 81. Madrid, Cáritas Española, 1990.

Hernández, J., «La supervisión como ayuda en las implicaciones en el ejercicio de la profesión de educador/a social», en *Congreso Estatal del Educador Social. Presente y futuro en la educación social,* en Murcia 1995. Madrid, 1998.

López, L., Yarto, E., *Dinámica de grupos. Cincuenta años después,* Bilbao, Desclée De Brouver, 1997.

Peiró, J. M. y Salvador, A., *Control del estrés laboral,* Madrid, Eudema, 1993.

Pérez, R., «Habilidades sociales y técnicas de afrontamiento del educador social dentro de un marco del trabajo social», en Yubero, S. y Larrañaga E., *El desafío de la educación social,* Col. Humaidades, Universidad de Castilla La Mancha, 1996.

Romans, M. y Viladot, G., *La educación de las personas adultas, Cómo optimizar la práctica diaria,* Barcelona, Paidós, 1998.

Sanchou, P., «Savoir faire et faire savoir», en Martinent, J. L., *Les éducateurs aujourd'hui,* Privat, Toulouse, 1993.

Schön, D., *La formación de profesionales reflexivos,* Barcelona, Paidós, 1992.

Schutz, W., *A Three-Dimensional Theory of Interpersonal Behavior,* Nueva York, Rinehart, 1858.

Steiner, J. D., *Group process and productivity,* Nueva York, Academic Press, 1972.

VV. AA., *La supervisión: actividad necesaria dentro de la práctica profesional del trabajo social,* en 5ª Escola d'Estiu de Serveis Socials de la Diputació de Barcelona, 1994.